奇案秘宗

纵横精华第二辑·历史的侧影

主编：刘未鸣

中国文史出版社

《纵横精华》编辑委员会

主　编：刘未鸣

执行主编：金　硕

编　委：全秋生　孙　裕
　　　　李军政　胡福星

目录

中国留法学生"窃图案"

刘作忠

1906 年，法国海军学校发生了一起轰动欧美的"中国留学生窃图案"。"窃图""主犯"：向国华，字子瑜，湖北沔阳人，清光绪壬寅科举人；石瑛，字蘅青，湖北阳新人，光绪癸卯科举人，两人均为湖广总督张之洞自两湖书院选派的留学生。

1905 年，向国华、石瑛等人在英国伦敦结识了正在欧美一带宣传、鼓吹革命的孙中山先生，并加入了同盟会的前驱组织"革命党"。不久，向国华、石瑛等人怀抱科学救国的宏愿，转入法国海军学校学习海船制造及兵艇造船业。校方出于本国利益，对中国学生只教星学、驾驶学、造船学、机器物理学、计算机学等学科，而问世不久的潜艇炮学和水雷则加以封锁。中国留学生对此极为愤慨。

1906 年正月初，在海校附近向国华偶遇石瑛，石对向谈道："海军以攻人为自守，火炮与水雷，不正是攻人的利器吗？而法国人却不用这些兵器教我们，这是不想让我们学习真正的海军！中国没有学习真正海军的人，那么中国海军即永无自立之日。法国海校待我们这些留学生的态度，为各国所无。但是我们与法国学生起居饮食在一起，这也是我们下手的最好机会，入虎穴而不思得虎子，将来归国之后，到哪儿找这么个好机会？我的意思是趁一节假日时，把他们的密件偷出来，等书到手后各抄一份。纵有不虞，不过一二人坐罪。而负中国海军厚望的人，前有汤君芗铭（已出校），后有秦君玉麟，我们应该向他们学习。况且我们离毕业的期限也不过数月了，我们在这所学校里所读的学科已完成十有八九，所剩的几科也不难，我们买回课程自己学习就行！"向国华赞同地说："所见极是，但用手抄太慢，且诸书多图，更不是单能用手所能摹绘的。最上策，莫若摄影。"

自此以后，石瑛、向国华等人积极寻找机会"窃书"。是年 3 月 18 日深夜，石瑛乘海校放春假之机，潜入密室，取出潜水艇蓝图及兵器制造书籍五六卷（每卷不下数百页）携至比利时。后与布鲁塞尔近郊一照相馆商定，早间携书而往，傍晚携书而归，竟日同照相师在彼室拍照。向国华对石瑛说："你是个独生子，一俟翻照完毕，你即携胶卷底片回国。我与陈君子丹将密书归放原处，倘有不测，我兄弟多，死我一人没关系！"果不其然，相馆老板口惠而实不至，密告了警方。十余日后，翻照完毕，向、石约定：向与同学陈子丹先携书乘夜间边境警察稍懈之机返回巴黎，如无动静，即写信告诉石瑛回法上学。向国华、陈子丹二人上车后，邻座即有两位风度翩翩的学者装束者问长问短，涉世未深的向、陈竟毫无介意地同二人攀谈。谁知刚下火车，两位"学者"即掏出"公事"逮捕了向、陈二人。原来相馆老板告密后，比利时政府即通知了法国政府，向国华、石瑛等人一直在被跟踪之中。

"中国留学生窃图案"轰动了欧美：清王朝统治下的弱国，竟然有如此热血青年！海内外的华人为之击掌叫绝。远在武昌的湖广总督张之洞也为自己高足的义举而自豪。张拿出大量钱粮款通过外交途径与法方交涉。法国当局慑于舆论压力，释放了向国华、陈子丹，以驱逐向国华、石瑛等人出境了事。

可惜，向国华、石瑛等人冒着生命危险拍照的底片全部曝光作废，他们对此深为惋惜。此后，石瑛转赴英国学习军械制造和采矿冶金，获博士学位后于 1922 年回国；向国华辗转往返于德、奥、英等国，或任工程师，或做教授，直到第一次世界大战爆发后回国。两人后来都成为振兴国势、挽救民族存亡的栋梁。

万国储蓄会的骗术与兴亡

———

虞廷芳

旧上海是冒险家的乐园。自上海开埠以来，大批外国人涌入上海，在这里开办商业、企业、房地产业等，搜刮了大批中国人的财产，满载而归。但不少人并不知道，那些冒险家们还有一个绝招，可以叫千千万万的中国人心甘情愿地自动拿出钱财，拱手送给他们，这就是办储蓄会。

银行业务中的储蓄，是以低利吸收存款，然后又高利贷放出去，收取利息差额，为社会融通资金。但储蓄会不同，是尽量吸收储户的存款，却不将存款贷放出去，而另作他用，赚取巨额资财。旧上海曾有过好几个储蓄会，如万国储蓄会、东方储蓄会、远东储蓄会、中央储蓄会等，其中牌子最老、寿命最长的首推 1912 年在上海成立的万国储蓄会。

万国储蓄会的出台与伎俩

19 世纪末，帝国主义列强入侵中国，腐朽的清廷与入侵者订立了丧权辱国的条约，外国人以通商为名大量涌了进来。20 世纪初，法国人巴登在本国难以度日，只身混到上海，梦幻发财致富。因他染上了鸦片瘾，常去法租界的一个烟土馆"燕子窠"，并在此认识了一个名叫唐伯超的中国人。唐虽无正式职业，却是人头熟悉，脑子活络，人称"小诸葛"。一次他见巴登还不起烟土钱，甚为窘迫，即代为付了钱，巴登很是感激，遂成知交。交往之中，两人出身相似，经历亦同，益发投机，于是在一起谋划出办储蓄会的花招。储蓄会这个招牌，当年在上海滩比较陌生，在此之前，人们尚无所闻。二人主意已定，就由巴登出面筹集资金，唐伯超组织、拉拢人员。巴登先找到法商龙东洋行经理希戈，希戈觉得有利可图，愿意提供开办费，另一个法国人法纳闻讯也参与进来，四人合伙谋划。就这样，于 1912 年 9 月 1 日，万国储蓄会正式挂牌出台了。

为了吸引广大平民百姓参加储蓄会，巴登一伙动足了脑筋，要尽了伎俩。

储蓄会成立前后，他们在各类报上大登宣传广告。当时的上海大报，如《字林西报》《申报》《新闻报》等，版面经常可以看到万国储蓄会的宣传材料。储蓄会章程规定："储户用购买会单（即储蓄券）的方式向万国储蓄会办理'零存整取'的 15 年长期有奖储蓄。"会单以面额 2000 元为一个全会，每月存款 12 元（实际只需存 12 年零 10 个月，其却要求存满 15 年），每一个全会编有一个号码。为了便利大多数人的储蓄，又分为"半会"及"四分之一会"等。储蓄会章程规定每月抽奖，并设有奖金 50000 元至 12 元的特等至末等奖，每位入会者均有机会得奖；即使入会期间未得奖，15 年后亦可领到本金、利息及红利。这在当时具有很大蛊惑性，尤其是在一般劳动人民中引起浓厚的兴趣。只是按照当时的工资水平及物价，能够月存 12 元的人毕竟不多，而存半会、四分之一会的人却为数不少。

巴登之流很懂得谲诈变化的道理，也了解上海滩上对名人的崇拜心理。万国储蓄会开办不久，他们就邀请上海的名人做监察人，声称是代表储户的利益督察会务。其中有一个监察就是旧上海闻人虞洽卿，此人曾当选为上海市商会会长，连蒋介石都把他礼为上宾。虞在英法两租界也很有声望，公共租界特以市中区马路命名为"虞洽卿路"（即现在西藏中路），人称"阿德哥"或"洽老"。由在上海滩声望是数一数二的虞洽卿出面做储蓄会监察人，使许多储户对万国储蓄会的声誉更加深信无疑了。

万国储蓄会最大的吸引力，是每月有巨额的奖金，其次是期满后可以领回一笔整数的本利存款。其实所谓奖金源自储户的钱财，以一个全会为例，在每月存进的12元中，他们取3元作为奖金，在这3元中又抽出5角作为特奖。特奖只有一个，储户越多，特奖的奖额就越大，特奖如果超过50000元，就设第二个特奖。除去特奖奖金5角以外，下余2.5元，以两千个全会的号码，编为一个组，在每个组内设头奖、二奖、三奖、四奖各一个，奖金额分别为2000元、300元、200元和100元，另设末奖200个，每个奖金12元。这样，储户每月存进12元，存满15年，可以领回2000元加利息和红利，每月还可参加开奖一次，15年内共开奖180次，可做180个发财梦。此做法在当时的市民中有很大的诱惑性，因此参加者踊跃。

为了扩大影响，多拉储户，巴登之流还雇用了一批推销员，用花言巧语广泛宣传。他们在内部规定，如能推销一个全会，给予60元佣金酬劳，推销一个半会或一个四分之一会，佣金亦按比例计算。这样，把报上的广告与推销员的口头宣传互相融合，使更多的人把血汗钱送进了储蓄会。该会从1912年9月开办到年底，仅四个月时间，就收储了300

多个全会，到 1921 年已增加到 22424 个全会，到 1934 年 6 月，达到了 131800 个全会，账面储款达 6500 万元之巨。要知道，当时我国共有 160 家银行，存款总数不过 3 亿元，而该会竟占了五分之一多。可见它的存款比任何银行来得都多，都快。这个存款总数，不能不令人吃惊。

大发横财

万国储蓄会掌握了 6500 万元的巨款，先提四分之一（即 1625 万元）作为奖金，又为储蓄会的开支提 8.3%（539.5 万元）。扣除这两笔款项后剩余的 4335.5 万元，他们专门设置了一个美其名曰"偿还准备金"的项目。这笔巨款由董事会自由支配，按照"储蓄章程"规定，储户不得过问。经过一番运作，巴登、希戈、法纳等一批冒险家逐步成为上海的金融巨头。在法租界内的逸园跑狗场、回力球场等，表面上是公司组织，实际上都由万国储蓄会投入大量资金，从中操纵；许多赌场的开设，万国储蓄会也都插足进去……获得的厚利大部分进了巴登等人的私人腰包，使这些赤手空拳来到上海的法国人转瞬便在十里洋场中成为大腹便便的财神。然而欲海难填，他们不仅利用巨款在黄金外汇市场上翻云覆雨，获取厚利，还开办了中国建业地产公司、宝泰保险公司，投资华洋地产公司、均益地产公司，步入房地产业，购买大量土地，在法租界繁华地段建造高楼大厦，高价出租，谋取高额利润。他们还野心勃勃地想与公共租界的沙逊、哈同分庭抗礼，各霸一方。

但世上没有不透风的墙，戏法虽然变得巧妙，总有被拆穿的一天。万国储蓄的储户，参加全会的已有 13 万余户，如果将半会和四分之一会的储户也计算在内，它的储户已达 50 万户左右，每月收到的储额相当可观。恰在此时（1935 年），有人在报上将这种储蓄与银行利息作对比，计算出该会的欺骗手法。按当时银行利息，月存 12 元，15 年后本息应为 5500 元，而储蓄会只还 2000 元及少量利息、红利，两者比较，相差明显，比一个头奖还多许多。于是在同年 2 月 23 日就有 22 个团体发出通电控诉万国储蓄会的罪恶行动，痛斥他们以储蓄名义，实行赌博之实，要求政府尽快结束其欺诈行为。电文指出，"国民储蓄，自有正当途径，断不可以赌博方式行之，尤不可任外人在我国境内借赌博式之储蓄以吸收我劳苦民众血汗之金钱，其中如法商万国储蓄会在商埠及内地之势力，实令人触目惊心，其组织及办理成绩如何，中国政府不得监督过问，其内容则颇多传说，亦无以臆断。唯其吸收资金，除获利不计外，已多至 6500 余万元，现正增加无已，竭举国之脂膏，供外商之利用，则危险状况，实不言而喻"，"该会结束期限，当明白规定，务求最短，且退还储款，绝对不可任该会自定章程，随便折扣，务须十足计算，使储蓄户不至有任何损失"，"如其他类似赌博性质之跑狗场等，亦应一并取消"，"届此有奖储蓄会尚未结束之时，尤望同胞未曾加入者，绝对不可再行加入，其已经加入者，应组织储户联合会，以团体之力量，协助政府为交涉后盾，务期收回储金全部本息之目的而后已。当此国民经济困难之时，同胞唯有刻苦耐劳，寸积铢累，从事正当生产之投资，方能自救，万不可逞侥幸之心，存非分之想，尤不可以血汗之资金，供外商之巧取，务恳政府与民众一致努力，收回利权，此后并将所有其赌博性之组织，积极取消，挽回漏厄……"

通电义正词严，受到全国各地储户纷纷响应，要求退回之声风起云涌，形成了一股浪潮。万国储蓄会在各地的分会及分理处厚颜无耻地拒绝退会，但见储户声势日大，万国储蓄会又不得不有所收敛，于 1935 年 7 月 1 日起将除上海、汉口、天津、广州外的各地机构一律撤销。两年后，抗日战争全面爆发，上海成为孤岛，通用货币变化很大，已经无人再来储存；拖延至 1941 年，万国储蓄会终于销声匿迹，关门结束，寿命长达 30 年。

瞒天过海　于心不甘

1945 年 8 月第二次世界大战结束，日本投降。法租界虽已归还中国，但法国人的经济组织并未触动，于是万国储蓄会又想卷土重来。他们重新在上海出现，但已不是再行收储存款，而是实行"清理"。所谓"清理"，即是将以前的存款，根据账面，核对存单，如数归还储户；而且还发动当年兜揽生意的推销员，劝说储户收回储金。从表面上看，这似乎显得冠冕堂皇，但实际上他们的真正目的绝不是对储户的利益负责，而是想收回储单，消灭债权债务关系的证据，使得他们在中国人民身上搜括到的 6000 余万银洋，取得"合法"的地位。细想一下，在 1930 年存入的 12 元，当时可购买大米 260 斤左右，而到 1945 年时那 12元钱已连一盒火柴都买不到了。万国储蓄会此时仍按账面所载数目归还存款，等于一文不值。这种无耻的所谓"清理"伎俩，是骗不了任何人的，也得不出任何"清理"的结论，但中国人民的 6000 余万银洋被他们骗去，却是抹杀不了的历史事实。

1949 年初春，中国人民的正义力量如疾风骤雨，横扫一切，势不可挡。留在上海窥测方向的外国冒险家们也惊慌失措，知道自己在中国为所欲为的日子将一去不返。于是，他们将数十年积累的账簿单据等付诸一炬，期在消灭罪证，无账可查，逃之夭夭。临行前，巴登和希戈之流心犹不甘，他们还有一个最大的遗憾。在长达 30 年的敛财岁月中，他们用中国人民的血汗享受着极端豪华的生活，许多高楼大厦如延安东路7 号、9 号办公大楼，泰山公寓、培恩公寓、毕卡弟公寓（现衡山宾馆）等都是用中国人的存款造的。他们能携款而逃，但那些房产却不能带走，白白还给中国人他们于心不甘。于是设法留下中国建业地产公司在沪，就上列房屋等续收巨额租金，作为权宜之计，妄想有一天卷土重来。

尾　声

上海解放后，有关部门对万国储蓄会进行了清理，其拥有的房产等按国际债务债权的处理原则，作出合理的处理，这些用中国人民血汗钱建起的高楼大厦又回到了中国人民的手中。如毕卡弟公寓早已改为衡山宾馆，成了中外著名的高级宾馆。我在 1953 年时参加了中国地产建业公司的产权交接，在毕卡弟公寓办理交接时曾遇到一位正直的法国女郎（公司的收租员），并由她陪同对公寓建筑作了一次考察。该女郎对我国清理万国储蓄会的债务表达了公正的看法，并称法国老板不花一个法郎而拿中国人钱造的房子，现在还给中国人也合乎西方人的习惯。她的评论既合情又中肯，我们都翘起拇指表示赞赏。这事虽距今已有 40 余年了，但当我搜集资料、写本文时，她那公正的评说、清脆的声音仍在我耳边回荡。

台湾最新解密档案中的戴笠

黄修毅　黄奕潆

2012 年 4 月 1 日，前"国民政府"军统局局长戴笠生前手稿、函电等珍贵情报史料 59 卷，正式由台湾"军情局"授权台湾"国史馆"解密公开，其中多数是首度曝光的第一手情报资料。

蒋氏忠仆

在美国国防情报局"中国第 373 号"档案中，有此记录"他是唯一一个能在任何地点、任何时间见到蒋介石的人"。这个人一旦在蒋府出现，侍从室主任只消通报一声"戴先生来了"，就径直把他引到蒋介石的书房中去。蒋有时甚至来不及从案卷中抬头，径呼其就坐，"是雨农啊"。

此人就是戴笠。后来偏居台湾的蒋介石念起戴笠时，尚不胜唏嘘："若雨农不死，不至失大陆。"

在战争年代的重重谋影中，特工变节之事多不胜数，但戴笠对蒋介石的忠心却始终如一。著有《间谍王——戴笠与中国特工》一书的美国学者魏斐德曾断言，戴笠对蒋介石的忠诚，即便在抗日前途最渺茫之际，抑或蒋介石个人处于最危难之时，也未发生过动摇。

此次公开的解密档案，佐证了美国学者的判断并无偏差。西安事变，蒋曾有下野之虞。众人观望之际，戴笠从南京乘飞机亲赴"救驾"。在 1936 年 12 月 13 日，戴笠曾立下遗嘱"自昨日下午到此即被监视，默察情形离死不远，来此殉难固志所愿也，唯未见领袖死不甘心"。西安事变后，病中的戴笠收到蒋的御书，"贵恙如何，甚念，盼早日康复"。

这是继"二次北伐"时赐字"艰苦卓绝"后，蒋介石第二次亲为戴笠题字。戴笠趁机自澄秘密工作的原则："我个人无政治立场，唯秉承领袖意旨，体念领袖苦心。"

"戴笠和宋子文的关系非同一般"，这是民国史研究专家杨天石解读宋子文档案时窥得的机窍。此时若以台湾解密的戴笠档案观之，更足资为凭。

戴和宋联手之后，他的"小报告"内容之深广，已远非检举揭发所能涵盖。在国民政府仓皇向西撤退时，戴笠最先从守军唐生智残部得到南京大屠杀的消息。

在最新解密的《军情战报》中披露的 1938 年 10 月的一则电文显示，在日军进占广州时，戴笠就报告了日德两轴心国将再度结盟的形势。他还在 1942 年 9 月就预见到日苏难免一战，密电宋子文"对美须速派大员"。

"忠义救国军"

1944 年，抗战已经进入第七个年头，随着美军重挫日军，盟军在太平洋战场转入了全面的战略反攻。

据记载，日降在即，为在国内军事和政治中为蒋介石占得先机，戴笠亲令麾下"忠义救国军"开赴京沪、京杭铁路沿线，以便抢在共产党部队之前接手长江下游的沦陷区。

苏南的沙家浜，正是这样一块"忠义救国军"、新四军、日伪军等各种力量错综复杂的地区。在革命样板戏《沙家浜》中，阿庆嫂质问"忠义救国军"的头领胡传魁："你到底是姓蒋还是姓汪？"其实严格地说，他姓"戴"。

此次档案解密，也给了一向背负污名的"忠义救国军"一个相对公正的评价。台湾"国史馆"研究员吴淑凤说："'忠义救国军'是一个有组织的游击部队，当时对整个江南地区的敌后游击战是有贡献的，并不是乌合之众。这个可以从档案上面看得出来。"

戴笠唯恐活动在江浙丘陵地带的"忠义救国军"鞭长莫及，难以第一时间赶到上海、杭州、宁波等大城市接防，特上书蒋介石，请求协调伪军充任临时受降部队。《军情战报》所载戴笠于1945年8月16日呈蒋介石的电报中，向"领袖"表明心迹："生因以有利于国家与民族，个人之毁誉成败固非所计也。"

为此，他甘心放下与丁默邨的个人恩怨，在1945年8月中旬再三致电时任伪杭州市长的丁默邨，安排其与日军交割宁波防务的进退。"如我方无部队接防宁波，则日军不能先行撤退，因四明山一带匪军（共产党部队）正图进入宁波也。"

戴笠的"盘外招"，使得共产党部队在从抗日战争转向内战的关头，处处受到掣肘。

戴笠死后

戴笠在 1946 年 3 月 17 日的空难中殒命，军统局即四分五裂，他留下的"家业"短时间内十去七八，则是早有预兆。

1945 年国民党八大，一度传出要推举戴笠为"国务委员"，他予以坚辞。他自知军统的"房子很大，柱头很小"，其在战时的亟速扩张是应时代之需。若"二战"以盟国胜利而告终，对军统局本身却不见得是个好消息。

他属下的重要机关中美合作所、"忠义救国军"等 20 万人，因不再有协助盟军在太平洋作战之需，必然要另寻出路。战时他插手的交通、警察、缉私等公开部门，又免不了新一轮的权力洗牌。

在经济领域，戴笠曾搭档宋子文负责全国缉私，单单查抄鸦片的收入每年逾亿元。财长孔祥熙早年吃了他的亏，一直怀恨在心。

在军事领域，戴笠把"耳目"派驻到每一个前线战斗单位，在军队中素有积怨。《军情战报》显示，在 1938 年的长沙大火后，戴笠曾致电蒋介石，说"长沙火灾损害巨大，张治中办事不力"；又因"属下援女求欢"一事打过顾祝同的小报告，并明电胡宗南，"第三战区战事失败全因生活优裕军纪涣散致无斗志"，引起了军事委员会诸多高层将领的不满。

蒋介石的得意门生陈诚（时任军政部部长）在日军投降后，成为力主撤销"忠义救国军"的动议者。时在上海前线主持甄别伪特务工作的戴笠，不得不仓皇奔回重庆，"面向陈辞公（陈诚）有所陈述"，劝其"应集中力量经营北方（军事），方能分校长之忧"。

如何保住一手创下的家业？据沈醉在回忆录中记述，戴笠曾向他夸口"如果让我兼任海军总司令，我早想好了，你就给我兼任个副官长，怎么样？"

这个听来空穴来风的念头，在披露的档案中得到了证实。早在 1942 年草拟的中美合作所方案，就包含了美方在战后援建中国海军的条款。戴笠特批"此款须另案实施"。

战时三次亲自陪同美国海军少将梅勒斯考察东南沿海情况后，戴笠已将目光投向了战后的安身立命之所。若如其所愿，戴笠成为国民党海军司令，他的"忠义救国军"摇身一变成为海军陆战队，又有何不可能呢？

然而戴笠的猝然殒命，让这一切付诸东流。他死后不出一个月，军统局最庞大的单位"忠义救国军"就在杜聿明、陈诚等将领的一再催逼下，整编成了交警总队。军统"三巨头"之一的唐纵脱离军统，自领全国警察总署。

（摘自湖南省政协《文史博览》）

刺杀宋子文的案中案

华永正

刺宋案的主谋是王亚樵还是田中隆吉

1931 年 7 月 23 日，上海火车北站发生一起重大谋刺案，国民党政府行政院副院长兼财政部部长宋子文死里逃生，其秘书、卫士喋血候车月台。刺客乘乱逃离现场，没有一人落网。国民党当局始终未能查明此案内幕。

过了半个世纪后，与此事有直接关系的王亚樵之弟王述樵在他的回忆录中谈及此事，说是"孙科派马超俊到上海，商请王亚樵刺杀宋子文。经费由马负责；刺宋行动由亚樵负责；往来京沪联络由亚樵挚友洪耀斗负责……负责南京刺宋的人员有郑抱真、张慧中；上海由华克之负责。7 月 23 日上午 7 时 8 分，宋子文下车时，华克之即嘱部下开枪，不意宋与秘书唐腴胪均着白哔叽西装，戴拿破仑帽，因分辨不清，误将唐腴胪击毙"。这是第一手材料，按理应该可以定论了，然而过了不久又发现了第二份第一手材料，与王述樵所述完全不同。

20 世纪 80 年代，战前任日本驻华公使的重光葵于战后所写的两份回忆录被翻译介绍到中国来。战前，重光葵在中国任外交代表长达十几年之久，是日本侵华时期外交方面的关键人物，了解许多重大历史事件的内幕，而且他又是上海火车北站谋刺案的亲历者，他对此案的说法当然很有分量。他在回忆录中说："那时日本樱会军官集团的一些人在上海不断进行策动，想要在日华之间挑起事端……当时的驻华公使馆武官辅佐官田中隆吉大尉也是其中的一员。""因为我是他们策动计划的障碍，所以他曾想要杀死我。田中大尉是想要在宋子文和我搭乘同一辆列车到达上海北站，并肩走过来的时候，让他们开枪射击的。"重光葵还指出，在事情发生的当时，就有人觉察到这是日本军官的阴谋，并在日本国内报刊上发表过这样的报道；战后，在东京远东国际军事法庭审讯期间，田中隆吉曾亲口告诉重光葵此案的事实真相，并且向他赔礼道歉。

这又是怎么一回事呢？两份亲历者的回忆录对同一事件的叙述出入竟如此之大，究竟孰真孰伪？此次暗杀的主谋究竟是田中隆吉还是王亚樵？枪杀的对象是宋子文还是重光葵？幕后的主使是孙科还是日本特务机关？误击唐腴胪的，是王亚樵的人还是田中隆吉的人？时隔几十年后，看来此案似乎已经是没法弄清的一笔糊涂账了。然而幸好参与其事现犹健在的老人向笔者提供了许多线索，王亚樵集团的重要成员郑抱真的长子郑鑫又贡献出有关资料，加之现在搜集日文资料也已不是那么困难。由此终于揭开了笼罩此案的层层面纱……

日本陆军特务的阴谋

1931 年春，对中国"满蒙"垂涎已久的日本军国主义者已做好占领"满洲"的准备，但是日本的谋略家们认为，中国军队的数量远远超过日本陆军，仅在"满洲"一地作战的日军难以保证在短期内占领偌大一块地方，必须开展谋略活动，牵制中国关内——特别是南方的反日军队不能支援"满洲"。为此，陆军参谋本部第二部（情报部）派出大特务土肥原贤二去华北活动，同时又把原驻华北的陆军特务田中隆吉派驻上海日本总领事馆，任陆军武官辅佐官兼特务机关长，密令他在上海制造事端，挑起战争，以策应关东军侵占"满洲"。

田中隆吉（1893—1972）于日本陆军大学毕业后长期在参谋本部工作，后被派到中国进行特务活动，号称"魔法军人"，先后制造过多起事件。当时他一到上海，便同女特务川岛芳子（金璧辉）沆瀣一气，进行了种种策划，并且通过"樱会"要来了宪兵大尉重藤千春作为他的助手。

田中隆吉考虑到挑起一般事件不易在日本激起反华狂潮，便决定雇用中国青洪帮流氓暗杀重光葵公使，然后栽诬中国，以刺激日本内阁同意出兵。之所以拿重光葵当替死鬼，是因为那时重光葵执行的是"币原外交路线"，不主张使用武力进攻中国，是田中隆吉一伙陆军特务执行侵华计划的障碍。

蒋介石与胡汉民的争斗

日本特务在上海、东北紧锣密鼓地策划侵华阴谋时，中国的内战及国民党内部派系之间的争斗正趋激烈。蒋介石在中原大战中打垮阎锡山、冯玉祥后，便张罗召开国民会议，制定《训政时期约法》，以巩固自己的统治。1930年11月12日召开的国民党三届四中全会通过了蒋介石提交的召开国民会议与制定约法案，无人敢表示反对，唯独粤系首领、立法院院长胡汉民以其国民党元老的资格斗胆抨击蒋介石擅制约法、实行个人独裁的行为。蒋一怒之下便将胡软禁于汤山，于是宁、粤两派矛盾激化。

经孙科的秘密串联，粤派中央执行委员、监察委员纷纷提出辞呈，离宁去粤，与桂系、汪精卫派、西山会议派等在广州结成反蒋派系的大联合，另立"国民政府"，以汪精卫为主席。蒋介石要杀胡汉民以示报复，这一来可急坏了胡汉民的老亲家林焕庭。林想来想去，觉得只有一个办法才能保住老亲家的性命，那就是"干掉草头先生"（指蒋介石）。他知道，干这事也只有"江淮大侠"王亚樵的"斧头党"才可胜任，便邀王亚樵的密友李少川暗中疏通，并汇报给了孙科。孙当然希望如此，一来南京政府"断梁"，广州的"国民政府"便可取而代之；二来是重新掌权，他起码可当上"副总统"。

广东反蒋派眼巴巴地等着好消息，以便北上执掌党政大权，但是过了很久也不见有结果，未免失望和着急，便又派与王亚樵私交较深的萧佛成（国民党粤系中央监察委员）和马超俊随身带着4万元前来联系。王亚樵认为蒋行动谨慎，表示"难以交差"，马超俊当即表示，刺蒋不成可改刺财政部部长宋子文，杀鸡以儆猴。宋是蒋的"输血机器"，刺宋成功可以断绝蒋的财源，逼蒋下台。况且宋子文经常来往于宁、沪，招摇过市，谋刺易于得手。

王亚樵认为此计可行，当即在大华公寓召开骨干会议进行布置，决定由郑抱真去南京摸清宋子文的行动规律，再研究行动方案。

郑抱真（1897—1954），安徽寿县吴山镇（今属长丰县）人，自幼父母双亡，家境贫困，青年时投军。1924年，参加"淮上国民自卫军第一路军"，任军需。1925年春，该军在奉军的进攻下失败，退入河南，为胡景翼收编，他任少校副官兼兵站主任。1929年春去沪，加入王亚樵的秘密团体，仍负责后勤军需，管理经费及武器。他以办事机警见称，是该组织的核心人物之一。抗日战争爆发后，郑抱真脱离帮会参加"皖北人民抗日自卫军"，任第二支队副司令。1939 年年初，率部参加新四军。新中国成立后，任合肥市首任市长。

郑抱真衔命去南京不久，便探知宋子文家住上海摩西路 141 号，每逢星期五夜自南京返上海度假，于下星期一再去南京办公。郑抱真提议，在宋子文返沪时，趁旅客上下车混乱时刻动手刺宋，然后施放烟幕弹，掩护行动小组安全撤退。王亚樵同意这一计划，成立了南京与上海两个刺宋行动小组，南京小组由郑抱真负责；上海方面由王亚樵亲自负责指挥。每个成员发手枪一支、子弹 10 发，并在上海北站附近的天目路租赁三层楼房一幢，供行动人员休息。王亚樵还要郑抱真设法从日本浪人处购买烟幕弹一枚，以备掩护撤退之用。

田中隆吉暗杀重光葵的毒计

正在王亚樵周密部署刺杀宋子文的同时，日本特务按照他们的既定目的，在上海也做了另一番布置。

田中隆吉、重藤千春和女特务川岛芳子组成执行任务的谋略小组后，便在上海虹口乍浦路和平公寓三楼经常研究他们的行动方案。但是，三个人都不熟悉上海地面，又找不到合适的人当杀手，只好去求助于日本海军特务河端贞次。此人是老牌的"上海通"，能说一口流利的上海话，与一些民族败类、帮会分子来往密切（次年，他被朝鲜义士尹奉吉炸死）。

河端贞次与田中隆吉一拍即合，代他们物色到了虹口的地痞头目常玉清。常所领导的秘密组织"黄道会"，是受日人操纵的暗杀团体。

田中隆吉会见常玉清后，提出以两万日元和若干海洛因作为常玉清暗杀重光葵的报酬。先由田中隆吉提供武器和毒品，事成后在日本驻沪海军陆战队司令部内领取日元，并要求在 9 月之前必须执行，常玉清赶忙答应。随即田中隆吉把使馆的情况向常作了介绍，说：重光葵把办事基地放在上海总领事馆，但每周必有一次去南京的日本公使馆办公，按时往返。他在南京，主要是同中国外交部部长王正廷打交道，但也和财政部部长兼外交委员宋子文多有来往，两人私交很厚，所以在往返宁沪时常常是同乘一列车尾部的花车，重光葵没有卫士保护，刺杀他极易成功。

常玉清没有见过重光葵，要求田中隆吉提供他的特征。田中隆吉说：识别他很容易，每周星期五从南京开来的快车尾部挂的花车中同宋子文一齐走出来的就是重光葵。到了出口处，俩人历来都是谦让一番才出站的。这是识别他的标志，也是动手的好机会，在那里向同宋子文一道的人开枪，可保万无一失。田中隆吉指示常玉清：要把这次行动造成"斧头党"是祸首的印象，人们也容易接受这一印象，这样日本内阁以此为借口非出兵不可。常玉清答应按照田中的指示执行，并派人去上海北站做了侦查，见情况果然与田中的交代相同，便把行动计划定了下来。

郑抱真获悉田中毒计后冒险赴沪

郑抱真是把理财的好手，他把孙科送来的巨款在八仙桥顶了"聚源"粮店，改名叫作"和平"粮栈，一来是为安徽来的船帮找个地方落足；二来是想贩些贱价米来补贴入会工人生活；当然也是要有个职业作掩护，好从事秘密活动。店员多是王亚樵的徒弟，其中有一名徒弟姓杨，是在浙江长大的皖人子弟，头脑活络善交际，很受郑抱真器重，被郑单线派遣打进常玉清的"黄道会"，多次提供重要的情报，成了一名得力的情报助手。这一次，郑抱真要他去向日本浪人购买烟幕弹，能买即买，能偷即偷。不久他就以 800 元高价从常玉清那里弄来一枚烟幕弹，交给了郑抱真。

郑抱真将烟幕弹交给华克之后即去南京，住仙鹤街余立奎（王亚樵集团核心人物之一）家中。在那里，郑买通了国民党政府财政部一名主办会计。这个主办会计，每天都要向宋子文当面汇报市场行情，宋子文每有行动都要同他打招呼，因此他把宋子文的行动掌握得极为准确。1931 年 7月 22 日，这个会计来汇报说：宋子文已接到其母亲病重的电报，近日内将去青岛探视，一周之内停止办公。预计，他将于次日先行返沪，然后即去青岛。郑抱真知道这是动手行刺的好机会，立即给在上海等候消息的王亚樵发去密语快电："康叔准于 22 日晚乘快车去沪，23 日到站，望迎接勿误。"电文中的"康叔"指宋子文，"迎接"指"刺杀"。

郑抱真刚刚发出电报，回到住处，便遇到了从上海专程赶来报告情况的杨姓小徒弟。他急切地向郑抱真报告了一个紧急情况，使得郑抱真大为吃惊！原来，这位杨姓徒弟发现常玉清的"黄道会"也准备了烟幕弹，这引起他的怀疑。经套话才知道，日本特务机关长田中隆吉已经指示他们在火车站刺杀公使重光葵，地点在车站出口处外，得手后施放烟幕弹掩护撤退。这计划几乎与"斧头党"的计划相同，只是行刺的目标不同。那位徒弟还报告，常玉清的人说：重光葵一死，中国就必须负起挑起事端的责任，那么日军也就可以名正言顺地兴师问罪，占领大上海了……

听了报告，郑抱真立即感到问题严重。这事真是太巧了：明天宋子文返沪，重光葵也返沪；明天王亚樵行刺，常玉清也行刺；明天刺宋的地点在车站，而他们刺重光葵的地点也放在车站！假如听凭两家各自去动手，那么无疑正中日本特务的浑水摸鱼、借刀杀人之计。由此而引起中、日的军事冲突，责任将都落在王亚樵身上，他也就成了洗刷不清、万世遭唾骂的民族罪人。可是，如果停止刺宋行动呢？怕已是箭在弦上，撤不回来了。

郑抱真正为此事发愁，余立奎主张给王亚樵拍发一份加急电报，暗示情况已发生变化，立即停止刺宋。但郑抱真担心万一亚樵不能及时看到电报，或者泄露了秘密。二人商议到最后，郑抱真毅然决定乘当晚快车，与宋子文、重光葵同车赴沪，到达北站后抢在他们二人之前出车站，示意王亚樵取消行动，并设法给重光葵以信号，破坏常玉清的行刺计划。至于刺宋，不成也好，以后另寻机会。

在上海的王亚樵接到密语电报后就作了周密的行刺布置：由华克之率张四明、孙凤鸣（即后来刺汪精卫的执行者）、许志远、萧佩伟把守北站月台；由龚春圃率刘刚、龙林、唐明、李凯、彭光耀等把守候车室；由谢文达率黄立群、刘文成、陶惠吾等把守站外马路。各守一段，各负其责，谁如疏忽大意放走宋子文，就要受到处分。为了不引人注意，他要这些人扮作旅客，当夜守在候车室。他当然没有料到常玉清的人也在车站作了安排。

常玉清获得了重光葵来沪的情报后，料定重光葵到站后必然经过贵宾室，便在那里配置两名化装成车站杂役的刺客；又在车站大厅内布置两名眼线，负责发出重光葵下车的信号。此外又在出口处作了重点布置，他安排两名做擦皮鞋生意的特务监视列车，在重光葵到达时及时发出信号；又派两名化装成旅客侍者的刺客杂在人群中按信号射击。常玉清则躲在附近的楼房内观察"结果"，一旦成功便立即打电话向田中隆吉报告。他当然也不知道王亚樵的布置，更不知道郑抱真的"紧急措施"，于是一幕错中错的好戏便等着开台！

"巧中巧"和"错中错"

7月22日晚，重光葵和宋子文在南京一同登上开往上海的快车。在列车尾部的花车上，宋子文带有6名警卫和极为信任的机要秘书唐腴胪；重光葵只带了使馆一等参赞堀内干城和私人秘书兼翻译的林出寻贤二人。不过，看来日本公使馆方面已经获得了情报而有所准备，此前在6月3日的花园宴会上，获得消息的堀内等人曾想就此事教训田中隆吉一顿；林出等几个青年人还作过研究，一旦遇有此事时该怎样用自己的身体去掩护公使。后来林出还计划先把田中隆吉干掉，以保护重光葵。他的武功很好，现在他陪同公使来往于京沪，就负有保镖的任务。那天上车，他表现得特别谨慎，叮咛列车员次日下车前，喊醒他一定不能太迟。他没想到由于这一叮嘱反而救了重光葵的命！

重光葵与宋子文以前乘这班车回沪，都是在列车驶过真如之后列车员才把大家喊醒，可是偏偏这一次，由于林出的叮嘱，列车员在比往常早得多的时间叫醒了重光葵。这个公使大人美梦正酣，被喊醒后见列车还没有到昆山，便发起了官脾气，大骂中国列车员不负责任，且愈骂愈气，索性穿起衣服不睡了。每次列车到站，他都是邀宋子文一齐下车、一齐出站。可是这次，车刚停稳，他便跳了下去，连招呼也不打一声，就径自走向出口，混在人群中走出月台。

但这却躲过了常玉清布置的刺客，迷惑了火车上的郑抱真。担负监视任务的特务还在等待着同宋子文并肩步出车站的重光葵公使，可万万想不到他已经轻装简从出了车站，很快上了汽车。车厢里的宋子文看到重光葵怄气的架势感到极其过意不去，想赶上去作点解释，便来不及等旅客散完，也下了车挤入人群中。此时，车厢中的郑抱真也没有料到他们会提前下车，便抢先跳下车寻找王亚樵布置的同伙，以便撤销行动。

不料此时，他发现宋子文一行已经走到了出口前，制止他们已经来不及了，便对空鸣枪示警，以引起宋子文卫士的注意，破坏常玉清的行动。果然，宋子文的6名卫士听到枪响后便拔枪还击。此时，月台上的孙凤鸣、萧佩伟见是郑抱真开枪，便拔枪相助，首先击中宋的卫士闵子清，宋子文见状慌忙卧倒，并抛出了帽子。霎时间，站内站外子弹横飞，秩序大乱。

正是在枪响的一刹那，身披雨衣、手持日式黑公文包的机要秘书唐腴胪和宋子文并肩走在一起，常玉清的门徒以为这就是"重光葵公使"，便毫不迟疑地发出目标已到的信号，于是杂在人丛中的刺客便趁乱集中火力射击这位"重光葵"。唐腴胪连中三弹，倒在血泊中。常玉清见目标已被击中，便丢下事先准备好的栽赃物——用安徽包袱皮裹着的微型炸弹，然后示意撤退。此时华克之也以为击中了宋子文，便令张四明抛出烟幕弹，掩护撤退。常玉清一伙也在这烟幕的掩护下，逃之天天。

刺宋案的尾声

宋子文脱险后，曾对记者发表谈话，说"予较高而未受丝毫之伤，殊属不可思议"，他哪里知道"醉翁之意"根本不在于他，而在于历来同他"肩并肩"的人。他又说"预先曾屡得警告，谓广州方面将不利于予"。他哪里知道，对他开枪的并不是"广州方面的人"。

常玉清也不知道这次行动为什么会如此顺利，而且前前后后连蛛丝马迹也未败露。他满怀欣喜到驻虹口东华纱厂内的日本海军陆战队司令部去领奖。坐镇在那里指挥的田中隆吉告知事实真相，他才知道是王亚樵"掩护"了他们，而且他们击中的是唐腴胪，根本不是重光葵，因此非但得不到2万日元的奖金，反而要承担由此而引起的一切后果。常玉清不敢得罪主子，只好答应另找机会谋刺另外的重要对象作为补偿。后来，不过半年就化装成三友实业社工人，杀死了日本日莲宗和尚，挑起了"一·二八"事变。抗战胜利后，常玉清因汉奸罪被处决。

王亚樵在车站布置的人虽多，但无一人被捕、受伤。他一直以为唐腴胪为自己误击，很感过意不去，暗中托人给其亲属送去 1000 元抚恤金。由于王亚樵在行动后将预备的传单散发出去，声称我们与宋毫无个人恩怨，此举只不过是为国锄奸、为民除害云云。所以，当时日本、南洋各报一致认为是王亚樵刺宋子文，从而掩盖了常玉清刺重光葵的真相。待郑抱真将事情的"巧中巧""错中错"一齐告知王亚樵时，王说已无更正的必要，因孙科此时又派人送来一笔"辛苦费"，王亚樵吩咐，由张文农负责按月分发给参加刺宋人员的生活费。

当时，对于这一事件内幕较了解的还有一个人，那就是重光葵。案发当天，他满怀着"替我受难"的感谢情意，去宋子文和唐腴胪府邸慰问。"一·二八事"变发生后，田中隆吉的阴谋暴露，重光葵由此弄清了此案的事实真相。他后来在回忆录中说："因为在本国遭到物议，为此宋子文有很多敌人，中国方面有一部分人计划暗杀宋子文。同这一计划汇合到一起的，似乎是田中隆吉大尉的计谋。他们的打算是要把致力于改善日华关系的重光葵公使和与他共事的宋子文一起杀害。田中大尉是想要在宋子文和我搭乘同一列车到达上海北站并肩走过来的时候，让他们一齐开枪射击的。直接进行暗杀的人是用的上海恐怖团体青洪帮。但是日本公使一行提前一步走出了车站，所以幸免于难。"

震惊哈尔滨的马迭尔血案

肖炳龙　　胡凤斌

一

1933 年 12 月 3 日，黑龙江省阿城县西南小岭，一个小小的浅坑中，横陈着一具男尸。尸身上散乱地覆盖着泥土，东北北部零下 20 多摄氏度的严寒，冻结了尸体的面颊、鼻子和双手，皮肉已大片大片地脱落，肌肉内部早已腐烂。看上去死者已有相当长的时间未曾沐浴、理发和修面，长长的头发凌乱不堪地附着在头颅上，胡须足有数寸，被割去双耳的脸庞上积满了尘埃和污垢。

哈尔滨警方确认死者就是几个月以前遭到绑架的法国侨民西门·开斯普，立即通知了死者的父亲——哈尔滨最豪华的马迭尔饭店的老板约瑟·开斯普。老开斯普听到噩耗完全惊呆了，他无法接受这个可怕的事实，以至于当西门·开斯普的遗体运回哈尔滨时，他不顾友人的劝阻，坚决主张把装殓遗体的棺木抬到他的屋子里，执意让仆人揭开棺盖，以便同他那可怜的孩子再见上一面。

然而，惨剧仍在千里之遥的上海惠中饭店继续着。西门·开斯普的母亲得知她的爱子在满洲遭到匪徒的绑架，不顾病魔缠身，拖着未愈的病体，从巴黎起程匆匆赶往哈尔滨。途经上海，她作了短暂的停留，以便让她那疲惫不堪的病体稍事休息，恢复体力后继续她前往哈尔滨的旅程。这一天，她正在惠中饭店用早餐，突然，一份《字林西报》上显要位置的报道跃入眼帘，那分明是她爱子西门·开斯普遇难的新闻，仅存的一丝希望已不复存在。她把自己关在卧室里号啕大哭，任何人都无法进屋劝阻她，直到她精疲力竭。以后的日子里，开斯普太太梦呓般地反复责怪自己，不该让爱子到可怕的满洲去。极度的哀伤使她终日郁郁寡欢，病体久治不愈。数年之后，她带着失去爱子的那刻骨铭心的哀伤，竟自撒手人间。

几个月前，西门·开斯普，世界著名的巴黎音乐学院的高才生、一个潇洒而又英俊的小伙子，趁着假期来到父亲约瑟·开斯普的身边。约瑟·开斯普是个有名的"满洲犹太富商"，他在 20 世纪初来到中国，日俄战争期间曾在俄国骑兵团里服过役，和日本人作过战。战后，他定居在哈尔滨，开了一家小小的钟表修理店。精于算计的经商头脑和善于敛财的谋划手段，使他的小小的钟表修理店在短短的几年之后，变成了珠宝店和银楼，还捎带着干些转手货的捣腾生意。到了 1918 年，这个犹太人已经成为远东最著名的珠宝商，并做了哈尔滨首屈一指的马迭尔饭店的独资老板。同时，还是一家戏院公司的经理，这家公司经营着一连串的戏院和影剧院。

约瑟·开斯普的富有，在外界有着种种传说，他的财产数以百万计，但究竟有多少，谁也说不清。有关他敛财致富的手段和方法，社会上也有各种不同的流言，其中夹杂着猜测、妒忌和怨恨。更为糟糕的是，他在中央大街经营的珠宝店里，陈列着他从苏联方面廉价收购来的钻石、珠宝、银器、首饰。这些东西从前的主人，大都是流亡东北的极端仇苏反共的白俄分子。许多白俄贵族，都可以从约瑟·开斯普经营的珠宝店柜台上或橱窗里，看到那些从前属于他们所有，而后被苏维埃政权没收的东西，特别是那些更易于辨认的艺术珍品。出售此类商品，除了勾起白俄贵族流亡者对昔日美好生活的回忆，煽起他们更加炽热的仇苏反共情绪外，还会有什么呢？

约瑟·开斯普终于成了流亡中国东北的白俄法西斯党攻击的目标。1932 年年底，白俄法西斯党魁拉查伊夫斯基主编的报纸《我们的路》，以显要的位置报道了奥列加·博迪斯科亲王的夫人发现，在开斯普的商店里，摆放着她母亲早先留下的稀世名贵瓷器。《我们的路》就此大做文章，对开斯普进行侮辱性的恶毒攻击，指责他贩卖的东西来路不正，他的商店是"克里姆林宫的销赃店"，他本人是"第三国际的代理人"，甚至咒骂他是"犹太吸血鬼的化身"，"无情地从俄国人的不幸中牟取暴利"。这家报纸大肆煽动那些由于俄国十月革命被迫流亡中国东北、眼下陷入极端贫困并被歧视逼得快要发疯的白俄们："看看那些有钱的犹太人吧！他们有商店、银行和旅馆，珠宝、存款和不动产。而我们俄国人呢？男孩在要饭，女孩在卖身，犹太人在我们的流离失所中发了大财。"这种蛊惑人心的煽动，激起了白俄们狂热的反犹情绪。

日本殖民者也注意到了约瑟·开斯普的巨额财产。他们对这笔财富垂涎三尺，企图据为己有。白俄法西斯党的恶毒攻击，正好为日本人预谋劫夺做了舆论准备。机敏的老开斯普意识到周围布满了险恶的陷阱，这更加深了他的危机感。

二

　　机敏而又倔强的老开斯普十分清楚自己的处境，他担心财产被日本人巧取豪夺，便采取一系列措施来努力设法避免不幸的来临。他的两个儿子当时正在法国巴黎读书，当他的儿子们成为法国公民之后，他立即把马迭尔饭店以及戏院公司的产权转移到他儿子的名下。产权转移手续一经完成，法国的三色旗便高傲地飘扬在马迭尔饭店以及他所有的戏院和影剧院的屋顶上。这无疑是在向日本人示威！这里是法国领地，是禁止日本皇军滋扰生事的外交特区。老开斯普的行动刺激了具有种族优越感的日本殖民者脆弱的神经，他们要让老开斯普知道，在日本人统治下的"满洲国"的任何地方，对日本人来说是不存在任何"禁区"的，那些三色旗被太阳旗所取代只是时间的问题。

　　在安全问题上，老开斯普也精心制定了一整套防范措施。他的日常行动也变得极为谨慎，平时极少出门，偶尔外出也常常带着全副武装的保镖，在他的周围布置上极严密的警戒防卫圈。他在马迭尔饭店底层的居室犹如一座堡垒，所有的门窗都安装上钢条铁栏。马迭尔饭店的里里外外都布满了岗哨，许多膀大腰圆的俄国保镖负责老开斯普的保安，武装警卫昼夜值勤巡逻，这使得整个马迭尔饭店更像一座中世纪的军事要塞。

　　所谓"智者千虑，必有一失"，尽管老开斯普在马迭尔饭店筑起一道道钢铁防线，他本人也深居简出，但他万万没有想到，他的儿子周围已张开一张可怖的网。

　　1933年夏天，西门·开斯普结束了他在巴黎音乐学院的学习，来到了哈尔滨。老开斯普为儿子安排了哈尔滨最上等的豪华剧院举行独奏演出会。正当他为此筹划奔波的时候，他的爱子西门·开斯普却失踪了。

8月24日午夜，西门·开斯普同他那漂亮的女朋友丽迪娅·契尔妮茨卡娅在马迭尔饭店度过了一个美好的夜晚。吃过夜宵，西门用自己的车送丽迪娅回家。当汽车停在丽迪娅家的大门口时，刹车的惯性惊动了假寐中的西门。睡眼惺忪的西门刚把车门打开，一伙匪徒突然包围了他的车子。几个蒙面强盗用手枪逼住车里的西门、丽迪娅和他们的司机。西门意识到他们遭到匪徒的绑架。匪徒们命令他们不许声张并下了司机的左轮手枪，然后逼迫司机把车开往南岗。

汽车驶过尼古拉教堂广场，拐进比利时街（现比乐街），在塞尔维亚街（现光芒街）口停着一辆车等候接应。在那里，匪徒们把西门从车里拖出来，用黑布蒙上眼睛，塞进另一辆汽车里。绑匪们释放了丽迪娅和司机，并让他们转告老开斯普必须付出30万元赎金换回儿子，并警告他们不准报告警方和法国领事馆。匪徒们威胁说如果他们胆敢那样做的话，西门将立即丧生。

当丽迪娅与司机把西门遭绑架及匪徒的威胁转告给约瑟·开斯普时，这个倔强的犹太老头根本没理那一套。不久，他收到了一封匿名信，命令他拿30万元赎金来换回他那可怜的儿子。老开斯普坚决地拒绝了，他不但拒绝付出赎金，而且立即通知警方，并要求法国领事馆进行外交干预，还通过报界谴责这一野蛮的暴行，并宣布决不付给分文，因为他相信没有人敢伤害他的儿子。在匪徒威胁要杀他儿子时，他也丝毫不动摇，他坚持必须在儿子平安回来之后，才肯付出几千元钱。一个月之后，他收到了匪徒们寄来的一个包裹，里面有两只血淋淋的人耳，那是他可怜的儿子的，但这可怕的消息也仅仅使这个倔老头将赎金增加到了35000元，而且必须在他儿子获释之后才能付钱。

"西门·开斯普绑架案"轰动了整个哈尔滨，由于此事发生在著名的马迭尔饭店老板、一个声名显赫的法国侨民身上，连伪满哈尔滨警方也不能怠慢。社会舆论首先将注意力投向哈尔滨白俄社会中的黑帮分子，因为他们都是一些以反犹为宗旨的俄国法西斯分子。《我们的路》副总编米哈依尔·马特科夫斯基受到了警方的传讯，并被拘留了三天，而拉查伊夫斯基并未受到影响。

三

当法国驻哈尔滨领事馆获悉西门·开斯普被绑架案后，立即向哈尔滨日伪当局提出抗议，要求迅速侦缉票匪，营救西门·开斯普。伪哈尔滨警察厅刑事科俄籍督察尼古拉·马丁诺夫警佐受命拜访失踪者的家属约瑟·开斯普和法国领事馆总领事雷诺，向他们表示深切的同情，又信誓旦旦地保证将竭力尽快破案，早日拯救遭绑架的法国公民脱险。

法国副领事晓邦是个精明的青年，他深知日伪当局的答复仅是表面文章，总领事雷诺老于世故，处世老练圆滑又保守，他对此案虽表示关切，但无非是外交辞令，因为他一向是明哲保身，不想为一个普通公民去得罪驻在地的太上皇日本人。晓邦怀疑此案有官方背景，不能寄希望于警方的侦破，于是开始了自己的侦查。

晓邦接受了领事馆三等秘书森罗曼的建议，在哈尔滨波法商会的一间密室里约见了老开斯普，提出建议由老开斯普秘密雇用侦探老手进行十分隐蔽的调查，领事馆可以尽力支持和帮助。老开斯普同意这个建议，并且愿意拿出超过赎金的钱来做侦破工作经费。他并不在乎钱，而是难以容忍对犹太人的肆意勒索和敲诈。老开斯普想起以前的老房客，在商界有过几次交往，又同是奥连特影院股东的万斯白。

万斯白对老开斯普的不幸遭遇十分同情，表示愿意帮助，但只能暗中出力。他推荐了一个十分干练的侦探吉米斯塔克，还建议老开斯普继续同绑匪进行有关赎金的谈判，既不能完全拒绝，一下把门关死，又要让他们感到有达到目的的可能，这样不仅可以保全西门的性命，而且能拖延时间以利于侦查的进行。

这些训练有素、经验丰富的职业侦探开始了秘密调查，很快就有了结果，并查明了案件的内情和参与者的名单。据他们掌握的线索证实：执行这项罪恶计划的是哈尔滨日本宪兵队的秘书兼译员中村，伪满哈尔滨警方是幕后的支持者。主谋策划并指挥实施行动的有白俄法西斯俱乐部首领拉查伊夫斯基和那个贼喊捉贼的警厅督察马丁诺夫警佐。马丁诺夫手下的 15 名匪徒参与了这一罪恶行动，其中密报西门行踪的是马迭尔饭店的希腊守门人山得尔，执行绑架的是吉立正科和加拉斯科以及职业杀手扎耶柴夫。其他参与者还有康密萨兰科、俾斯拉契克等，他们负责在"肉票"藏匿点日夜看守西门。

为了获得确凿的证据，晓邦雇用的侦探把参与绑架西门的匪徒中最年轻的、一个叫康密萨兰科的人捉到领事馆进行审讯。康密萨兰科不仅供述了实情，招出包括现任伪满警官马丁诺夫在内的六个同伙，并且写了供状签字画押。第二天，晓邦亲自去会见伪满哈尔滨警方最高首脑，递上一份控告和绑架有关人员的呈文以及康密萨兰科供状的副本，要求警方立即拘捕已知的六名凶犯。晓邦还向各国驻哈尔滨的领事馆散发了康密萨兰科供状的副本，此事迅速在英法美等国报刊上予以披露。各报纷纷评论，怀疑日本殖民当局与此案的关系，谴责哈尔滨日伪当局迫害侨民的暴行，强大的舆论攻势使东京感到了巨大的压力。

东京指示哈尔滨日伪当局尽快处理此案，以消弭国际舆论的影响。哈尔滨警方着手对此案进行侦查，并将侦知的案情原委连同法国副领事晓邦的呈文以及康密萨兰科供状副本都呈送哈尔滨日本宪兵队。日伪警方怎么会去拘捕和控告他们的主子呢？更何况他们本身就直接参与了绑架和谋杀！接到警方的呈报，日本宪兵队立即密令康密萨兰科躲避到远离哈尔滨 600 多公里外的绥芬河。同时马上采取相应的对策，暗中缉查密捕那些受雇于晓邦的私人侦探。日本人办的两份俄文报纸也对晓邦实施最为恶毒的攻击，辱骂他是"卑鄙龌龊的犹太人、赤匪、共产党的雇用者"等。侮辱性的攻击持续了几个星期，后来竟弄到有一个法西斯党徒宣称要和这位法国副领事来一次决斗。

可是，西门·开斯普绑架案早已传遍世界，各国舆论界充分注意到了这一暴行。所谓绑架实际上就是日本宪兵队和日伪警务人员雇用的匪徒所为，这是人们私下议论的无法回避的事实。哈尔滨日本特务机关接到上级机关将此案告以结束的密令，即授意伪哈尔滨警察厅刑事科依照法国副领事晓邦所起诉的名单，于 1933 年 10 月 9 日，将马丁诺夫和山得尔拘捕入狱。但其他案犯仍逍遥法外。刑事科借口无从缉获，而被捕的两人则矢口否认知道"肉票"的藏匿地点。

在西门·开斯普被绑架期间，有关赎金的试探性接触仍在进行着。绑匪们催促小开斯普写了很多信，由匪徒转交给他的父亲。可是那位老开斯普却十分固执，他不顾儿子的请求和那些可怕的恫吓和威胁。他甚至夸下海口，说绑匪将毫无所得地把他的儿子送回来，并向他表示道歉。关于赎金，他宣称，在他儿子获释归来之前，决不付出半个子儿。

哈尔滨日本特务机关知道老开斯普的态度后感到：即使老开斯普肯出 100 万元，他也永远不会看到他的儿子了。因为小开斯普已和中村及日本宪兵军官谈过话，知道绑架他的俄匪后面有日本人在操纵。

逃匿在绥芬河的康密萨兰科被当地警方拘捕，并被押回哈尔滨。他在绥芬河作了一次同样的供状，他的供状送到了哈尔滨。哈尔滨警方通过路警处得知四名绑架小开斯普的匪徒常在车站往来。1933 年 11 月 28 日，当几个匪徒正想搭车去小岭时，警方将他们缉获，得知小岭正是小开斯普被藏匿的地点。

被藏匿在小岭的西门·开斯普，由吉立正科和加拉斯科负责看守。这一天，到了交接的时间，这两名匪徒仍不见来人，疑心出了岔子，感到十分不安。生性多疑的吉立正科去车站好几次，打电话给中村，询问为何不来人交接。中村有意隐瞒了匪徒被捕的消息，叫吉立正科耐心等待。

加拉斯科趁吉立正科去打电话的时机，同他看守的人质做起交易来。他要求小开斯普写一封信，让老开斯普付给加拉斯科一万元钱，他就可以放了小开斯普，而老开斯普也不必再向日本人支付什么赎金了。交易当然做成了，加拉斯科满意地收起了小开斯普写给他父亲的信。当吉立正科打完电话回来时，察觉到他们的神色有异，猜疑他们肯定有了某种勾当。加拉斯科坚决主张当晚就回哈尔滨的态度，更加重了他的疑心。吉立正科把他的怀疑告诉了中村，中村让他转告加拉斯科，让他在5点钟到车站货场见面。

中村和一个日本宪兵以及重新获释的康密萨兰科，到约会地点把加拉斯科抓住，搜出了小开斯普写给他父亲的信。虽然他们不懂法文，但那10000的数字却是认得的。事情已经很清楚，中村拔出手枪击毙了加拉斯科，然后通知吉立正科立即撕票，打死西门·开斯普后，迅速返回哈尔滨领取护照和现金逃匿。然而警方按日本宪兵队的指挥，在呼兰车站逮捕了吉立正科，并宣称加拉斯科在拘捕时反抗而被击毙。

四

当警方宣布找到西门·开斯普的尸体时，整个哈尔滨都愤怒了。不单是犹太人，连中国人、俄国人、朝鲜人，甚至有些日本人，都在诅咒这一暴行。被害者出殡之日，整队整队的日本宪兵和一个联队的步兵，从齐齐哈尔开来。以加强本地的警备力量。尽管日伪当局禁止仪仗通过大街，尽管有大量的军警弹压，哈尔滨的居民还是涌上街道，跟着柩车，直到犹太墓地。

法国领事馆、开斯普家族以及各国舆论的抗议越来越强烈，他们一致要求将谋杀西门·开斯普的凶犯移交法庭惩办。直到东京来了命令，伪哈尔滨警察厅刑事科科长江口治才秉承日本宪兵队的旨意，草拟了一份公诉状。这份公诉状捏造事实，颠倒是非，公然将关押在伪哈尔滨警察厅刑事警察监狱的六名绑匪称为"最诚实最优等的公民""是反对共产主义的真正的俄国勇士"。即使他们绑架了西门·开斯普，其动机也不是为了个人的一己私利，而完全是为了筹集反共团体的经费。江口治的公诉状宣称，不能将他们视为盗匪，也不能把他们视为普通犯人。在开庭审理的时候，应把他们当作政治犯。这些被告所犯的罪名是什么呢？公诉状中并未提及绑架与谋杀。西门·开斯普的耳朵是加拉斯科割的，小开斯普也是加拉斯科杀害的，但加拉斯科已经被警方击毙，死人是无法抵罪了。那么是勒索金钱吗？而老开斯普不曾付给谁半文钱。江口治的公诉状可加之于这六名被告的罪名仅仅是情有可原的"企图勒索"，而这又并非出自私利而是由于政治方面的原因。最后，这六个人犯被移交给高等法院，关进了监狱。

绑架和谋杀西门·开斯普的案子摆在了伪满中国人法官的面前，他们不满于日本人所作的书面说明，试图调查案情，弄清事实真相。日本人对此大动肝火，哈尔滨日本特务机关下令，吩咐所有的警务机构，如果法官来向他们调查案情，应一致咬定江口治所写的公诉状中陈述的事实。并派遣密探暗中监视中国人法官们的住宅。

但是，受雇于日本特务机关的间谍万斯白却在一个星期后，把所有的关于西门·开斯普绑架案的文件档案都交给了法官，证明这些被告与政治毫不相关。割西门·开斯普耳朵的，是山得尔；杀死小开斯普的，是吉立正科，而不是加拉斯科。万斯白还向法官提供了绑匪被捕时，从他们衣袋里搜出的证件。这些证件足以表明这些绑匪都是日本宪兵的探员，没有这些证件，他们是不能在铁道线上任意行动的。

日本人对中国法官从秘密渠道获得消息的情况，还蒙在鼓里。当中国法官宣判六名被告犯有抢劫、绑架和谋杀罪，其中两人被判处无期徒刑，另外四人被判处死刑时，整个哈尔滨都轰动了，但两天之后，首席法官被秘密逮捕，日本人宣布判决无效。六个月后，由三个日本法官结束了这一案件，借口这些绑匪是爱国行动，将犯人统统开释。一起震惊世界的"马迭尔血案"就这样了结了。从日伪警方所谓的侦查到提出公诉，从中国法官的判决到日本法官的改判和无罪开释，都可以看出所有的司法活动完全受日本殖民当局的指挥，这就是"西门·开斯普绑架案"真正成为悲剧的最终根源。

震惊中外的顺天轮抢劫案

罗先哲

　　1934 年（民国 23 年）6 月 20 日，京、津、沪各大报纸都以显要位置纷纷报道了英商太古洋行顺天轮遭海匪抢劫这一事件。天津《大公报》以头版头条报道了这一重要新闻——《大沽口外惊人劫案——顺天轮被匪骑劫，中外旅客数十人被掳，各方派舰侦匪无端倪》。《益世报》也以《大沽海面一幕惊人恶剧——处女航中，英商顺天轮遭骑劫》的标题作了报道。此案在当时曾轰动一时，震惊中外。事件发生后，英国政府向南京国民党政府提出严重抗议，要求迅速破案。国民党中央政府电令山东省主席韩复榘和青岛市市长沈鸿烈，立即派陆海军出动，加紧缉获匪盗，营救被劫中外人士。当时的军政部长兼北平军分会代委员长何应钦也致电北平英使馆，表示歉意。并愿与各方通力合作，以期迅速破案。国民党海军第三舰队司令部迅速派出驻长山岛的"永翔""海鸥"两舰和驻威海的"同安""镇海"两舰前往查缉。韩复榘则以长途电话饬令海防指挥部、塘大公安局以及沿海各县局，派出巡船警士四处查缉。威海卫英海军驱逐舰两艘、航空母舰一艘也前往出事地点，协同查缉。

那么这一事件的原委、经过和结局是怎样的呢？

山东省东北部的利津、沾化两县，地处黄河尾闾，濒临渤海，沿岸港汊纵横交错，芦荡莽莽无际，便于匪盗隐没。20世纪二三十年代，这里匪患频仍，百姓备受祸害。在这些匪盗中，有军阀混战后的残渣余孽，也有当地的奸宄，他们或隐匿海滨，自立旗号；或依附官府，"合法存在"，并与官府互相勾结，残害人民。20年代，他们在这一地区曾制造过"血洗左家庄""火烧十六户""火烧老鸹赵"等多起骇人听闻的事件。

民国23年（1934年）夏，活动在利津、沾化北部沿海一带的匪首王功臣（绰号"黑老五"，沾化县人）、李子文（绰号"金牙老六"，利津县人）、任富贵（沾化县人）、宋高堂（滨县人）等，为了攫取巨财，以供扩充势力、独霸海上及挥霍所需，他们经过长时间的密谋策划，确定了以抢劫海上商船为目标的实施方案。首先派人探明了从天津塘沽港口开往南方客轮的开航时间，并周密研究了具体行动计划。

6月17日，海匪王功臣、李子文、任富贵、宋高堂等一行30余人，均化装扮成阔气的商人，将短枪藏于内裤中，登上从天津塘沽港口去上海的顺天轮。

顺天轮属英商太古洋行，为该行新造轮船之一，载重1500吨。轮船于17日下午4时起航，由津返沪。船上载有华人86名，英、日等外国人11名，小孩3名。晚风徐徐，夜幕渐渐降临，当顺天轮行至离大沽口200余海里之海面，时间已是晚11时许，旅客多已入睡。在这万籁俱寂之时，预伏轮中的土匪，突然呼啸一声，全部出动，各抽出手枪，分别占据轮中驾驶机关、无线电台等重要部位。旅客及水手被驱在一室内，由匪人看守，不准行动。船长、机械师等人被锁入吸烟室。几名女客和儿童被海匪软禁在餐厅内。"金牙老六"李子文指令驾驶员将船开向黄河入海口的浅水处。

为了掩人耳目，海匪对船上的买办声称，他们是海上运私货者，是刘珍年的旧部，只因关税当局增派舰船沿海缉查，以致无法度日，所以劫轮报复。

6月18日，当顺天轮行至套尔河口（今沾化县境）附近浅海时，遇有在浅水捕鱼之小木帆船甚多，海匪便迫令其靠近，乘机抢夺了五只，挂于顺天轮的后尾，继续向前行驶。少时，海匪经过一番商议，随即开始了绑架客轮人员和抢夺贵重财物的行动。同时他们还把船上的一些外国人集中在一起，并款以每人一份西点和咖啡。是日下午5时，当顺天轮开至利津北部海面时，海匪将绑架的六名英（国）、日（本）人和前内政部总长孙丹林等20名中国人以及抢夺的财物，全部运上小船，在利津黄河入海口的西侧登陆，隐匿在利津县境北部沿海的芦苇荡内。

顺天轮因水小搁浅，直至潮水上涨才得以航行，这时客轮的船长令无线电台人员拍电向各方呼救。当时有驻烟台的美国兵舰"泊浦""比德"两号，及驻威海卫的英国兵舰"卫赤""瓦特"两号，驰往援救，并在附近沿海竭力搜寻匪船，但均无收获。顺天轮于八小时后始遇英舰，并由英舰护送南下，于19日晨抵达烟台。顺天轮抵烟后，将被劫情况分别报告津、沪有关当局。

6月19日晚，英国领事武官狄华都里连夜赶赴济南，与山东省政府主席韩复榘接洽营救英人事宜。日本也派出巡洋舰一艘，由大连开足马力于20日中午抵达烟台，并强烈要求天津、济南当局迅速调查此案。6月20日，京、津、沪各大报纸纷纷报道了顺天轮被劫案件，英国《伦敦日报》也相继转载。英国大使馆向南京国民党政府施加压力，要求迅速破案。

6月20日下午5时，英航空母舰的六架飞机于利津县境的黄河入海口一带发现嫌疑船八只，于是低飞侦察。此时隐匿于黄河入海口西侧沿岸港汉芦苇荡中的海匪十分恐慌，当即开枪射击。英机始知此系海匪隐匿之地，遂飞回报告。这时土匪觉得事已泄露，即采用缓兵之计，挂出白旗。两小时后，土匪即用一舢板释放了英商尼克尔及前内政部总长孙丹林，并要他们两人去济南给英领事送信，商议赎票条件。旋即有一飞机将尼克尔和孙丹林救护至安全地带，其余各机继续巡察其他被掳英人。突然从其他木帆中向飞机发出枪弹，英机当即以机枪还击，继又向水中投掷炸弹数枚，向匪示威，并撒下许多中文传单，警告群匪立即释放被掳诸人。少顷，又一舢板悬白旗，将四位英人送出。此后不久，海匪又用木帆船放了日人山本去塘沽，并附有释放 19 名被掳华人的条件。至此，被绑架的外国人全部脱险。

6 月 23 日，韩复榘接利津县县长叶云表电报后，决定采取海陆夹攻的办法，对土匪进行围剿。海上由第三舰队司令谢刚哲率领"永翔""海鸥"等舰封锁海口，陆地派第一路民团指挥赵明远和七十四师马贯一旅，进入利津境内北部沿海地区合剿土匪。

6 月 29 日，被海匪释放的孙丹林抵达济南当面向韩复榘转呈了顺天轮劫匪要求韩予以收编的信件。同时，劫轮海匪又释放两名华人，再次恳求省方收编。当时，韩复榘表示："顺天轮海匪如不将被绑架华人全部释放，决予痛剿。"

利津、沾化等县，是山东第一路民团指挥赵明远的防区，民团指挥部及其所属一营部队驻防利津县城，二、三营驻利津、沾化北部地区的陈家庄和义和庄。6 月 30 日，赵明远奉命率部进驻利津北部沿海地区剿匪。这时劫轮海匪又释放"肉票"两人，并要求官府当局先予收编匪人百余名，再释放余票。赵明远遂电告韩复榘，韩当即复电赵明远："匪如不将余票全部放出，任何要求均谈不到，决予痛剿。"

7月1日以后，省府派出飞机三架，在海军第三舰队的配合下，飞往利津、沾化等县北部沿海一带，巡回侦察，散发传单，发现匪船，当即轰炸。连日来，飞机在清水沟、神仙沟、羊角沟等地共投弹36枚，炸毁匪船两艘，炸死匪人数名。部分海匪登陆逃窜。

7月9日，韩复榘又声称："对顺天轮劫匪，决剿抚并进，一面海陆军包围，相继进剿，一面由民团赵明远部招抚。如匪先放'肉票'，缴械就范，拟编为水上保安团，或水上警察。"此后数日内，事情未有进展。韩复榘有些恼火，遂令海军第三舰队司令谢刚哲、第一路民团指挥部指挥赵明远督率海陆军猛烈围剿，限期肃清。顺天轮劫匪因海上食物缺乏，生活困难，已全部逃往陆地隐匿于利津黄河入海口附近的芦苇丛中。这时，第三舰队海军再登陆剿匪当感困难，其任务就落在赵明远督率的民团陆军肩上了。然而时值盛暑，天气炎热，又加阴雨不断，行动不便，海湾附近芦苇丛生，河汊纵横交错，进剿匪匪甚感困难。至于接洽海匪投诚及改编事宜，也久无音信。直至8月21日，赵明远巧施一计，以接收点编海匪为诱饵，将王功臣、李子文、任富贵等匪人百余名骗至今沾化县境北部的西山后庄，乘其不意，民团伏兵四面围击。海匪拼命顽抗，战斗持续两小时，海匪伤亡数十人，民团死伤20余人，其余匪兵突围逃窜。经过这次战斗，王功臣、李子文、任富贵等海匪又潜回了利津黄河入海口附近的芦苇丛中，他们在这里挖了几间地屋子栖身，隐匿于此再不露面。

赵明远亲率民团军沿海搜索多日，始终没有结果。而在此期间，韩复榘又曾两次电令催促赵明远迅速救出被绑架之华人，剿灭或改编海匪。为此，赵明远终日心事沉重，苦闷异常，唯恐此案解决不了，丢掉自己的乌纱帽。这时，在他身边干事的中尉副官刘景良报告说他们抓获了小匪首王三炮的小老婆，摸到了一点线索，并自告奋勇，只带一个卫兵，深入匪窝，劝降海匪受编。赵明远了解刘景良的为人，知道刘善言辞，广交际，义气机警，有胆有识，便欣然应允了。于是刘景良化装成土匪模样，带领一名卫兵，闯入利津黄河入海口附近的芦苇丛中。经过几天的艰苦跋涉和周折，终于找到了王功臣、李子文、任富贵等人，双方进行谈判。刘景良凭借一只三寸不烂之舌，劝降了土匪，并向土匪保证既往不咎。王功臣、李子文、任富贵等立即释放了被劫剩余人员，同意接受韩复榘的改编。只有另一首领傅瑞伍等三四人没接受改编，潜逃外地。刘景良为此立了大功，被晋升为山东第五专署少校副官，并奉命负责组织了"海防联队"，由他兼任大队长，王功臣、李子文、任富贵、宋高堂被委任为"海防联队"的分队长。同时，赵明远被提任山东第五区督察专员兼保安司令。

这起震惊中外的"顺天轮抢劫案"，历经三个多月，最后以收编海匪而告终。

手刃孙传芳

施剑翘

施从滨遇难经过

1925 年，北洋军阀段祺瑞执政时，先父施从滨任山东省军务帮办兼第一军军长。自称五省"联帅"的孙传芳，阴谋扩大自己的势力范围，领兵北上，施从滨奉命拒之于徐州以北地区。孙连发三个电报要施从滨同他合作，倒戈内应；先父为人刚直，鄙孙北上作乱，妄动干戈，反予以迎头痛击。只因孤军深入，后援不继，在固镇附近被孙部包围俘虏，解往蚌埠。一般的惯例对战争中已失去战斗能力的俘虏应保障其生命安全。但孙传芳怀恨施从滨不同他合作，竟将其杀害；并且割头示众，惨绝人寰。我当时虽然是刚刚年满 20 岁的女青年，但是"苍苍蒸民，谁无父母"，"杀父之仇，不共戴天"这个道理我是懂得的。孙传芳这样惨无人道地杀害我父亲，他死得太冤，死得太惨了。于是我下定决心，誓报父仇。从当时我写的一首诗中，可以了解到父亲遇难后，我的思想情况和决心。这首诗是 1925 年冬，三叔以同乡名义将我父亲尸体运回原籍桐城，又来天津看寡嫂孤侄，我知道父亲确实是被孙传芳杀了，作了这首诗表示自己报仇的决心：

> 战地惊鸿传噩耗，闺中疑假复疑真；
>
> 背娘偷问归来使，恳叔潜移劫后身。
>
> 被俘牺牲无公理，暴尸悬首灭人情；
>
> 痛亲谁识儿心苦，誓报父仇不顾身。

报仇准备

我是个女子，弟弟们又年幼，要报父仇只好把希望寄托在叔兄施中诚身上。中诚早年丧父，从小为我父母所教养，已从保定军官学校毕业，他曾在我父亲遗像前宣誓，坚决为我父报仇。我同母亲一方面因为生活无着，另一方面指望中诚报仇，就去请求山东督办张宗昌委派中诚当团长。张宗昌是督办，施从滨是帮办。施从滨被孙传芳俘后杀害，也是张宗昌的耻辱，我们为报仇计要求给中诚一个团长职位，他是乐意答应的。同时要求张宗昌送我叔弟中权、胞弟则凡去日本士官学校读书，也是为报父仇创造条件。不料中诚当了烟台警备司令之后，只顾个人吃喝玩乐，将报仇的诺言置之脑后。我悔恨之余，写了一封长信责骂他。以后，我们七年没有通过信，这是我依赖别人报仇的第一次失败。

在中诚使我失望之后，我内心非常痛苦。1928 年农历九月十七日是先父遇难三周年纪念日，趁着母亲外出之际，自己在院子里大哭一场。当时中诚的保定军校同学，我们同姓人施靖公，在阎锡山处当中校参谋，由山西赴济南工作，路过我家借住，见我哭得极为悲痛，从旁劝我不要过于悲伤，并且表示他自己也受过我父亲的培植，他也有为我父亲报仇的意愿和打算。我当时报仇心切，听了他一番豪言壮语之后，我又把报仇的希望寄托在他的身上。我不顾一切，断然同他结了婚，随他到了太原。谁知报仇的问题他不但不闻不问，甚至不让我提一提。他竟是一个白食其言的小人，这时我才觉察到我自己又受骗了。这是我依赖别人报仇的第二次失败。

1929 年八弟则凡从日本陆军士官学校毕业回来，带回一柄日本刀。他想报了父仇以后再行工作。我虽然报仇心切，但是怕年轻的弟弟万一不能完成使命，反遭危险，更会刺伤老母之心，还是让他先行工作，再图报仇。

几度依赖别人报仇的打算都失败了，又不愿年轻的弟弟去冒险牺牲，但是父仇不报，死不瞑目。那么怎样办呢？有一天在报上看到刘金桂情杀滕爽的报道，对我启发很大。刘某也是个女人，她能冒生命的危险杀人，我为什么为报父仇就不能亲自动手杀死孙传芳呢？我决定自己动手。当时（1935 年春）我作了下面一首诗：

一再牺牲为父仇，年年不报使人愁；
痛心原望求人助，结果仍须自出头。

我下了决心不久，从施靖公来自北方的客人谈话中，知道孙传芳正在天津与日本特务土肥原勾结，阴谋发动华北事变，孙想做"华北王"。我当时想到，孙搞华北事变如成功，他当上了"华北王"，"御林军"前呼后拥，我想杀他就难了。孙如事变失败，必然远走高飞，我到哪里去找他呢？事不宜迟，不能再等，我决心立刻回到天津亲自动手。当时我写了一首诗（见后），内中一句"时机不许再延长"就是这个意思。

手刃父仇

1935 年 6 月，我带着两个孩子回到天津娘家。第一步工作是先了解一下孙是不是还在天津，住在哪里。孙有个女儿叫孙家敏，1933 年同我的大孩子克峰（那时叫施大利）在法租界培才幼稚园同学，知道孙住在法租界 32 号路。我急忙到那里一看，门上挂了招租牌子。当时我心里一跳，房子既然招租，不知人搬到哪里去了。我装作要租房子的样子进去看看，从看守房子的赵副官的口中，了解到孙已迁住英租界 20 号路，并知道孙家敏在耀华附小读书。我又到英租界去打听，孙果然住在那里。我既然找到了孙的住处，就积极准备复仇工作。当时有三个问题摆在我的面前：第一，怎样接近孙传芳；第二，从哪里能得到一支得心应手的手枪；第三，母亲的安全问题和两个孩子日后的扶养问题。

当时要想弄到一支手枪，只要有钱，从日本租界洋行里是可以买得到的。只是一个女人去买手枪，可能惹出麻烦，反而把事情弄糟，我不敢贸然去买。事有凑巧，八弟则凡的同学朱其平 1934 年路过天津时，曾将他在南京军政部买的一支崭新的勃朗宁手枪和两盒子弹寄放在我家，事先我并不知道。有一天十弟穆甫偶尔拿出这支手枪同我开玩笑，我看到这支手枪如获至宝。以后我就是用这支手枪打死孙传芳的，事后，当然被法院没收了，八弟则凡还赔偿了朱其平枪弹费 50 多元钱，这是手枪来源的真实情况。

关于母亲的安全问题。我考虑到两个小弟都在日本读书，妹妹在济南齐鲁大学读书，则凡弟在南京工作；我如在刺杀孙传芳的现场被人打死，家里就剩下母亲一个人，带着我那两个孩子，老人担当不了这个惊吓。我决心到南京去一趟，同则凡弟商量商量，并且让他到必要的时候把娘接到南京去。当凡弟听说我要手刃孙传芳时，他说报父仇是他的责任，不同意我去冒险。我当时告诉他："父仇非报不可，中良哥（是我胞兄，体弱，性懦）既无报仇之心，这报仇的责任应该轮到我；如我没有杀死孙传芳而牺牲了，那么这个报仇的责任就要落到你的身上。"我俩约好他见到我的信后，亲来天津接母亲去南京。至于两个孩子，在我事先立下的遗嘱中已提到，交妹妹纫兰扶养。

手枪问题和母亲的安全问题算是解决了。怎样接近孙传芳的问题，我想还是从他的女儿孙家敏这条线索着手。耀华中学附小开学典礼的那一天，我到耀中礼堂里找到了孙家敏。我送她上汽车时，记住她家汽车号码是 1039 号。孙家敏告诉我："星期六晚上，爸爸和妈妈带我们去看电影、看戏，如果不是星期六和星期天，那只有爸爸和妈妈去。"从此我经常到电影院和戏院门口看有没有 1039 号的汽车。1935 年的中秋节那天，我发现 1039 号的汽车停在法租界大光明电影院的门口。电影散场的时候，我看到孙家敏从楼上下来，并且看见有一对男女带着孙家敏上了汽车，我才意识到那个男的就是孙传芳。他戴着墨光眼镜，我狠狠地看了他几眼。这是我第一次看到杀父的仇人——孙传芳。

仇人我是见到了，我怎样下手呢？我到孙的住所英租界 20 号路去过几次，看到他住宅的院墙特别高，还安装有电网；两扇大铁门经常关着。真是铜墙铁壁，怎样能够进去？我曾幻想去到他家当佣人，或是家庭教师；或者在他门口缝缝破烂；或者在他门口摆个小摊卖点东西，以图慢慢地接近。这些打算根本都不可能实现。后来又打听到 8 月 17 日是孙的岳母八十寿辰，我想送点礼物混进去动手，又考虑到人多混杂，开起枪来容易误伤别人；而且万一一枪打不死孙，我反而白白地牺牲。同时在租界上打死人，又怕给国家带来灾难。手枪也有了，母亲的安全问题也安排好了，就是没法下手，当时这是我最着急、最苦闷的一个阶段。

　　1935 年农历九月十七日，是我父施从滨遇难十周年纪念日。我到日租界观音寺给先父烧纸念经。当和尚念完一堂经下楼休息的时候，我还跪在地下哭个不停。可能是我哭得太痛心了，当家和尚上楼来劝我。我无意问他烧纸念经不过尽子女的一点心意罢了，其实这不都是迷信吗？和尚很不以为然地说："如果是迷信的话，也不会传了几千年，到现在你看靳云鹏、孙传芳这些有名的人物，不都是相信佛吗？"听到这话以后，我就详细地同当家和尚攀谈，从而得知他们都是东南城角居士林的居士，靳是林长，孙是理事长。星期三、星期六是居士林讲经的日子，他们都会去的。第二天又听到广播电台介绍孙理事长晚上 7 点在法租界仁昌广播电台讲经。我如时赶到该台门外，果然看见 1039 号汽车停在那里。播音完毕后，孙传芳从电台出来，还带了一个卫士，这证明了孙传芳确实是一个佛教徒。第二天，我就到居士林去，遇到一位张姓的女居士，她很热心地向我介绍了居士林的情况，并且介绍我入林。我入林用的名字是董慧。他们发给我一个林友证章，以后出入居士林就非常方便了。有一天，居士林从南方请来一位法师讲经，大殿佛龛前放了一个大的供桌，讲经的和尚坐在中间。桌子西边放着两把太师椅子，一个是林长靳云鹏的座位，一个是理事长孙传芳的座位。和尚和男居士坐在东边的矮凳上，女居士坐在西边的矮凳上。那天孙传芳也来了，没有戴黑眼镜，我看得非常清楚。他身材不高，两个三角眼，从面部上看是一个很凶的人。当时我注意了开枪的方向，怎样开枪比较方便，同时不至于伤害别人。以后每星期三、星期六孙传芳必定到居士林来，我就写信给则凡弟弟，让他来天津把娘接走。

　　凡弟来了以后，同叔弟中达我们三个人把所有的准备工作逐一进行检查研究，并补充了几点准备工作：第一，准备一份告国人书和印刷几十张卡片（传单），打算在打死孙传芳后于现场散发，使施剑翘亲手打死孙传芳为父报仇这一事实叫国人知道；以免我当时万一被人打死，施家为父报仇这一事实事后被人隐瞒起来，后人不知道。第二，为了不要牵连朱其平，关于手枪来源，可以说是在太原从一个退伍军人手里买的。第三，做一件合身的大衣，便于携手枪和文件，更重要的是大衣口袋样式，要便于取出手枪，以免临时误事。第四，预定在 11 月 13 日（星期六）动手。在动手前中达弟可到北平，以免牵连。商议就绪后，凡弟侍母到南京，我送到车站。在候车室里，我看到母亲苍白的头发蓬松地露在帽子外面，我心里非常难过，我想这次可能就是母女的永别了！更想到改日听到我牺牲的消息，娘又将是多么难过！但是我坚决要报杀父之仇，也就顾不了娘日后的伤心了。

送走母亲以后，我积极准备告国人书，写好几封遗嘱，以备万一；又用四元钱买了一架小油印机，印了 60 多张卡片，一面印的是两首诗：

其一：父仇未敢片时忘，更痛萱堂两鬓霜；

　　　纵怕重伤慈母意，时机不许再延长。

其二：不堪回首十年前，物自依然景自迁；

　　　常到林中非拜佛，剑翘求死不求仙。

卡片的另一面印了四条：

（一）今天施剑翘打死孙传芳是为先父施从滨报仇。

（二）详细情形请看我的告国人书。

（三）大仇已报，我即向法院自首。

（四）血溅佛堂，惊骇各位，谨以至诚向居士林及各位先生表示歉意。

下面署名"报仇女施剑翘",每一张名字下面都盖上我的大拇指印。我把印的这些东西连手枪都分别放在大衣口袋里,并且拿出拿进反复预习了几次。

11 月 13 日那天清早下雨,考虑到孙传芳可能不到居士林去,我要了两次电话问居士林,也没有要通。吃过午饭,我什么也没有带,就到居士林。果然孙没有来,我随着居士们上殿。一会儿工夫,一个工友匆匆忙忙在孙传芳的座位上放了一本经,孙披着黑海青(和尚穿的衣服)进来,坐在他固定的那个椅子上。这时我非常着急,孙来了,我又没带枪。改天再说呢,还是回去拿枪呢?我考虑到今天下雨,来的人少,不致误伤别人;同时约好今天动手,凡弟们都在热烈地期待着,还是说干就干。于是我离开居士林,租了一辆汽车回到家中,把文件和枪都带好。离开家的时候,保姆正在喂我的不到两周岁的第二个孩子吃饭;六周岁的大孩子正在吃面包,看到我刚回来就走,他们从后面追来。我来不及同他们惜别一番,上车就回到居士林,坐在原来的地方。这时我心跳得厉害,两腿发软。我闭上眼睛,想到爸爸死得那样冤,那样惨;我睁开眼睛看到杀父的仇人就在眼前,我的恨从心头起,咬紧牙关,我的心也不狂跳了,腿也不软了,霎时头脑变得非常冷静。在那安静的场合,假若我突然起来,会被别人注目。我故意提高声音说:"后面的炉子烤得我太热了。"张居士说:"你不会到前一排去吗?"我答应一声:"好。"上前一步,就到了孙传芳的右后方,我在大衣口袋里打开手枪的保险,枪一出袋,照准孙传芳的右耳后,打了一枪。孙立即倒在太师椅的右扶手上。我又向孙的后脑和后背打了两枪,脑浆已流出来。我打完三枪以后,把手枪的保险关好,放在口袋内,把大衣左袋里的几十张卡片拿出来。那时,大殿上的人都慌忙四下乱跑,我把卡片撒在院子里,并且大声说:"我是施剑翘,为报父仇,打死孙传芳,一人做事一人当,绝不牵连任何人。你们可以带着我到警察局去自首。"我喊了半天，院子里站的和尚和居士都在那里发抖，没人开腔。当时我考虑到我若离开居士林到警察局自首，很可能说我是企图逃跑，我只好到电话室打电话给警察局。在要电话还没有通的时候，进来了两个警察。我即告诉他们孙传芳是我打死的，并掏出手枪交给警察。我告诉他们里面还有三颗子弹，并要求他们带我去自首。

两个警察押着我离开居士林，到警察局，由第一分局局长阎家琦简单讯问，并接见了一次新闻记者。第二天转到法院，拘留在看守所。初审承认我是自首，判有期徒刑十年，二审鉴我为报父仇，情可悯恕，改判有期徒刑七年，三审维持二审的原判。

我在报纸上写过一篇文章，求法院早一天把我执行入监。在我文章发表后几天（1936 年 9 月），就把我从看守所送进天津第三模范监狱。在最高法院对我未判决以前，一般人都认为我跟当时政府有关系，最高法院定会判我无罪的。等到宣判维持七年徒刑后，大家明白施剑翘是没有后台的。我进监以后就受到典狱长的虐待，其中定有缘故。监狱规定犯人每礼拜可接见家属一次，可以接受家属送饭两次。但是我进狱之后，不许我和家属见面，中良嫂亲自送来几次东西，一点不许接受。在看守所是我自备伙食，中良嫂每隔一天来送一次东西。到了监狱以后，不许我自己做饭，同一般犯人吃一样东西（粗玉米面窝头，菜汤里尽是虫子）。由于肠胃的不习惯，消化不良，又受了感冒，一直见不到家人的面，心里又急，我一下子就病了。监狱里的医生、看守主任连我自己一共写了三张呈文，请求享受病人待遇，典狱长都不许可。我实在气极了，写了一封信叫我的律师胡学骞来接见我，要求把我的呈文转交法院。

过了几天，因为监狱里面没有蔬菜吃，我大便不通，发烧，嘴上又起满了水泡，没有办法，就把看守们不要的丢在门后头的窝笋叶捡回来，用水洗干净，用一点盐腌腌吃。我正在洗的时候，忽然听到窗户外边司法警叫了一声："一〇八（监狱里不叫犯人名字，叫号码，我的号码是一〇八），邓院长来了。"这时有人把我的监狱门开开，邓院长就站在门外边（邓院长叫邓哲熙，是冯玉祥先生的部下）。我根本没有和他见过面，他到监狱来看我，一定是他看到了我的呈文。我当时好像是拨开乌云见青天，我就给邓院长鞠了一躬，说："邓院长，我就是施剑翘。自从进了第三监狱以后，一直受第三监狱的虐待，剥夺了我接见家人、接受家人送东西的权利，我病到这个样子，监狱医生、看守主任和我三个人的呈文都请求享受病人待遇，典狱长都不批准。您说他们这样虐待我的动机是什么？这里必有缘故。我为父报仇，打死孙传芳，国家的法律只判我七年徒刑，第三监狱就有保护我生命安全的责任。我请求院长，对我生命的安全，要特别地注意。"邓院长说："你安心养病，我们会处理你这问题的。"

1936 年 10 月 15 日清早，一科芮科长亲自到监狱来，他走近我身边，轻轻地对我说："恭喜你，你已经得到国家的特赦了。"我听了这句话以后，喜出望外，当时心情的激动是难以形容的。我惊奇地问芮科长："你怎么知道的呢？"芮科长又轻轻地说："昨天晚上法院已接到南京的命令。"正在说话时，司法警来说，我家人来见我，芮科长还嘱咐我："特赦消息你家人要是不提，你千万不可说。"我笑了笑说："科长，我知道。"我出去一看是中良哥嫂。中良嫂因为不能探望我，急得眼也斜了，嘴也歪了，她歪着嘴笑嘻嘻地对我说："大妹妹给你道喜，今天报纸上已发表了你的特赦令。"我还没有来得及说话，司法警又叫我到典狱长屋里去，法院的检察官来宣读赦令。我马上又到了典狱长办公室，检察官对我宣读了赦令。宣读以后，对我说："施剑翘，从现在起你已经恢复自由了，你脱下囚装，可以马上回家了。"典狱长现在的面目和前几天大不相同，对我说话如对长官，恭恭敬敬地说了不少好话。那时候我才认识到那群小狗腿子狗脸变得真快。我的获释，是由于全国人士的舆论，都在同情我、支持我，国民党政府被迫不得不做出特赦的决定。1936 年 10 月 14 日国民党政府下的特赦令，10 月 20 日我的三兄中良、八弟则凡和我舅父的朋友潘毓桂等（当时在北平任稽察处处长，以后当了汉奸）把我从监狱里接出来。到北平在潘家住了几天，招待过一次新闻记者，见过一次宋哲元。事后了解到冯玉祥、李烈钧、张继这几位先生非常同情我。尤其是冯先生，他是辛亥革命时期滦州起义时，我四叔施从云烈士的伙伴，更加爱护同情我。我才明白关于我的特赦问题，冯玉祥、李烈钧等诸位先生给我以有力的支持，这是个很重要的原因。所以我出狱后专程到南京访问过诸位主持正义的先生们，向他们表示谢意。

我为父报仇，亲手打死孙传芳的经过事实就是这样。

影星阮玲玉自杀事件

———

谷　雨

阮玲玉既是悲剧女性，也是一位传奇人物，她生前从影十年，共拍摄 29 部影片，其中《野草闲花》《神女》《新女性》等片，已在中国电影史上占据一席之地。她的一生充满坎坷，自杀身亡后，三天之内，十万人先后前往瞻仰她的遗容，举殡之日，30 万人为之送丧，创出"万人空巷瞻遗容"的奇迹。

从艺生涯

1910 年 4 月 26 日，阮玲玉出生于上海朱家木桥祥安里的一个工人家庭。其父早逝，她与母亲相依为命。母亲为别人帮佣，赚得血汗钱供女儿上学。玲玉自幼聪敏过人，能歌善舞，在上海崇德艺术学校读书时曾登台演出，获得好评。1926 年，经张慧冲介绍，考入明星影片公司，开始了她的影艺生涯。

1927 年，阮玲玉主演的第一部影片《挂名夫妻》获得成功，接着主演《杨小真》《血泪碑》《洛阳桥》《白云塔》四部影片，崭露头角。1928年，她离开"明星"，加入大中华百合影片公司，接连拍摄了《情欲宝鉴》等六部影片。一年后，阮玲玉转入联华影片公司，继续拍片，开始她影艺生涯的鼎盛时期。

在《故都春梦》中，阮玲玉扮演了妖媚泼辣的妓女燕燕，演技充分发挥，奠定了她在影坛的地位。接着，在《野草闲花》中，她又扮演一位完全不同于燕燕的、纯真倔强的卖花女丽萍，更博得影坛内外人士的一致好评，使她一举迈入著名影星的行列。

阮玲玉演技卓越，戏路又宽，扮演过妓女、女工、农村妇女、女作家、大家闺秀、卖花姑娘、交际花等形形色色的人物，但这些人物的命运和当时广大中国妇女的命运一样，都是悲惨的。正因为她表演逼真，所以受到了无数观众的青睐。

从1932年到1935年，阮玲玉的表演艺术更趋成熟。她受左翼电影运动和进步电影的影响，先后主演了《三个摩登女性》《小玩意》《城市之夜》《神女》《新女性》等片，引起强烈的反响。

《神女》中有一场特别伤感的监狱离别戏，拍这场戏时正巧有许多人前来参观。阮玲玉进入角色以后，感情是那样真挚，眼泪是那样自然，使在场的人为之感动、为之流泪，浑忘了拍戏前欢快的情景。

《新女性》中有一出"女作家韦明自杀"戏。阮玲玉很快进入角色，一边吞服安眠药，一边不停地流泪。眼神中表现出韦明临死之前复杂和绝望的心态。拍完之后，阮玲玉仍在哭泣，哭了好长时间。有人就此事问她，她说："不幸我也有过相似的遭遇……"

阮玲玉在事业上大放光彩之时，生活却是不幸的。

不幸婚恋

阮玲玉 16 岁时，与上海张家三少爷张达民结合。张达民年长阮玲玉 6 岁，甜言蜜语进行哄骗，二人很快同居。待结合以后，阮玲玉慢慢发现张达民没有固定职业，整天在赌场鬼混，是一个不折不扣的纨绔子弟，二人感情不和，先后三次分居。阮玲玉还服安眠药自杀过一次，幸亏及早发现予以治疗，方脱险境。

阮玲玉是一位追求进步的青年，曾苦口婆心地劝说过张达民，而张达民根本不听，仍然一天到晚地赌、嫖，把家里财产分得的 1 万多元钱全部嫖尽输光，他才再次想到阮玲玉。见到玲玉后，他采用恐吓、威逼等手段，将玲玉辛辛苦苦积攒的钱全部榨出，很快再次挥霍一空。二人感情完全破裂。

阮玲玉活得很累，她想办法托人，介绍张达民到光华大戏院担任经理，每月有 120 元薪水，她以为这样就会好了。但张达民仍然常来闹事，不断地向她要钱。后来，阮玲玉又设法安排张达民到香港瑞安轮当买办，推荐他到福建做事……但张达民总不知足，还常对玲玉发脾气。阮玲玉忍无可忍，最后终于通过伍律师，与张达民签立了一张脱离同居的契约。条件是，阮玲玉每月津贴张达民 100 元钱，作为其生活费用。

阮玲玉的感情生活是一个悲剧。在她还未完全摆脱张达民的折磨之时，又遇到了另一个玩弄女性的男人唐季珊。

唐季珊是一个茶行巨富，曾追逐到中国第一位"影后"张织云，但玩腻以后便将张一脚踢开。他见阮玲玉色艺俱佳，便主动出击，大献殷勤。阮玲玉正值感情空虚之际，经不住唐的百般哄骗，竟然再入樊笼，于 1934 年 8 月与唐季珊订婚，然后迁到新闻路沁园村 9 号与之同居，待相处稍久，阮玲玉便十分痛心地感觉道："张达民把我当作摇钱树，唐季珊把我当作专利品，他们谁也不懂得什么是爱情……"

阮玲玉再次陷入感情绝境。

玉碎星陨

在感情失意的时候，阮玲玉尽量在工作中寻求生活的乐趣，塑造出一个又一个动人的角色，事业辉煌，成为极其成功的影星。但她因出演进步影片《新女性》，触怒了反动势力，使她的生活雪上加霜。

反动分子们找到了张达民，给他钱财，教唆他否认与阮玲玉脱离同居关系的律师公证，去向法庭告状。张达民见有利可图，并想乘机讹诈阮玲玉一笔，于是马上行动。上海特二地方法院也助纣为虐，很快接受了唐季珊与阮玲玉通奸卷逃的假案。消息传开，各种报纸迅速报道此事，并大肆渲染，有些小报甚至编造假新闻，将阮玲玉描述成十分淫侈的形象。一时间，上海滩几乎所有的人都知道了这件事。就连马路上卖报的小孩子，嘴里也乱喊着令阮玲玉难堪的话语。

各种压力席卷而来，法院发下通知，要求阮玲玉出庭。按照法律规定，刑事诉讼被告必须到庭，而且还必须站入法官案台右角的一个齐胸高的方形木桶内。这种羞辱，阮玲玉如何能够接受？经过交涉，阮玲玉没有亲自出庭。然而审讯之后的第二天，各种报纸更加疯狂地报道此事。一向心地善良的阮玲玉，现在突然在"千万人的面前，却成了莫须有的罪人，她再也抬不起头来了……她是可耻的荡妇？是罪不容诛的祸水……"

阮玲玉遭受着无比沉重的打击。而在这种情况下，唐季珊不仅不安慰她，反而冷言冷语，阮玲玉觉得生不如死，产生了自杀的念头。

1935 年 3 月 7 日晚，阮玲玉先到黎民伟家出席晚宴，席间谈笑风生，之后，又到扬子饭店，尽情跳舞。回到家中已是深夜 12 点多。走进卧室后，她让唐季珊先睡，自己走到写字台前，拿起笔来，写下两封遗书。然后她取出事先准备好的三瓶安眠药，一气吞下30片。这才走到床边，推醒唐季珊，神色异常地问："你真的爱我吗？"唐季珊见阮玲玉泪流满面，赶紧坐起，随即察觉到她已服毒，于是急忙将她送至一家外国人办的医院，不料此家医院不留医生值班，未能及时诊治。再换到另一家医院时，阮玲玉已被耽误了。3月8日下午6点38分，阮玲玉因抢救无效，停止呼吸，年仅25岁。

她在一封遗书上这样写道："我现在一死，人们一定认为我是畏罪，其实我何罪可畏？因为我对于张达民没有一样对他不住的地方，别的姑且勿论，就当我和他脱离同居的时候，还每月给他100元。这不是空口说的话，是有凭据和收条的。可是他恩将仇报，以怨来报德，更加以外界不明，还以为我对他不住。唉！那有什么法子可想呢？想之又想，唯有一死了之罢。唉，我一死何足惜。不过，还是怕人言可畏，人言可畏罢了！"

万人空巷悼玲玉

一代影星就这样死了。

阮玲玉的死讯引起社会极大的震动。没过几天，便有女影迷因此而自杀。人们痛惜之余，感到十分气愤，纷纷谴责张达民，并对唐季珊以及不负责的报纸予以指责。鲁迅先生虽处于沉疴之中，但激于义愤，发表了《论人言可畏》的专文，指出："她的自杀，和新闻记者有关，也是真的。"

3月11日出殡的那天，盛况空前。为阮玲玉执绋送葬的过千人，其中有影艺界著名编导孙瑜、吴永刚、费穆、卜万苍等；有多次与玲玉合作拍片的著名影星金焰、林楚楚等。殡葬队伍迤逦而行，沿途商店自动闭门歇业，以示哀悼。闻讯赶来的 30 万人众站在路边，默默哀悼，设案路祭。这是一场悲凉凄切的壮举，是为了纪念阮玲玉出色的表演，更为了表达对她不幸人生的同情。

阮玲玉死后不久，张达民在社会舆论的强烈谴责下，灰溜溜离开难以栖身的上海。唐季珊也在舆论的非议之下，发誓"今生今世，余再不娶妻，愿为鳏夫至死"。但他暗地里却金屋藏娇，另结新欢。

作为悲剧人物的阮玲玉虽然死了，但她一直被人们记着。她的艺术形象在中国电影史上留下无法抹灭的光泽，而她的生活经历、她的凄楚冷峻的眼神，也无时不在警醒着世人，永恒地放射出异样的光彩。

大川饭店事件内幕

熊倬云口述　邹楚整理

　　1936 年 8 月 24 日，在四川省会成都，爆发了一场反对日帝设领事馆，打死日本人的"大川饭店事件"，一时古城鼎沸，民气大振。近 50 年来，成都人民对这一反帝爱国史实，传颂不绝，引为光荣。

一

　　1933 年我 21 岁，在老家渠县当团总（即镇长），掌握近千条枪，由于反对军阀杨森，被通缉拿办，避祸于成都。国仇家恨，集于一身，我奋而广结有志之士，筹谋武装起义，迄至 1934 年，在成、渝等地结识杨荣夫、罗君侠、罗治平、葛惠民、杨引翔等人，志同道合，以锄奸报国为己任。不久，我又通过罗君侠介绍，认识他的亲戚张澜先生。当时，张是四川军务善后督办署所属安抚委员会委员长，其政治方面主张为针对蒋介石"攘外必先安内"的口号，支持"攘外自然安内""安内必先攘外"的论点；针对蒋介石派参谋团、别动队、中央军入川的行动，提出"川人治川"的主张，反对蒋介石图谋撤换刘湘，进一步控制四川的企图。经过张先生的教导，我懂得反帝必须反蒋，反蒋必须保刘（湘），一个统一的四川，一个强大的刘湘，才能拒蒋介石于夔门之外，阻止其控制西南，借统一之名，行勾结日帝、出卖民族以换取和巩固蒋家王朝统治之实。因此，我们的行动和目标，除抗日锄奸，保卫国家，还应反蒋保刘。张先生的见解正与冯玉祥先生要求刘湘赞助民主，主张抗战，抗拒蒋介石，结交共产党的主张如出一辙。自此以后，我加深了认识，接受了张先生安排，到合川、南充、遂宁边境一带，收集暗通蒋介石的杨森劣迹。后来，杨森被挤出四川主政贵州，刘湘更利用蒋介石"整军"，逼使撤走薛岳、吴奇伟、周晖元等十余万中央嫡系军队，得免蹈贵州被蒋介石以"剿赤"为名一举鲸吞的覆辙。

这时，刘湘成了蒋介石"统一"西南的障碍，蒋则利用知名耆老徐子休"异哉所谓川人治川"的调子，配合派进来的参谋团、别动队，无孔不入地对四川进行了分化瓦解。

刘湘在冯玉祥先生派来的进步力量帮助下，以高兴亚、郭秉毅等主持的"武德学友会"为基础，整军经武，抵制蒋介石入川势力，揭露蒋日勾结，支持抗日救亡活动，促进抗战。刘湘的目的在于拒蒋渗入，保存自己的实力，从而在四川的许多军政措施，一直与蒋中央分庭抗礼。

同时，刘向南京、上海派出情报人员，侦察蒋、日活动，又以重庆为中心组织具体行动力量，用以抵消蒋介石所派参谋团、别动队在川秘密活动，这就诞生了带有传奇色彩的"密探队"。这支负有特殊使命的队伍，直属刘湘武德学友会的核心组织"武德励进会"领导，"大川饭店事件"即是密探队秘密执行的暴力行动之一。

当时，范崇实任重庆警察局局长，张澜先生以安抚会结束后急待安排宣传、救济组人员为词，把我们十几个人介绍给范崇实。范崇实以我和罗君侠领导组成"重庆市警察局密探队",公开任务是考察警察勤惰和一般治安责任,直接向范负责,实则与武德励进会情报室负责人杨特树(杨景煤)直接联系,针对参谋团、别动队和汉奸的活动,广泛了解社会动态,必要时采取各种手段对付。这种秘密安排,连范崇实也不清楚。

二

密探队通过社会调查,发现重庆储奇门五福街百子巷的《芷江日报》,专肆攻击四川派系。原来这家小报是康泽(别动队头目,复兴社"十三太保"之一)利用叛徒熊三丈来宣传"攘外必先安内"的反动论点,矛头直接指向刘湘。与此同时,我们又发现通远门五鹰院另一小报《重庆朝报》,专门转载《平报》《京报》《实言报》等鼓吹华北自治的汉奸言论,为汉奸殷汝耕主张滦东自治张目,为蒋介石挥戈入川寻找借口。

武德励进会对密探队这一发现,特别重视,经过进一步摸底,得知《重庆朝报》经费来源是接受"永享洋行"津贴。永享洋行是明营山货、猪鬃,暗搞政治情报的日本商行,经理就是日本驻重庆领事馆武官,所谓"中国通"木村德一,《重庆朝报》之名则是取日本《朝日新闻》含义演化而成。它既在我西南重镇重庆大肆传播汉奸论调,为日本侵华政策服务;又配合复兴社喉舌《芷江日报》倒刘拥蒋,二者实为一丘之貉。上述情况,经武德励进会及张澜先生研究结果,决定授命密探队予以拔除,并对《重庆朝报》社长刘训煦与日人勾结作进一步掌握。

1935年6月1日,我化名熊为民,率领密探队,借故捣毁《芷江日报》,构成"破坏治安"现行罪,被重庆市警备司令部扣捕,关进左营街监狱。同月底,密探队其他人员化装到《重庆朝报》借故生事,造成和刘训煦互相斗殴，双方亦在现场被扣捕，关进警备司令部监狱。这先后两次纠纷和捕人行动，都是武德励进会指导、密探队导演、治安机关执行，被捕的密探队人员从前门抓进后门释出，只留下我和刘训煦二人在狱中，促使我们结成"同窗难友"，以便打进内线，深入侦察。

我和刘入狱，一关就是半年。监狱的管理人员严密控制刘的对外联系，使他不明情况，焦躁不安；而我则表现阔绰，经常有人送菜送饭，对刘大讲江湖义气，让铺位，分饭食，诱使他主动接近。一次，刘甚至向我说："今后，我如果当上委员长，一定要你当我的副官长。"并泄露德国领事陶汉斯和日本领事召谷廉二之间订有协定，即德国人收集的情报，向日本人提供，日本人的行动，德国人不予过问（当时蒋介石依靠德人训练军队，德人收集中国情报较日人有利）。我们在狱中相处愈久，刘训煦对我也就更表现得推心置腹，认为狱中结识了我，是他一大收获。我则极力表现只讲交情，不关心政治的态度，这就更加使刘放心，不断托我替他秘密送信。一段时间后，刘开始利用信函向永享洋行联系，这样的信不下十封。一次，竟召来日本武官木村德一化装入狱探监，二人密语甚久，再次证实了刘的重要性。

其实，刘的每一信件都为密探队所抄录，刘和木村的会见，也被偷拍制成照片。长期为我送菜、送饭、送信的西南大学学生吴南屏和勤务兵李炳钧，都是密探队预先安排的，刘在狱中情况，无不及时汇报。上级决定："对于这样一个证据确凿的重要汉奸，应该铲除以绝隐患。"

这时，重庆警察局督察裘南阶，国民党市党部委员龚一伟等亲日派人物，正通过各种渠道制造舆论，施加压力，进行营救刘训煦出狱活动。按当时情况，汉奸当诛，却不能公开。何况这正戳着蒋日合谋的痛处，对蒋更难于应付。

这时，在重庆发生了另一事件：警察局局长范崇实反对日本海军陆战队上岸军事演习，谈判破裂，挨日本驻重庆领事召谷廉二一记耳光。密探队立即组织江北袍哥头子陈燮阳，连夜率众向定远碑日领事馆投掷炸弹，对日商洋行、货栈甩大粪罐子，事毕之后，驾小舟悄然离去。密探队还在市区散发反对日本人演习的传单，使山城轰动，日人震惊。但蒋介石重庆行营却对刘湘施加压力，刘不得不把范崇实调任成都公安局局长，用以缓和形势；同时由密探队将刘训煦秘密送成都相机处理。

密探队押送刘训煦，未用舟车，采取步行，打算通过 20 余日长途跋涉，将刘拖死途中，可是刘却未被拖死。刘的不死，使我们改变了计划，由我以"难友"关系保刘出狱，并安排他住进包家巷陆军医院对门寄宿舍（私人经营外地学生住的廉价旅店），继续掌握，为而后日本企图在成都设领，导致大川饭店被捣毁提供了更多的有利线索。

三

1935 年 12 月 18 日，我从重庆警备部"结案"释放出狱。1936 年春，密探队由我和罗君侠任正副队长，随范崇实转移成都。为了对刘训煦继续控制，在成都发展了本地人郑少文，派他住进包家巷寄宿舍，安排刘和郑一处住宿，使二人的结识十分自然。郑按计划写好要求我支持经济的信件压置桌上，故意让刘发现，加速刘、郑之间的结合。至此，刘的活动情况，又通过郑为密探队所了解，直到让刘当上大同影片公司的宣传股股长。

我到成都半年后，武德励进会情报室得到南京情报，国民政府外交部正式批准日本在成都设领。消息传来，成渝各界群情愤慨，纷纷通电反对，指出成都既无日侨，又非通商口岸，实无设领之必要。国府未于置理，竟悍然同意日本大使馆任命其中国情报部部长岩井英一为成都领事，并于 1936 年 8 月，率领日特、军官 11 人，在沪乘日轮"云阳丸"

溯长江西上，准备设领成部。此时，我奉命重返川东，积极组织如陈燮阳辈虽属土匪却有民族气节的亡命之徒配合我们工作。我们先是计划俟岩井一行抵重庆水码头时，即派出"鱼毛子"多人，将他们挤入长江，但因云阳丸到渝后停泊江心，驾小船将 11 人接上岸来，直送领馆，此计未成；又估计日人在渝将会到小什字、七星岗一带高级赌场、舞厅、茶楼、妓院活动，遂布置打手伺机行动，又扑了空。如此几天，对日人的动态不明。于是由四川省政府（刘湘任主席）密令全川各地舟车、旅店不许接待日人，以增加日人活动的困难。

8 月 21 日，重庆日领馆突然开出利川车行客车一辆，向成都方向急驶。密探队得此讯息，匆忙搭上通用贸易公司班车，尾随跟踪。但上车后，发现通用班车上又有数人头戴考克帽、西装革履，同日人打扮一样，扑朔迷离，使我们难以辨清哪一车中才是真正到成都设领的日人。此次任务，系经范崇实转达刘湘密令：对赴蓉日人格杀勿论。本来我们准备到内江下手，却因车中谁是日人难于分辨，不敢贸然行动，只有紧盯不放，于 23 日抵成都外东牛市口。"利川"车直开骡马市街大川饭店，"通用"班车则停于祠堂街太平洋饭店。至此，我们才搞清楚"通用"车上那几人，系南京派的直接税局工作人员，下江人装束和日本人少有区别，由"利川"班车载去大川饭店者，则确系日人无疑。

当时高级旅馆住宿紧张，又有省府不准接待日人密令，而乔装南人、记者潜来成都的日人深川经二、渡边恍三郎、濑户尚、田中武夫四人，却能顺利登记住进大川饭店，这是谁在接应？

原来刘训煦任宣传股股长的大同影片公司在成都招收的两名女演员摇身一变，成了在大川饭店包用两个房间的"高级妓女"，刘训煦公开充当"嫖客"进出那里。当四个日人到达后，两个"妓女"立即让出一室，供深川等人使用。这是一个套间，有小门可通另室。

成都警备司令蒋尚朴奉行辖令，命警察局局长范崇实按外交惯例，派警察保护"旅游"日侨。密探队却派杨引翔等设置暗哨，秘密监视。经过对人物活动偷拍，发现刘训煦与"妓女"接触，"妓女"又与日人接触。

23日，四个日人住进大川饭店后，警察局立即通知区、保、甲系统，将日本设领先遣人员已经到达成都的消息迅速传播出去。静谧的锦官城，顿时紧张起来，一场急风骤雨即将来临。

24日，成都全城陆续贴出"反对日本帝国主义在成都设领""严惩汉奸""驱逐日寇""还我东北""安内必先攘外"等标语。东大街、红照壁、总府街、祠堂街、皇城坝这些繁华闹市，人群聚集，倾听青年学生们义正词严地讲演。特别是东北流亡青年，声泪俱下，控诉日军蹂躏国土，使3000万同胞家破人亡的罪行，广大民众听后莫不敌忾同仇，在场军警亦深为动容。一时间商店闭户，民众纷纷参加示威游行，万臂齐挥高呼口号，声撼古城，滚滚洪流直向大川饭店涌去。

中午，各路游行火车均已齐集骡马市街，将大川饭店层层包围。范崇实换上便服，隐蔽在羊市街口指挥。这时，人群中出现大批剃光头、穿白衬衫、无标志的成都军分校学员。又据进步人士颜岱宗告诉我，从来不参加外界活动的复兴社分子、树德中学童子军教官刘公若也化装前来，并从刘口中得知：由复兴社掌握的童子军教官训练班，今也奉命参加。这两支队伍意图不明，好在密探队利用警察局关系早已插入内部，范遂命密探队其余人员避开正面，相机行动。

这时，刘训煦一副日人打扮，站在楼口大声喊叫："打不得呀！打出国际问题来，哪个负责呀！"群众听后怒不可遏，高喊"先打汉奸！"当群众遥见日本人跳脚咆哮，遂齐声怒吼："打倒瘟丧！""打东洋鬼子！"蜂拥冲进大川饭店。化了装的范崇实在人群中高喊："你们赤手空拳打不得呀！"经这一提醒，青杠木做的童子军棍，立刻一条条传到前面。担任"保护"日人执枪无弹的警察，半推半就让路，密探队指引群众奔向北楼套间日人住房。刚才还在制止群众用武的汉奸刘训煦，这时却突然拉下窗格子喊着"要打大家打"，直向田中武夫劈去！接着一场混战，当场将田中武夫、濑户尚打倒在地。经杨引翔的指点，军校学员又将逃入内室的刘训煦抓出狠打。这时，范崇实示意密探队协助警察，借"保护"为名，将田中、濑户尚，连同刘训煦拖出大川饭店，把二日人塞进范崇实的小汽车，送督署军医院抢救。

深川经二和渡边恍三郎两个日人，在混乱中由两名女演员领路，狼狈逃出后门，早已守在后门的密探队员指点群众一路追打。这两个日人一度避入正府街一香烟店，交出值钱物品，要求店主掩护，被拒绝，并将其打出店外，爱国群众穷追不舍。最后，日人一个逃入正府街裁缝店，一个逃入陈兴泰豆花饭店，又遭里外夹攻，分别被拖出打死于华阳县政府门前。

在大川饭店混战中，警察是佯作保护，但群众不明真相，故警察也有伤亡，密探队杨引翔也被误杀一刀。大川饭店被捣得玻璃破碎，门户歪斜，遍地狼藉。直到深夜 12 时，群众尚络绎不绝，前往围观，就连小学生稚气的脸上，都泛起了扬眉吐气的喜悦。

就在大川饭店被砸，两个日本人被打死之后，愤怒的人群又浩浩荡荡奔向春煦路、商业场、东大街等处，横扫经营日货的交通公司、宝元蓉、益泰恒等百货商店，将日货搬到街心点火焚烧，火光映红蓉城半边天。利川车行为日人提供交通便利，也被群众捣毁得一塌糊涂。

四

24 日深夜，蒋介石重庆行营派出调查组，专车飞驰成都。

与此同时，范崇实电话向省府秘书长邓鸣阶报告此次秘密行动无暴露及其经过详情，并指出成都军分校、童子军教官训练班和暑假学生集训队的出现，实系别动队所安排，却捏造系中共活动，并嫁祸刘湘治理不力，为加强中央的武力控制找借口。

25日，成都各报只字未提这一事件。上海亲日报纸却以两版篇幅报道"蓉案"。当晚，刘湘的发言人在重庆对新闻界发表谈话，抢先制造舆论，称："此系异党分子破坏中日调整之行动，已责令军警当局彻查缉凶。"轻轻拨开了蒋日指向他的矛头。

27日，南京中央社发表"蒋介石、孔祥熙已责令刘湘查明'蓉案'真相电告"的消息。同日，日本政府对我提出"强烈抗议"，日本国内报纸以"不惜进行圣战以恤国体"相威胁。日本官方一方面派出调查组飞成都调查，一方面鼓动国际声援，大有山雨欲来之势！唯死者仅系"商人"和"记者"（登记如此）；而为范崇实"营救"的田中武夫，又在日本调查组到达前，发表了"幸赖范崇实局长救助，方免罹难"的声明；列强本来尔虞我诈，对日本要求声援无所反应；《何梅协定》又不能公开；幸存的濑户尚已神志不清，语言颠倒，哭笑无常而又不能做证。由于这些原因，尽管广田弘毅外相气势汹汹，然借此出兵，却非其时，虽用词强硬，却未行动。

蒋中央剑拔弩张，满望可嫁祸"共党"，并计算刘湘，但成都军分校和童子军教官训练班等系"奉命行事"的秘密，又为刘湘所掌握引而未发，此事既不容公开，就不能穷根究底。刘训煦这一关键活口，又下落不明，是否为刘湘掌握？更不得而知。一场微妙的蒋日合谋倒刘，终未实现。

在缉凶、惩凶声中，成都警备司令部从监狱里提出两名烟毒死囚当成"凶手"枪毙。陈兴泰豆花店老板陈子儒系当地保长，日人死者又系从他的饭店抓出，因而被扣捕押解南京，准备作为日本政府进一步提出要求时判刑抵命（后以抗战爆发，陈始花了一笔钱买放回家）。蒋尚朴被撤了司令职，范崇实则以"营救"有功撤职留任，成都军分校教育处处长却悄悄地丢了官。

为了安抚日本，蒋中央派何应钦给死者送花圈，亲临致祭，还赔了款，并将死者骨灰派员送回日本。据后来得知，来成都的四个日本人，都是日本特务组织"黑龙会"的人员。

刘训煦在大川饭店未被打死，经"营救"出来，由我"支援"医药费用，经大同影片公司黄治（负责人黄后之弟）用担架抬送平安桥法国医院治疗。在刘尚未入院前，"密探队"已先派邓少文住进医院，老相识同住一间病房，实则是加以控制，不让刘与蒋日双方接触。后来由刘湘情报处处长冷开泰出面将刘训煦抓捕，押送双流黄水河秘密处死。杀一个汉奸为何不能公开执行？刘湘有两方面考虑：一怕引起日本人的干涉，二因刘训煦与别动队和国民党亲日派的关系，会引起蒋的干扰。所以，用"混乱中失踪"来不了了之，实则制造了留下活口的假象，还可以使蒋中央有所顾虑。这一切措施，都是出自武德励进会的决策。

大同影片公司既有勾结汉奸嫌疑，成都警备司令部即借"有伤风化"的罪名，予以查封。属于该公司的两名女演员，却真是下落不明，成了个谜。

淞沪战役中的重大泄密案

黄均①口述　崔普权整理

　　"八一三"淞沪抗战期间，发生了两起涉及中国最高当局和最高决策的重大泄密案，这两起案件的主犯就是我的叔父黄秋岳。

　　黄秋岳，名浚，字哲维，号秋岳，以号行于世。祖籍福建省侯官（今称闽侯），生于1884年，其祖父黄玉柱（字笏山）为清咸丰年间的名画家。秋岳父黄彦鸿为清光绪时翰林，诗文颇具造诣。黄彦鸿与我的祖父黄彦威（光绪时举人）为同胞兄弟。黄彦鸿有妻室两房，共生五子，依次排列为浚、济、涑、溥、漳。黄秋岳为其长子。

　　黄秋岳有三子一女，依次为：长女黄颖（现居美国）、长子黄晟（详见后文）、次子黄英（字济之，今已故）、三子黄和（字济平，现居台湾）。黄秋岳幼年秉承家学，四岁识字，七岁能作五言小诗，可谓天

---

　　① 黄均，字懋忱，生于1914年6月，为中国台湾民主自治同盟盟员、中央文史研究馆馆员、中央美术学院教授，著名工笔人物画家。在黄老先生口述要我整理此稿时表示："我决不因个人的亲属关系而袒护和掩盖黄秋岳的罪行，公之于世只求实事求是。"——作者

才学子。曾从师于有"诗伯"之称的陈石遗，专功诗学。在陈石遗《石遗室诗话》一书中有如下记叙："秋岳年幼劬学，为骈体文、出语惊其长老。从余治说文，时有心得。世乱家贫，舍去治官文书，与同学梁众异、朱芷青最为莫逆，相率为五七言诗，遍与一时名士唱和。"

黄秋岳年稍长，即到北京译学馆就读。在这期间他对京戏产生了浓厚的兴趣，课余常去听戏、看戏、品戏，并结合佛经《维摩诘所说经》中的传说故事，编写了京剧《天女散花》的本子。后经艺术大师梅兰芳先生修改、编整，成为梅派著名的以歌舞见长的古装戏之一，于1916年在北京吉祥大戏院公演。

在这以后，黄秋岳又赴东瀛日本，在早稻田大学就读。在日期间，他不但精晓了日文，还熟悉了日本的风土民情，崇尚日本的心理逐步形成。

黄秋岳回国后，先居上海，后居北京和平门西松树胡同。与同乡、学友林白水同在新社会报（后改为《社会日报》）供职，林任社长，黄任副总编辑。

1926年8月，林白水在报端发表《官僚与运气》一文，讽刺"逃跑将军"张宗昌和他的"智囊"潘复，张宗昌恼羞成怒，竟将林白水逮捕处死。林白水在临终前立遗嘱："我绝命在此顷刻，家中事，一时无从说起，只好听之……所有难决之事，请袁孙、准生、律阁、秋岳诸友帮忙……丙寅八月七日夜四时万里绝笔。"

此时，我在绘画上多有爱好，黄秋岳当是我在这方面的积极支持者。我12岁在周肇祥领导的中国画学研究会里学习工笔人物画。当时，溥心畬在画坛名声显赫，在黄秋岳的引荐介绍下，我得以拜在溥师门下，做磨墨童子，习诗文、书法、绘画，耳提面命，使我从中受益甚深。

这一时期，黄秋岳先后在北洋政府陆军部承政厅秘书科任科员，还任过交通部法规编纂员、交通部秘书，财政部佥事、秘书、参事等职。北洋政府垮台后，黄秋岳又转到南京政府任职。1931 年，国民党元老林森任国民政府主席，他也是福建闽侯人，十分赏识黄秋岳的才学，遂将黄调任行政院秘书主任。从而使黄秋岳在更高的阶层中有了一席之地。

1931 年"九一八"事变后，亲日派汪精卫向蒋介石靠拢，1932 年，汪担任了国民党中央政治会议主席、行政院长等要职。崇尚日本、精通日文的黄秋岳自然为汪所赏识。汪还将黄秋岳的长子黄晟（字济良，毕业于燕京大学）调至外交部任副科长。

1937 年"七七"事变以后，日本侵略者很快就侵占了北平、天津和华北大地，军事侵略的矛头明显直指南方。当年 8 月，江南一带虽表面上还处于平静之中，但北方战事频仍，日军向南逼近的恐怖已笼罩上海、南京。

身居南京的蒋介石，根据日本的既定政策，以为战争已不可避免，于是召开紧急军事会议，做出了先发制人的决定。密令有关部队在江阴封锁长江，将日本海军在江阴上游至汉口一段长江中的 70 多艘大小战舰，3000 多名日本海军陆战队队员和大小坦克、炮兵等，全部封锁在这一段水域中。这一行动，对即将发动淞沪战争的日军，当是迎头一棒的有力措施。

然而，就在部队接到密令，马上布置实施时，事先得到消息的日本海军及战舰，已连夜急速顺江东下，驶出了封锁区而集中在黄浦江的水域上，对上海造成了更大的威胁。

日军撤退的消息，使蒋介石勃然大怒，他严令戴笠：立即追查泄密事件。

由于参加紧急军事会议的人员，除了蒋介石侍从室二处主任陈布雷和汪精卫的主任秘书黄秋岳以外，均是高级军事将领，盲目的调查，非但棘手，同时又是不可轻举妄动的。几天过去了，蒋介石的追逼过问，使戴笠十分着急，可是泄密案仍是没有一点线索。

8月13日，口军首先发起了攻击，一场空前激烈的淞沪会战开始了。在战争的白热化阶段，蒋介石决定到上海的前沿阵地去视察，由于日军凭借空中的优势而控制了制空权，行车是很不安全的。考虑到英国驻华大使许阁森的轿车上挂有英国国旗，不会受日机的攻击。白崇禧遂建议蒋介石，乘坐该车前往上海。临行时，蒋考虑一国之首，乘坐他国的车辆，有失国体，坚持坐自己的车，改为夜间行驶而未乘坐英国大使的轿车。但是，白崇禧的建议却使英国大使的车在公路上遭到了袭击，大使本人也负了伤。这个消息传来，白崇禧不禁汗如雨下，联想到泄密案尚未侦破，由于自己的建议而险些使蒋介石送了命，他后怕得不敢再往下想了。极善察颜的戴笠此时得知：在白崇禧向蒋介石建议用车时，只有六七个人知道（这其中又有黄秋岳）。调查面骤然缩小了，调查的对象相对集中了，目标也更具体了。

调查的结果：黄秋岳、黄晟和一个叫作廖雅权的汤山招待所的服务员同时被逮捕。

这个廖雅权，原名叫南造云子，是1909年出生在上海的一个日本间谍的女儿。她曾在日本受过间谍学校的专门训练，于1926年17岁时以一个失学青年的身份出现在南京。而后打入离南京市区60里、国民党高级会议的场所、高级军政人员常出入的汤山温泉招待所当了一名"服务员"。南造云子被捕后，为了活命，主动坦白了黄秋岳将情报由其子黄晟转送给她的全部过程，从而受到了一些优待。

黄秋岳由戴笠亲自审问。审问进行得很顺利，黄秋岳父子均在各自的供词上签了字。经由最高军事法庭审理后，余怒未消的蒋介石亲笔签署了处黄秋岳父子以极刑的判决。

处决在雨花台进行。但就在黄秋岳父子命赴黄泉之时，神奇的南造云子却从戒备森严的监狱里逃走了。1938 年 12 月，汪精卫发表了"艳电"，而且很快又成立了由日方一手扶植的伪政权。不久，那个南造云子在上海协助汉奸李士群、丁默邨等人，在沪西极司菲尔路 76 号建立了汪伪特工总部，重新进行特务活动。1942 年，33 岁的南造云子在上海霞飞路百乐门咖啡店前，被人击毙，结束了她罪恶的一生。

"八一三"的战役是惨烈的。由于泄密而使本来可以封锁在长江内的日方战舰和士兵，非但没有被早些消灭，反而使淞沪一战的日方军事实力大增，对我方形成了威胁，以致造成了大量的人员伤亡。我曾经读过有关"八一三"战役的书籍，对书中所记述的我方惨重损失，使人难以忘记。

此事过后，我还曾听到过一些说法，其中主要意思是：黄秋岳泄密是受了汪精卫的指派，由于黄秋岳还要请汪照顾家小，不便翻脸（又恐汪不承认）而自认。此种说法，究竟对错，不敢妄言，但黄秋岳泄密事则是真实的。事隔多年，追忆至此，不当之处，敬请知情者指正。我还借阅了有关的一些文史书籍，从中得知不少史料，以助此文，在此并谢。

我参与侦破 "黄浚案"

钟高玉①口述　罗林远整理

　　1937 年春夏期间，南京国民政府侦破震惊一时的 "汉奸黄浚案"，我是亲身参与者之一。几十年过去了，往事仍历历在目。

　　那是 1936 年 6 月，我刚从宪兵司令部特高组军士队第六期毕业，即被派往广州，临时担任蒋介石的随身警卫。半年后，我又随蒋返回南京。

　　此时，正处于 "七七" 卢沟桥事变的前夕，日本帝国主义根据其侵略的需要，频繁地派遣各类间谍，潜入中国内地，到处刺探、搜集中国的军事秘密和政治经济情报。当时，南京国民政府一些最机密的国防计划和特别措施，只要一决定下来，日方就立刻知道了。其速度之快，了解之细，简直令人不可思议。

　　1937 年 8 月，蒋介石亲自制订了一个绝密的军事行动计划：决定采取闪电式行动，在一个晚上，对吴淞口至江阴一段江面执行三线布雷，

────────

　　①　钟高玉，湖南耒阳市公平镇人，解放后曾任耒阳市政协委员。

封锁住长江下游，以迫使停泊在下关和长江上游的日本军舰缴械投降。

事情本来是非常机密的，只有参与会议的几个人知道。然而，就在散会后的当天夜里，准备进行布雷行动的前几小时，日本方面突然将所有的军舰驶出吴淞口，开至海岸要塞大炮射程不及的海域。这一举动使蒋介石吃惊不小。

那些日子，我看到蒋介石神色不安，紧锁眉头，不时地倒背双手，怒气冲冲地在房内来回走动，牙床（蒋介石是一口假牙）痛得好几天都吃不下饭，且时常对部属发脾气。

一天，蒋介石火速召集南京市内的军统、中统、宪兵司令部负责人开会。在那一间小会客厅里，他用一口地道的浙江奉化口音，拉着嗓子说："吴淞口布雷一事，日方知道得如此清楚，说明我们内部有他们的人。这是一枚定时炸弹，是一个大隐患，不除不行。你们必须在一个月之内，给我挖出来……"

会后，蒋介石又亲自给南京宪兵司令谷正伦下了一道手令。

谷正伦感到事情重大，考虑再三，把侦破任务交给了本部驻南京的特警二队。

说到特警二队，在特务组织中颇有名气。两年前，它成立了一个外事组，地点设于南京鼓楼日本总领事馆附近，主要任务就是专门做日本总领事馆的反间谍工作。经过一段时间的策划和工作，该组在总领事馆内，有了一个可靠的内线关系。这个人名叫陈耆才，联络代号"23号"。他文化程度不高，但很机灵，能说一口流利的日语，在日本总领事须磨身边当贴身勤务员，深受信任。两年前，外事组的李荣芳偶然与陈相识，结成朋友，在彼此交往中，李荣芳向陈施加一些影响，同时并用重金收买，陈欣然应允秘密加入特警队，担任通讯联络员。陈耆才利用自己的合法身份和工作条件，先后多次窃取了不少情报，传送给特警二队。

这次外事组的李荣芳接到特警队队长老丁的命令，约请陈耆才在一家酒店楼上见面，陈如期赴约。喝酒谈话中，李荣芳问道："老陈，你们馆里中国人中有哪些经常同须磨来往？"

陈耆才想了一阵，说："根据我的观察，国民政府中的那个行政院的机要秘书黄浚和须磨来往最多。"

"近来到过馆里吗？"李荣芳问。

"近段时间很少见他来！"陈耆才答。

李荣芳又问及了其他一些情况，然后返回外事组驻地，把陈耆才提供的情况详细地向丁队长作了汇报。丁队长听后，沉思了一阵，恍然大悟，手往膝盖上一拍，说："对！布雷一事泄密后，黄很少去领事馆，这现象反常。看来，我们原来对他错估计了！"丁队长说的"错估计"，是指对黄浚没引起注意。因黄一贯善溜须拍马，为蒋介石所信任，加之他是国民政府的机要秘书，职位重要，以前只认为他与须磨是早稻田大学的同窗，因此没把他往泄密事件上扯，现在看来很有疑问。

丁队长把情况和队里分析的疑点一一向宪兵司令谷正伦作了汇报。谷正伦当即通报了蒋介石，在得到蒋的许可后，立即指使特警二队把侦缉的目标转向黄浚。

就在这时，我被调到特警队，担任李荣芳的助手，干起了跟踪侦缉工作。李荣芳，二十四五岁年纪，高挑个儿，白白净净的圆脸，一双黑亮的大眼，显得挺精神。

我们接手任务后，便在黄浚住的公馆附近守候观望。记得是接受任务后的第三天，我扮作游客模样，叼着烟卷在一家杂货店门前若无其事地晃荡。突然，从黄公馆的大门内走出一个长得十分俏丽的姑娘，不由得将我的目光吸了过去。那姑娘十八九岁年纪，手里抱着小孩（估计是黄的孙子），正朝一家商店门口走去。我断定，这一定是黄公馆的女佣人，没有盯梢的价值，不去管她！

偏偏在这时节，李荣芳却突然走近我身边，像发现了新大陆似的往我肩上拍了一掌并诡谲地朝我眨了眨眼，神秘兮兮地对我说："小钟子！这是黄公馆的人，对我们有用处！"

"有用处?!"我大惑不解地翻了上司一眼。

李荣芳"嗯"了一声，笑了笑将嘴附在我耳畔如此这般地叨咕了一阵。最后，认真地征求我的意见说："干不干?!"我听了他一番全套计划，将袖子一扎："行啊！就这样办！"

第二天一大早，我们来到指定地点等候，可是天公不作美下起了大雨，一直下到吃晚饭时才雨住云收。我和李荣芳足足等了一整天，始终不见昨天那位姑娘从黄公馆出来。正当我俩心情焦急之际，忽然黄公馆侧面那扇小门"吱呀"一声打开，走出一个人来。我们仔细一看，正巧是我们望眼欲穿的那个姑娘。她双手抱着一个孩子，哼着小曲儿，径直朝第一公园方向走去。我同李荣芳相互交换了一下眼色后，便各自分开，寻机超过那姑娘，在一棵树后悄悄隐藏起来。

一会儿，那姑娘慢慢走了过来，我乘她不防，猛地窜上去，突然伸手用力将其推倒在地。姑娘被人突如其来地摔倒，正欲张嘴呼救，我又掏出布团子塞进她嘴里。这时，李荣芳佯装路过此地，朝我大吼一声："住手！"并朝我猛扑过来。我假扮受惊的样子，抽身迅速闪入附近胡同。李荣芳也不追赶我，走近问候过那姑娘后，便陪姑娘向大街转角处走去。我完成了"丑角"任务，即返回特警队。

当晚，李荣芳回来特别晚，满脸喜气盈盈，我忙问情况如何，他兴奋地告诉我，那个姑娘名叫莲花，原是江北农村一个贫苦农民的女儿，因父母双亡，被人诱骗到南京，后又被人转手卖给黄公馆里做女佣，受尽了黄府中主人的污辱和打骂。

李荣芳在讲述莲花姑娘的身世遭遇时，心情十分沉重悲怆的样子，看得出，他是很同情莲花姑娘的。自"英雄救美女"的双簧戏开台后，李荣芳就同莲花经常往来，到后来竟达到形影不离，想不到"假戏变作真戏唱"了。莲花被李荣芳的"情网"套住，为特警队提供有关黄浚的不少线索，但要真正抓住黄与须磨勾搭的事实，一下还很难办到。此间，蒋介石曾多次气愤地催促谷正伦加速破案。

特警队进行了一次研究，为加快侦破工作的进程，又在鼓楼公园（日本总领事馆大门外）里布置了"小报摊""测字摊"及拉人力车的特工人员。我则具体负责对黄公馆出入人员的跟踪。可是一连好几天，黄浚的行动都非常正规，每天除坐小汽车去行政院上下班外，只有一次应须磨柬请去了领事馆，而"23号"监视内线反馈的信息称那只是一般性的应酬，没有发现什么不轨的活动。其次，黄还到丁家桥国民党中央党部开过一次会，后又到黄埔路（陆军军官学校后面）蒋介石官邸一次。此外，黄浚总是待在家里，如缩颈乌龟，不出头。

至于黄公馆内的其他人员，引起我们怀疑的人是黄浚的小车司机小王。他每次外出都骑自行车，特警队派人跟踪过他，除看到他在街上兜几圈子外，就只见他去过国际咖啡馆一次。有一天晚上我向丁队长汇报情况，负责在日本总领事馆监视的小秦也说起领事馆中的管理员小河（日本人）也曾三次到过新街口国际咖啡馆的事。看来，这中间定有蹊跷，事情为什么这么巧合！根据这种情况我提出再行跟踪一次，弄个水落石出。

第二天，我在黄公馆门前等了一天，没见姓王的出来，直至第三天，王司机出来了。我悄悄地盯住他，果然，这小子进了咖啡馆，但是很快又出来了。我一直看到他没有搞什么活动，只好沮丧地返回特警队。

不多时，房外传来莲花来找李荣芳的声音，我们忙邀她进来问情况。莲花说，今天她替黄太太打水洗脸路过黄浚的书房门前，见王司机匆匆忙忙跑进书房把头上戴的呢帽取下向正在打太极拳的黄浚扬了又扬，随即把呢帽挂在衣帽架上，自己光着脑壳退出了房门。

莲花这么一说，我恍然大悟，心里暗忖："莫非问题就在那顶呢帽上？哼！明天非弄它个水落石出不可。"第二天下午 6 点，我一身西装革履，跨上单车，来到黄公馆对面街口，只等王司机出来。大约过了 10 分钟，王司机果然骑一部单车出来了。只见他头上戴着一顶呢帽，蹬着单车飞一样直奔国际咖啡馆。我也紧追不舍，一直跟其进了咖啡馆。只见姓王的摘下呢帽，挂在衣帽架上，然后倚着一张圆桌坐下，要了一杯咖啡，慢腾腾地喝起来。几分钟后，他喝完咖啡就起身出门，没发现什么异样的活动。我悻悻地回到特警队。这时，负责跟踪日本总领事馆小河的小秦也没精打采地回来了。别说了，也是没门儿。这下子，我们都像泄了气的皮球，感到已到了山穷水尽的地步。倒是丁队长在一旁默默地抽着烟，一声不吭地听我和小秦汇报。忽然，他那双眼珠子骨碌碌一转，向我们问道："在咖啡馆里，他们挂在衣帽架上的呢帽是不是一个颜色？"

我竭力回忆着："王司机的帽子好像是灰色！"小秦也肯定地说，"小河的也是灰色！"

"他们俩挂帽的位置距离有多远？"丁队长又追问了一句。

"喝咖啡的人都把帽子挂在那一个衣帽架上，没注意哪顶帽子是哪个人的。"小秦说。

丁队长听罢欢喜得眉飞色舞，右手往大腿上一拍："好，明天可以到手了！"丁队长指的是什么？我们都一时丈二和尚摸不到头脑，只见丁队长连忙召拢行动组的人迅速集合开会。这时，时间已快晚上 12 点钟了。等人员到齐，丁队长把第二天的计划任务交代了一番，然后又把外号叫"猛子"的小刘喊到身边，悄声地嘀咕了一阵，随即又将我拉近身边如此这般地布置停当。最后，丁队长向大家大声地说："如果情况有变，一切听我临时命令行事！都清楚了吗？"

"都清楚了！"我们一齐异口同声地回答。

第二天天刚亮，我就来到黄公馆对面街口，一直等到下午，也没有发现什么情况。第三天下午 6 时，我临时接到丁队长的命令，骑上单车，来到秦淮河河沿一条横街路口上等候。一直等到快 7 时，我突然发现对面桥头上出现了丁队长。只见他一手从头上取下呢帽子，一手掏出手帕在额头上抹了一下……嘿！这正是他前天晚上在会上规定的暗号，说明有情况了！

果然，我回头一看，蓦然发现日本总领事馆的小河，骑一辆单车，从对面横街上驰来，紧随他身后的是我们特警队的小刘。此刻，只见小刘猛地蹬快单车，如出弦的箭，对准小河的单车后轮飞撞过去。只听"咔嚓"一声，小河连人带车翻倒在地，头上戴的那顶呢帽也掉落在地，"呼"地又被一股风刮落在十多米远的地方。

这时，早在桥头观察动静的丁队长迅疾跑过来，一把揪住小刘的单车，喝令小刘从地上扶起小河道歉，然后两人一起将小河强行送往医院。

乘这间隙，我迅速拾起小河那顶呢帽，骑上单车，径直朝新街口国际咖啡馆方向奔去。到了一个僻静处，我下车将丁队长事先写好的字条塞进帽中的夹层里。当我赶到国际咖啡馆时，发现衣帽架上，早已有一顶灰色的呢帽挂在那里，与小河的呢帽一模一样。这下可逮住狡猾的狐狸尾巴了！我心中掩不住地高兴，走近衣架旁，把小河的呢帽挂上去，然后回到桌边，要了一瓶啤酒、两片凉糕。过了一会儿，我起身摘下挂在衣帽钩上的另一顶呢帽走出咖啡馆，跨上单车驶上大街。

当我把"猎物"带回队部，翻开夹层一看，里面果然藏着情报资料，其中有蒋介石暗中部署几个精锐陆军师移防上海、苏杭一带的情况，还有一张南京下关要塞的地形图。资料显示的全都是黄浚的手迹，罪证抓到手了！谷正伦得到我们的报告，立即上报蒋介石，蒋亲自下手令逮捕黄浚归案。

丁队长接到命令前，已想妥了捕黄计划。丁队长模仿须磨的笔迹书写了一个字条，大意是嘉奖黄浚，同时指示要所有搜集情报有功的人员于次日晚11时在黄浚家聚会，届时须磨要亲往犒赏等，并派人将夹有字条的呢帽送到咖啡馆。同时，为了摸清黄浚的动向，第二天早饭后李荣芳约了莲花探询黄昨天晚上的情况。莲花告诉我们说，黄浚昨天夜里好高兴哩，一连喝了两瓶高级啤酒，简直乐昏了头。

丁队长向莲花布置当晚逮捕黄浚行动的联络暗号，莲花听了后，点点头走了。

晚上，天空中满布乌云，把星月都遮住了，正是行动的好时机。丁队长对外事组、行动组人员异常兴奋地说："今晚的任务非常重要，希望大家拿出勇气和镇静来。要知道，对象都是有枪的，接触后可能会发生拒捕现象和越逃等情况。总之，行动要快，使他们措手不及，束手就擒！"说到这里，丁队长从里屋拎出一个布包裹郑重地交给我说："你今晚上化装邮差，先把门诱开。"说着转向"猛子"小刘叮嘱说："你要立即配合，迅速冲进门去，先制服门卫和司机，勿让他们跑了！"小刘点了点头。我不无疑惑地对丁队长说："要他们开门，送一封'挂号'或'电报'不就行了。干吗非用这么个大包裹？"丁队长见我不理会他的意思，眼睛一鼓，瞪了我一眼。我知道丁队长脾气很偏，没再吱声。

会议结束后，大家各自做好行动准备。11时整，丁队长发出行动命令。我扮作邮差，带上包裹，骑单车直奔黄公馆。

黄家的大铁门紧关着，我按响门铃，等了几分钟才见侧门上一个小方孔里露出门卫一双眼睛。

"什么人？"门卫在里头问。

"送包裹的！"我大声说。

"哪儿寄来的？"

"上海！快开门。"

"什么东西？"

"你自己看看！"我扬了一下手里的包裹。

"从这里递进来！"门卫不耐烦地拍了拍门洞。

我举起包裹往门洞上比画了一下，说："递不进去呀。"这时，我才暗暗佩服丁队长的用心。

稍停，小门"吱呀"一声开了，我迅速迈腿进去。就在同时，小刘飞身闪进门内，迅速伸出一双铁钳似的大手掐住门卫张口欲喊的喉咙。行动组的李荣芳等六七个人也乘机冲进正院。我同小刘把门卫和司机交给一个持枪的特工看守后，也同时奔向正院。正在这时，突然听到里面客厅中"叭"地传来一声沉闷的枪声。我们一怔，意识到，可能是屋里的人已发觉我们的行动了。大家奋不顾身冲入客厅，只见灯光下胖墩墩的黄浚如一根木头似的站在屏风侧面一动也不动。我和李荣芳同时把枪口对准黄浚大喝一声："不许动！举起手来！"其他特工人员也都围拢过来。

黄浚见状，默然无语，两手垂落下来，手枪"当"的一声掉落在地。见有一具女尸横卧于屏风右侧地下血泊中，身子还在抽搐。李荣芳飞身扑上去悲怆地喊了一声"莲花——"便哽咽地哭泣起来。

　　原来，莲花在行动开始后，乘黄浚和几个汉奸尚在客厅喝酒之机，迅速潜入黄的书房，利索地打开抽屉将一个鼓鼓的牛皮纸信袋拿到手里，这信袋正是黄准备在今天晚上亲自面交须磨的一扎情报资料。莲花把信揣在怀中匆匆退出书房门，正在客厅喝酒的黄浚，极不放心，喝了一杯酒后返回来察看，恰巧发现莲花从书房揣着信封出来，并疾步奔向客厅外，黄浚料定事情败露，想喝住莲花。可是莲花当作没听到似的仍然往前跑。黄浚随即掏出手枪朝莲花打了一枪。

　　李荣芳紧紧地把血迹斑斑的莲花揽在怀中喃喃地说："莲妹！我来迟了！你恨我吧！"说着，泪水又如雨点似的洒落下来。莲花那双乌亮亮的眼睛朝李荣芳闪动了一下，脸含微笑缓缓地闭上了。我和小刘、小秦走到莲花尸体前，拉起李荣芳向莲花默哀辞别。这时丁队长牵过铐着双手的黄浚将其按倒跪下，一连朝莲花叩了三个响头，然后才同李荣芳押着黄浚登上事先备好的汽车，返回南京宪兵司令部。

　　半个月后，黄浚等一伙日伪汉奸在南京伏法的消息见诸报端，一时震撼了国内外。这是抗日时的民国一大要案，是我亲自参加的一段真事，为澄清一些不实的传闻，特撰写此文，以飨读者。

井野毛一郎暴死之谜

————

葛阿刚

1937年8月15日，天津《大公报》在显著位置上发表消息：察北义民英勇反抗，打死井野毛一郎。消息发表之后，北京、天津、南京、上海等地的学生纷纷声援，支持察北人民的抗日活动。中国百姓们则奔走相告，拍手称快，而日伪人员却垂头丧气，胆战心寒。

那么，井野毛一郎死于何地？又是被何人所杀的呢？要解开这个谜，还得从张家口外的崇礼县说起。

出了张家口大境门往北走，有一个地方叫崇礼。在"七七"事变之前，这个地方的政权就已被日本人和汉奸把持。井野毛一郎是当时日本派到崇礼县的伪县政府"指导官"。这个杀人不眨眼的刽子手，不光指挥他手下的日本兵和汉奸欺压百姓、烧杀掠抢、鱼肉人民、戕害我同胞，而且常常在他住的门口挂上中国百姓血淋淋的人头。当地的乡亲们无不恨之入骨，一些爱国青年更是义愤填膺，暗暗下决心，一定要除掉这个大恶魔。

1937年8月的一个夜晚，星斗满天，夜色朦胧，崇礼县嗨喇庙小学的一间茅屋内聚集着一伙年轻人，他们是乔廷瑗、赵祥春、赵祥云、李俊发、田兴等十几个进步爱国青年。日寇和汉奸的种种罪行，同胞的深重苦难和国破家亡的惨景，使这些热血青年怒火燃烧，终于在前不久设计杀掉了认贼作父、狐假虎威，经常对崇礼人民敲诈勒索、搜刮民财的大汉奸、嗨喇庙伪警察署署长王耀光。这一消息很快传到伪县政府，日伪人员吓得丧魂落魄。井野毛一郎则气得暴跳如雷，为了给部下和汉奸们打气，他决心要查明是谁杀了王耀光，而后进行报复。他当时便用生硬的中国话下令："通知警备队做好准备，明日前往嗨喇庙村！"井野毛一郎亲自坐镇十几天，但仍是竹篮打水——一场空，没有查到丝毫线索。他像一头斗败的公牛，整日咬着牙、瞪着血红的双眼望着嗨喇庙村。看得出来，一场血腥的报复就要开始了。乔廷瑗等十几位爱国青年，为了群众免遭危险，又聚在一起商讨对策。

"不能再等下去了，越等乡亲们遭受报复的危险就越大。"不知谁打破静寂说了话。

"对，不能再等了，敌人会狗急跳墙的，我们来个先下手为强。"激动的心情使乔廷瑗这位当小学教师的文弱书生的双眼闪闪发光，他握紧双拳咬着牙斩钉截铁地对大家说，"我们先杀掉井野毛一郎！"

"我赞成！"

"我也赞成！"

"说干就干，手早就痒痒上啦！"

大家伙个个摩拳擦掌，表示赞同。

"大家先别急，杀井野毛一郎不是件容易的事儿，他的门外站着一分钟不离的荷枪实弹的伪警察，门内岗哨分布又密，我们应想个妙计。"田兴望着大家镇定地说。

于是，青年们又凑在一起，一会儿之后，一条妙计定了下来。

8 月 14 日深夜，天黑得伸手不见五指。十几条黑影轻捷地越过警署的院墙。他们便是那十几位青年。进院后，他们兵分两路，一路由赵祥春负责解决警卫的武装，一路由乔廷瑷带领，让警署雇员李连祥做向导袭击井野。

井野的警卫没等叫出声来，便被赵祥春带的人马捂上嘴下了枪。乔廷瑷等则很快地向西冲到了井野毛一郎的住处。这家伙鼾声如雷，正沉浸在美梦之中。两个人先扑上去从被窝里把井野拖出来，还没等他醒过梦来，杨振经的手枪已逼住了他的喉咙。但井野毛一郎这个顽固的侵略者，不但不听乔廷瑷的命令，反而气急败坏地放声发出狂叫。杨振经火冒三丈，一枪打在了井野的肚子上，这家伙惨叫一声后更加疯狂地大叫起来。另一位同志抬手向井野的脑袋上开了一枪，结束了井野毛一郎恶贯满盈的一生。而后，这些勇敢的爱国青年迅速撤离了现场。

乔廷瑷等爱国进步青年的行动，给日本侵略者和汉奸们以沉重的打击，老百姓们欢欣鼓舞，更坚定了誓与日寇、汉奸斗争到底的决心。消息很快震动了长城内外，天津《大公报》第二天就在显著位置上报道了这一激动人心的喜讯。

敌人自然不会善罢甘休。后来，日军恼羞成怒，从热河地区出动了大批飞机到崇礼侦察，并从西湾子县城派出伪警察和日军进行扫荡。读者可以放心的是，喇嘛庙的群众已提前转移到张家口市内，日军、汉奸杀气腾腾而来却扑了个空。

我赴河南省处理赈粮贪污案经过

金汉鼎①

　　近期，冯小刚执导的电影《1942》上映，在社会上引起了广泛影响。其中所反映的 1942 年河南大饥荒，有 300 万老百姓饿死。这个数字相当于中国军队在抗战中死伤人数的总和。然而，有别于其他灾荒的是，有众多史料表明，人祸才是这场灾难的主因。原国民党陆军上将金汉鼎的回忆便是有力印证这点的史料之一。

　　1942 年，国民党军事委员会派我到河南进行军风纪视察工作。当时的河南是三面环敌，且有严重旱灾的地区。在这个地区内，驻有蒋鼎文、汤恩伯的部队，还有孙桐萱、孙蔚如、何杜国、刘茂恩、高树勋、李家钰六个集团军及其他许多部队。

　　这次中央派张继、张厉生（行政院秘书长）带法币 5 亿元来赈济。到达洛阳后，即在西工省府办事处与省主席李培基和有关厅局处长会商

---

① 金汉鼎，曾为国民党陆军上将，新中国成立后为国务院参事室参事兼北京市政协委员。

办法。张等表示此来目的有二：一是慰问民间疾苦，并指定赈款 2 亿元为急赈，在各地遍设粥场；二是 3 亿元购赈粮，因时间和交通关系，曾约定在各个专区指定一个适中的县，令各县派代表一人至二人按期来会，俾知各地受灾的实际情况和传达上述两项内容，使全省人民深体此意。

洛阳第十专区指定密县为代表集会点，李培基率领有关人员在赴会途中，告知专员李杏村向代表们说："不要把灾情说得太严重，主席自有办法。"待张等到了密县后，看到各县代表的名单。张继认识郑县的代表李随阳，荥阳县代表韩凤楼（他们当年在日本东京时都是孙中山同盟会的会员）。李、韩二人便将专员李杏村所讲李培基的话讲了出来。开会时各县代表痛陈灾情惨重，官吏对此竟熟视无睹，饿死的人触目皆是。张厉生在会上说："在我们未到河南时，只知河南有灾，而不知灾情严重到了什么程度。到后才知河南灾情如此严重，李主席你不能辞其咎！"这些情况是后来韩凤楼告诉我的。

张继回重庆后，河南省政府也组成了购粮委员会，省教育厅鲁荡平副厅长自荐与陕主席熊斌及胡宗南有私交，乃同往西安购粮。当时我在各县视察，看到公路上成群结队扶老携幼的老百姓神色慌张地由洛阳奔向陕西求生，行前大都出卖小块的土地以做旅途之资。地主富农以及放高利贷者乘人之危以 1/3 一亩地价二三十元便兼并了他们的土地，割断了他们生存的命根。

当时在各县虽设有粥场，但"粥少僧多"，供不应求。收容所成千上万的男女灾童大多面黄肌瘦，形似人体标本。饿死的人随地可见。由于省令县、区、乡、保自救，不准饿死一人，而县、区、乡、保长大多是出钱买来的官。为保其职位好大捞一把，故此对死者隐不上报，尸体胡乱掩埋，任狼犬刨食，白骨枕藉，血迹斑斑，臭气随处飘扬，惨不忍睹。而那些趁火打劫的坏人乘机诱骗妇女，用架子车载到洛阳再贩运到西安而不需任何本钱，只要管其一口饭便可卖到几百元！

正在这紧要关头，粮食部部长徐某电各省说："今年的工作是以征实征购为中心，成绩好的给予奖励。"于是河南省府得电后，便将征实征购的数额分配给各专区。按各县实际能力，有成就者将数字先行上报。于是各专员当然遵命执行，省府很快就获得报齐的数字，便电粮食部略云："河南人民深明大义，愿馨其所有贡献国家，征实征购均已超过定额。"徐某乃立即传电嘉奖，同时根据所报数字分配给一、五两战区；该两战区兵站总监部得到通知后，各派队向指定仓库要粮，结果颗粒无获，逼得厅局长、专员分赴各县逼索。这样一来，民间收存的种子、饲料均被搜索一空，人民饿死的更多。仅许昌县便饿死五万多人。

一天，我工作到午夜12点以后回到住处睡觉，卫士来报有人求见。我当时很不高兴，便拒绝说："有啥事明天早上再来。"来人说："白天说话不方便，就要趁着三更半夜来谈谈。"我一听，便知话里有隐情，于是便和来人谈了起来。他们一共来了七个人，抱有一个大布包，他们说是许昌县财政、军事两科长和秘书假公济私挪用公款经商图利，这是他们的账簿，一共12本，西安、许昌两处各6本，店号是以县长王桓武名号各选一字而起的。又说："王桓武的南阳专员就是用钱买的，他临赴任时还写了许多条子，叫他的走狗向各区乡勒索现款。"

我见账簿里记录的是从许昌运香烟去西安卖。收款条子全是黑盖红。

来人是向省府指控王桓武贪污渎职，盗用公款，经商图利，鱼肉人民。而省府对被告则是叫他书面申复，对起诉人，则令其到鲁山区候讯，说："省府有意庇护被告，我们去将会受苦，所以趁夜静无人来请主任委员给想个办法。"我问他们去鲁山的时限之后便告诉他们说：我也去鲁山，可能还可以相见。账簿事很重要，千万不可以随便交与他人。于是他们便走了。

未几，我来到鲁山，把一些有关民刑案件送给省府，请省府迅速依法处理。一天夜里，我又见到那些原告抱着账簿来见我说：再过两天就要讯问了。我将账簿逐一翻看，请他们指出重要之点和骑缝处，均盖上我的小官章，请他们仍带回去。这样做，就是问案人要留下账簿也不敢毁灭证据。正巧兼任驻西安军风纪第五巡察团委员钱懋哉受司法行政部和其上级领导机关"军法执行总监部"之命前来视察豫、皖两省司法和疏散监犯的情况，与我住在一起。我俩谈得十分投机，于是我便乘机请他帮忙调阅卷宗中有助于我工作的材料，因此我获得了不少很重要的东西。最后终于把王桓武传到洛阳第一战区军法执行监部讯办，而原告七人无事回到许昌。但是后来听说日军侵占洛阳时，军法执行监吴中行受贿，以假释名义释放了王桓武。

在西安购赈粮原本着救灾的宗旨，陕主席熊斌、副长官胡宗南将粮价削减2元，即每斤以6元作价，购委会并请求熊、胡联电交通部，令陇海路局长路福廷对河南救灾粮应尽先供给车厢。这一来反倒便利了视人命如草芥的委员们，拿着3亿元粮款大量贩运私货，发了难以数计的血腥财，百万人民饿死沟壑，血染黄沙。直到1943年新麦已近成熟，头批赈粮才运到洛阳。当时我正在临颍参加一个集会，县府传达临颍赈粮先配14万斤，从西安运到洛阳的运费合18万元，着速来借款领运，迟不领运者，霉烂损耗由各县负责。人民群众听到这些话顿时人声鼎沸怨气冲天，大家咬牙切齿愤恨异常地说："未见粮先要钱，这不是要把我们老百姓逼到死尽灭绝的地步吗？我们宁愿饿死，也不要贪官们的粮。"看到这样的情景，我也流出了不少的眼泪。

日军侵占洛阳、鲁山和叶县后，河南省府迁到内乡丹水镇。汤恩伯的副长官部迁驻西陕口。当省府各机关撤退时，民政厅厅长方策在后督导指挥。他得知我仍在鲁山，便来催我快走，并和我感慨地谈了政府的许多阴暗面。不久，李培基被免职，中央派刘茂恩继任省主席。因汤恩伯久已不见容于河南人民，蒋介石为缓和民愤，乃将他调往贵州。

（本文摘自《文史资料选辑》第 46 卷第 135 辑，

中国文史出版社出版，有删节）

杨惠敏案真相

———

乐 欣

1937 年"八一三"淞沪战役发生，谢晋元所在部队从无锡增援上海，对进犯日军猛烈还击。日军正面进攻失利，绕道金山卫登陆，包抄我守军后路。敌军依靠优势装备、钢板工事，在闸北地区巷战中，向毫无工事掩护的谢晋元部节节进逼。经过八字桥一战，张治中将军率领的我军主力，势孤难敌，被迫转移。谢晋元部奉命担任后卫掩护，转据苏州河北的"四行仓库"（中央、中国、交通、农民四家银行合设的物资仓库），继续抵抗。

四行仓库长 120 公尺，宽 15 公尺，楼高五层。在谢晋元指挥下，全团官兵利用库存大批袋装小麦、布匹、棉花包，筑起防御工事。白天，从楼房窗口向敌开火。入夜，用煤油棉花捻子，点燃火炬，观察敌情，对敌狙击。

10 月 27 日起，我军全部撤尽。偌大上海，仅余"四行孤军"。自 27 日至 31 日，日军排炮向谢部四行仓库阵地集中猛轰。只见苏州河北岸火光冲天而起，一片焦土残垣。坚守阵地的八百壮士，在外无援军、内缺粮弹的危急境况下，都抱定一死殉国决心，发扬以一当十精神，对侵略军作殊死抗争。其报国豪情正如谢晋元给父母遗书所写："人生必有一死。此时此境而死，实人生之快事也。"

时上海市民和各大报纸，都为四行孤军的英雄气概所感动，每天有数不清的人群，不顾流弹横飞，纷纷拥到苏州河南岸观战，意在为我军加油打气。当时上海各报，都以头版头条逐日详细报道孤军奋战战况，有的还在下午加出"号外"。

几天里，上海各界市民，利用夜幕掩护，为八百壮士送去大批干粮、药品和慰问信。

一天晚上，一名女童子军，以舍生忘死的胆气，从苏州河南岸下水，冒着枪林弹雨，沉着机智地泅到北岸，匍匐至我军阵地，从颈圈上解下一面国旗，展献给八百壮士。

国旗，在战士们列队敬礼下，在晨光熹微的焦土上，在四方都是炮火、豺狼的环境下，傲视苍穹，迎风飘扬。

献旗消息通过报纸、广播，迅速传遍上海和全国，极大地鼓舞了全国军民抗战到底、宁死不屈的战斗豪情。连一向对中国抱有成见的西方人，也不得不刮目相看。

英雄出少年。这献旗的女童子军，便是当时年仅十几岁的上海女中学生杨惠敏。

杨惠敏，江苏镇江人，因献旗壮举脱颖而出后，相当长时间里，几乎成了家喻户晓的新闻人物。报刊介绍她的事迹，《良友》画报以她做封面人物；在一度成为抗战中心的武汉，她身披红花，跨马游街；继又漂洋过海，去欧美各国宣传抗日。

1939年，杨惠敏由美国回到战时首都重庆。由当时的教育部作为"特派生"，保送到乐山中央技艺专科学校学习。后来由于参加学生运动等原因，受到校方警告，去了香港。

杨惠敏离开乐山中央技专后，究竟哪里去了？境遇如何？是喜是悲，是清是浊？这一直是许多人悬念不已、并不得其详的谜。

旧社会满布岔道陷阱，解放前的国统区更是大染缸。幼稚单纯的青年，如果自己不能把握正确方向，一旦置身可南可北的歧路，只要恶势力稍加引诱，未有不陷入迷径的——杨惠敏离开乐山后，接踵发生的一系列不幸，正缘于此。

杨惠敏身材较高，瘦长形脸上，嵌着浓眉大眼，阔口隆鼻；不但长相全不似江南女性之柔媚纤细，性格更流于泼辣粗犷。

重庆居，大不易。自乐山来到重庆，既已无职无业，无处归宿；兼之自献旗赢得美誉后，她更醉心于富于神秘、浪漫色彩的军事侦察、联络工作。通过"童子军团"安排，她很快被派往香港，从事"秘密联络工作"。

时年杨惠敏不过 18 岁。一来刚刚涉足社会，哪懂奸诈险恶的一套；二来旧中国所谓的"秘密工作"，自首推军统、中统。

有个名叫赵乐天的人，原籍苏州，系光华大学毕业生。生就一副"奶油小生"面孔，能说一口流利英语。于上海沦陷前即去了香港，经军统局香港站发展为"通讯员"。试用合格后，转正为军统基干人员。

"童子军团"的"秘密工作"，少不得与军统香港站经常发生接触、依靠关系。18 岁的妙龄少女，更难免轻易坠入情网。赵乐天既"一表人才"，又天生油嘴；一个毫无社会阅历的女孩子，哪经得起一个能说会道之人的苦苦追求。不消半年，已发展到等同夫妻。这糟糕已极的恋爱、"婚姻"，是杨惠敏在歧途上迈出的最不幸、也是最关键的一步。

1942 年，即日军占领香港之后，杨惠敏与赵乐天双双奉命护送难胞撤回内地。电影演员胡蝶夫妇也于 8 月 27 日夜，偕同亲戚自香港启程来渝。

胡蝶自 1926 年进入电影界，到 1937 年抗战爆发，其间，共主演过 58 部影片（连同 60 年代在香港所演"关门片"在内，前后共主演上百部影片）。她主演的《自由之花》，在意大利米兰国际电影比赛中获奖。由她一人扮演两角的《姊妹花》，单在上海即连演 60 天，场场爆满，创造了当时国产片最高卖座纪录。仅此一片，就为明星公司盈利 20 万元。胡蝶由此被广大影迷选为"电影皇后"。在苏联国际影展上她又被誉为"中国的格列泰·嘉宝"。

胡蝶钻研刻苦，技压群芳，俊俏迷人，处世谦和；更难得的是她有一颗拳拳的爱国之心。如 1937 年上海沦陷后，她在离沪赴港之前，就念念不忘"四行孤军"。特偕同另一著名影星陈燕燕，去新加坡路 40 号孤军营，热情慰问八百壮士。

日军占领香港后，发现胡蝶与梅兰芳都留居在港。遂大转念头，策划挟持二人去东京演出，并预定拍摄以宣传"日华亲善"为主题的《胡蝶游东京》影片。结果，梅兰芳"蓄须明志"、胡蝶"夤夜出走"，显示了炎黄子孙的民族气节。

胡蝶潜离香港时，曾将其历年所置衣物、首饰和各种纪念品，装成 30 余口箱子，托杨惠敏代运回国。胡蝶夫妇则爬山过西贡，步行至淡水，经过 20 多天艰苦跋涉，始安抵曲江。嗣于 11 月 24 日飞抵重庆。

还在胡蝶滞留桂林，等待来渝期间，杨惠敏即在与赵乐天同去湖南途中函告胡蝶，托运的全部箱笼，不幸在广东东江兵荒马乱之中，全部遭劫。胡蝶得信，顿如五雷轰顶，整日伤心啼哭，一病多日，体重减轻近 20 磅，眼见一天天消瘦下去。

早在战前上海，戴笠对胡蝶即有非分之想，只是癞蛤蟆想吃天鹅肉，高攀不上。此番瞅准胡蝶一行在桂林苦等交通工具而不可得之机，戴笠乃密派心腹前往"照料"，胡蝶夫妇自不费吹灰之力坐上了到重庆的飞机。

胡蝶与原上海警备司司令杨虎、"海上闻人"杜月笙等素有交往。杨、杜二人又是戴笠至友。胡蝶一到重庆先借住南岸玄坛庙杨虎家，二人自不免哭诉行李丢失之事。杜安慰她说："不要难过了，我找戴老板替你破案就是。"二人见面与戴笠一谈，戴不但满口答应，并通过杨虎"热情邀请"胡蝶夫妇住进他中四路 151 号的公馆。

不久，胡蝶因旅途劳累，和丢失"百宝箱"事件忧郁成疾，在戴公馆又大病一场。潘有声（胡蝶的丈夫）在重庆原是人地生疏；且逃难归来，囊中又很拮据；故一应延请中西名医，服用贵重药品，以及安排病后调养滋补等事，少不得又是戴笠"自报奋勇，热情关照"。

俗话说："心病还得心药医。"胡蝶之病，主要病于"失宝"。故药疗之外，戴笠尤看重于"心疗"。每天榻前问病，温言慰解，自不必说。最奏效的一招是：立派干员，前往湖南株洲，会同当地军统单位，将失物主要责任人杨惠敏及其情夫赵乐天一并拘捕，飞机押来重庆，监禁在石灰市稽查处看守所。1943 年转解息烽监狱。两年后又送来渣滓洞关押。

在支援"四行孤军"抗战中，杨惠敏与胡蝶都分别做过有益的事。孰料事隔五年，两人都分别受到特务头子戴笠的内容不同、形式迥异的糟践。

戴笠为了将胡蝶弄到手，先利用手中权力，给胡的丈夫潘有声安了一个"专员"头衔，派往昆明经商，然后借口"找个清静地方疗养"，将胡蝶从城区挪动到郊区杨家山。这杨家山位置在"中美合作所特区"中心，是戴笠的乡居公馆，不说平民百姓，就是军统局本部处长级大特务如非奉召，也不得擅入。

胡蝶至此，自然孤掌难鸣。戴笠在此，更可为所欲为。1943 年起，36 岁的"电影皇后"，终为大她十岁的戴笠所强占。

在胡蝶之前，戴笠曾糟践过萧明、夏文秀两个在押的女大学生。两人先关在白公馆，后与杨惠敏均改禁息烽监狱。据萧明在息烽与同狱难友谈：当她们从白公馆被"提"到杨家山居住的一个月中，一次，戴笠、胡蝶与她俩，四人共用晚餐。席间，曾听胡蝶如嗔如嬉地说过："我的行李能不能找回来，就看戴先生肯不肯帮这个忙哪？"事过不久，就由重庆稽查处派人从湖南将杨惠敏抓来。

在审问中，杨惠敏哭闹不已，绝口否认偷盗胡蝶宝箱之事；一直坚持是箱子运到东江，为强人劫去，连她自身的衣物行李也损失殆尽。"童子军团"原为国民党元老、考试院院长戴季陶发起创办。戴笠更趁势恐吓胡蝶："杨已告到戴院长那里。考虑你的安全，只宜在乡下长住，以防意外。"

时有迁来重庆出版的《南京晚报》，发了《胡蝶衣物被劫，杨惠敏涉嫌被捕》的消息。该报采访主任李某紧盯不放，继续采访，获知杨关在石灰市看守所，消息发出后，全重庆为之轰动。

戴笠怕"招风"，但无须他本人开口，自有军统重庆主管单位，去人找到该报老板张友鹤，查询消息来源。张答以"查出后答复"。最后，只好说是"读者投书"，勉强把事情应付过去。从此，谁敢再摸"老虎屁股"？

报纸虽不敢再提，但悠悠之口难禁。偏胡者认为：杨惠敏不该见财起意，乘人之危。袒杨者认为：这原是戴笠故设圈套，逼胡就范。杨惠敏更直到现在，仍在台湾大呼冤枉。

不说外间平民，说胡逼杨，均无凭据。只说杨惠敏 1945 年自息烽转囚渣滓洞后，当时女牢仅关三人。男牢除"青年将校团"六人外，其余绝大多数均为军统内部送此禁闭的"违纪犯"，如原重庆侦缉大队大队长许忠五、军统陕西站负责人萧漫留、少将级国外站长陈式锐，以及重庆特区西郊工运小组长王仁德等百余人。

据王仁德 1985 年所写材料说："杨在渣滓洞常沉默寡言，仰天长叹，悲愤不已，十分憔悴。""杨被关后，在军统内部特别在'东南特训班''中美所特警班'的下江籍学员中曾激起不满。故军统厕所内，不断发现'羊羔下狱，蝶藏金屋''何罪之有？请问青天'一类鸣不平句。局本部督察室主任廖华平既查不出书写者为谁，又不敢向戴呈报，只有偷偷派人用刀刮掉。但不久，又出现'人间不平事，没有今天多'和'不平则鸣'等话语。"

平日无事，赵乐天还亲口告诉王仁德说："香港沦陷后，杨护送难胞到内地，在路上遇到胡蝶夫妇。胡再三要求代运行李，杨爽口答应。然行至东江，衣服箱笼全为败兵乱匪劫去。杨奔走广九之间，抢救难民，自己衣物也遭损失，从何谈到偷胡箱笼？押解来渝后，在法官追逼下，我不得已承认了与杨勾结偷盗胡的箱笼。谁知一问定案，从此既无人提审，我们也没有翻供的机会了。"

渣滓洞实行男女分禁。赵乐天为寻找机会与杨惠敏聚晤，1946 年春节前，特请王仁德向所长濮齐伟要求排演京戏，在春节上演。演戏时，分隔多年的赵、杨两人始初次晤谈。杨惠敏说："太侮辱人了，真是天大冤枉。我几次想自杀，只是死不瞑目。"几句话，说得赵乐天流下泪来。

1946 年 3 月，戴笠摔死在南京岱山。军统来人将杨、赵"转移"，二人担心"密裁"，哭说情愿死在渣滓洞。来人不容分说，将杨一铐铐上，推进吉普车，飞机押到镇江老家释放。住不几天，赵乐天则薄情出走上海，遗弃了她。

后据军统司法处人员透露：杨案在 1943 年即已查清，并作了结论，断定胡物失盗，并非杨惠敏所为。司法室签请戴笠予以无罪释放，然戴故意压住不批。戴死后，司法室再次提出处理意见，才经毛人凤指示送原籍开释。

若非戴笠死于意外，胡、杨二人岂能"打破玉笼飞彩凤"，恢复自由？

国际知识社的内幕

吴舜法

　　1944 年年初，抗日战争进入后期，在国民党的统治中心重庆，发行一本刊名《国际知识》的杂志，每月出版一期，内容是综合报道当时世界各国的军事、政治、经济的动态和有关的知识，经常有王芃生、崔万秋等人发表文章。国际知识社的地址在重庆中山路上清寺附近。社长罗坚白，湖南人，40 余岁，日本留学生，据说曾在东北军张学良手下当过情报处处长。在陕西省西安市成立有"国际知识社西安分社"，由一个东北人郝侃曾负责。此人矮胖，40 岁左右，也是日本留学生，当时在第一战区胡宗南司令长官部内挂名为少将参议。重庆和西安国际知识社内，都秘密安装有无线电台，两地直接通信联络。国际知识社的建立，实在是醉翁之意不在酒。

　　重庆、西安的国际知识社，挂着兴办文化事业、传播研究国际知识的招牌，以出版《国际知识》杂志作幌子，其实是英国官方用钱收买的国际间谍组织。罗坚白、郝侃曾是情报贩子，情报来源靠郝在西安雇用的 30 多个情报员，分布于山西、陕北，专门搜集有关中共、阎锡山地方部队、国民党中央军与日本侵略军的情报，电报重庆罗坚白，经审核汇编后，出卖给英国驻重庆大使馆一等秘书施义德或少校武官麦哲仑。至于经费、电台等，则全部由英国供给。

1944 年夏，重庆国民党军令部第二厅的特种侦缉电台，察觉了国际知识社的电台，并立即予以查抄，将为首的罗坚白逮捕，破获了这一起英国在中国国内收买建立的间谍组织。

罗被关押后，驻重庆英国大使出面干预，去面见蒋介石，强调英方此举是为了抗日，并不是用来对付中国。结果蒋介石退让迁就，随即释放了罗坚白，并下手谕：饬军令部第二厅中将厅长郑介民与英国大使馆一等秘书施义德协商解决。由是，中、英合作成立小组，定名为"军令部第二厅第一组"，任命该厅第一处少将副处长王丕承（此人现在台湾）兼任组长，第三处少校参谋吴舜法兼任助手，第四处上校参谋张桢主管通信业务，并调来储礼芳为少校电台台长，加上报务员、译电员、总务副官和炊事勤杂人员等共计九人，在重庆市青年路启明大厦办公，一切设备开支均由英方供给。中方则将西安郝侃曾拍发来的情报，经过审编，抄送一份交给英方，代替了原来国际知识社不公开的业务，成为当时中国政府与英国官方公开交换情报的唯一机构。

西安郝侃曾的组织机构照旧，仍是原班人马，不过是把"国际知识社西安分社"的名称改为"军令部第二厅第一组西安办事处"，换汤不换药。我记得郝曾上报一份绝密文件，内容是情报员名单暨活动范围，计有 30 多人，每人编有代号，单线联络，遍布山西、陕北各地，均由郝一人控制，每月经费，也由郝亲来重庆英国大使馆直接领取，生活阔绰，至于有无虚报冒领，那也无从查证，只有天知道了。

罗坚白被聘为该组顾问，按月由英方给予相当于少将级的优厚待遇。郝每次来渝时，均住罗家，他俩私下还能继续往来，其详情亦不得而知。

1945 年日本投降后，郝侃曾奉命将在西安的机构搬到北平，改名为"军令部第二厅第一组北平办事处"，扩大搜集华北、东北的情报，直到 1946 年春，国民党政府还都南京前，方宣布撤销了该组与北平办事处的机构，每人发给三个月的工资遣散费，算作了事。理由是对日作战已经胜利，双方任务早就完成，没有必要再交换情报了。

郝侃曾托人向当时国民党军政大员孙连仲活动，当上了日本投降后唐山市第一任市长。

驻重庆英国大使馆武官麦哲仑少校是一个中国通，能说一口流利的普通话，同我当时的职务、级别对等，因公务上经常交往，故比较熟悉。当日本无条件投降的喜讯传出后，人们都在大放爆竹，欣喜若狂。他却风趣地说："你们中国人是爱和平的，古时就发明了火药，用它来制造爆竹；而我们外国人却拿来制造枪弹和炸药。"麦还告诉我，他在抗日战争前，曾在山东省潍县基督教堂里传教，当过牧师。战争结束后，他坐飞机回潍县旧地重游，归途中飞机在经四川三峡上空失事，麦哲仑少校一命呜呼，永远不能回英国了。由此可见外国派来我国传教的牧师，确也有人披着宗教外衣，干着特务的勾当。

我方少将组长王丕承，江西人，曾经留学日本士官军校和美国参谋大学，并曾出任当时国民党政府驻苏大使馆少将武官。在与英方人员接触中，他坚持对等原则，麦少校来见，他不理睬，非要级别对等相当的人来见。他能说英语，但与英方交谈时，他总是讲国语。他说：接待外国人必须保持国格，不卑不亢。在当时国民党军官中能坚持这样做的，也实在是为数不多。而蒋介石对上述事件的处理，不过是把英国人秘密收买罗、郝刺探军情的地下组织，变成了正式公开的官方机构而已。

太平洋战争之谜：“阿波丸”的沉没和打捞

刘宏煊　张维

《泰坦尼克号》作为一部爱情大片，令成千上万的观众唏嘘不已。同时，它又以对一场大灾难的生动描述，把人们带入 1912 年 4 月的悲惨一幕：满载 2223 名乘客的“泰坦尼克”号在处女航中撞上冰山沉没，1500 人葬身大海。

其实要论悲惨，“泰坦尼克”号远非沉船之最。33 年后，也是 4 月，沉没于中国福建牛山岛海域的“阿波丸”号上，2009 名乘客中仅 1 人生还。

“绿十字”船

“阿波丸”原是日本的一艘万吨级武装客货运输船，1943 年建成下水，全长 154 米。上有防空和对海防卫火炮，共有武装士兵 24 名，最高航速 18 节。

1943 年，太平洋战局日趋紧张。美英等国 16.5 万战俘和侨民被囚禁于日本本土和中国东北、台湾、上海等地，处境悲惨。为改善战俘和侨民待遇，美英通过国际红十字会向日本提出派民用船只承运救济物资的要求。日本认为这是解决军事运输免遭截击的极好机会，很快提出了一系列船只清单，要挟美英作出不对此类船只进行检查和攻击的保证。美国思虑再三，只对刚下水的"阿波丸"作出此种承诺，并指定识别标志：两舷及烟囱上用油漆刷上绿底白十字，夜间航行时必须开灯显示"绿十字"。于是，"阿波丸"成为世界上第一艘执行和平使命的"绿十字"船。

1945 年，战局急转直下。3 月 26 日，硫磺岛战役以驻地日军全军覆没而告结束，标志着日本军国主义者完全丧失战争主动权，驻东南亚的日本军政官员和士兵惶恐万状。这时，"阿波丸"来到新加坡，给当地日本高官和巨商大贾们带来了一线生机，他们为搞到一张回国的乘船证展开了你死我活的争斗。同时，一连几天的深更半夜，20 多辆运输车穿梭来往于新加坡银行地下金库与码头之间，大批贴有封条的沉重箱子被搬上"阿波丸"。

没有"泰坦尼克"号起航时的自豪与亢奋，更没有同名电影中杰克和罗丝的温馨与浪漫，"阿波丸"上唯有失败的沮丧和死亡的恐惧。3 月 29 日深夜，"阿波丸"载着伪装成伤兵的军政要员及其家属，还有一些商人和外交官，加上船上工作人员共 2009 人，悄悄地离开新加坡港，开始了它战战兢兢的最后一次航行。这时，有人将随身带的小菩萨拿出来供在高处，一个劲儿地磕头。身边的人也一个跟着一个虔诚地向北跪下，祈求神灵保佑平安；更多的人则把生存的希望寄托于船舷上的巨大"绿十字"。

开始时，"绿十字"似乎真的成了"护身符"：

第一天，"阿波丸"在南中国海的航行平安无事。

第二天，有惊无险。上午，两架美机飞临"阿波丸"上空。可能是看清了船舷上的"绿十字"和船上抱头鼠窜的"伤兵"，盘旋了一阵后离去。下午，又有两架美国飞机飞来，不过，也只跟踪了一段时间后飞走。傍晚，惊魂未定的"伤兵"们发现一艘潜艇从右前方开来。还好，这艘潜艇也只跟踪了约一海里，然后钻进大海离去。

"阿波丸"拉响了汽笛，为能连过三关长长地"嘘了一口气"。

2008:1

1945 年 4 月 1 日，是太平洋战争也是第二次世界大战具有决定意义的日子。凌晨 6 时 30 分，美国准备了整整半年之久，仅作战计划书就以吨计的冲绳战役开始了。为打赢这场决战性的"冰山之战"，美国出动了 1457 艘舰船（其中包括 34 艘航空母舰和 2108 架舰载飞机、22 艘战列舰）、17 万余人的登陆部队和 11 万多后勤保障人员。同时，下令控制整个太平洋海区，切断所有日本舰船与本土的联系。其中，美国第十七海上机动部队被派遣担负台湾海峡地区的巡察任务。

这一天傍晚，"阿波丸"驶入台湾海峡，自然也就进入在此执行巡察任务的美军潜艇"皇后鱼"号的监视之中。根据前两天飞机和潜艇的巡察报告，艇长拉福林已经认定："绿十字"船"阿波丸"是在"挂羊头卖狗肉"，并非执行救济使命。尽管如此，船舷旁的巨大绿十字，仍使他犹豫再三，隐蔽地尾随而行。

时近午夜，紧张了一整天的"阿波丸"船长向值班员略事交代后，回到船长室准备就寝。这时，值班员慌忙报告："发现一艘敌船尾随我左右已经多时。"

船长问道："两舷灯火打开了吗？"

值班员检查后回答："所有'绿十字'旁的灯都已打开。"

船长安心了，吩咐道："别理它，保持原速。"

值班员紧接着报告："这是一艘美国潜艇，已发报要我们停航检查。"

两年来，特别是最近两天来的经历，已使这位船长对"绿十字"坚信不疑。他懒洋洋地说了一句："不理它！""阿波丸"仍以18节的最高速度向北航行。

决战时期，"绿十字"还管用吗？拉福林果断地下达了三次鱼雷攻击命令——

时间：1945年4月1日23时30分。

地点：中国福建省平潭县牛山岛附近海域。

此时，劳累不堪的三等厨师田勘太郎正爬出闷热的厨房，甲板上清新的海风使他心旷神怡，很快就能见到亲人的梦想使他感到丝丝甜蜜。但梦想刚刚开了一个头，随着一声轰响，他被大爆炸的气浪高高抛起，后又重重地摔进大海。一时间，"阿波丸"上火光冲天，牛山洋面如同白昼。仅仅5分钟后，灰飞烟灭，"阿波丸"和2008名搭乘者一起沉入60米深的海底。田勘太郎本能地在海面挣扎了许久，被"皇后鱼"号打捞上来当了俘虏，后几经辗转回到日本。他成为"阿波丸"唯一的幸存者和沉船事件的唯一见证人。

"阿波丸"以2008∶1的罕见死亡比率，载入世界沉船史册。日本对美军提出抗议，说这是战争史上没有先例的无信义行为。美国拒绝抗议，理直气壮地反唇相讥："阿波丸"的正当性存在疑问。结果，日本连赔偿要求都未能提出。日美两国的这一态度，使"阿波丸"沉船事件变得神秘起来。人们开始纷纷议论：船上到底装的什么？日本究竟有何难言之隐？于是，"阿波丸"成为"太平洋战争之谜"。

尼克松的"厚礼"

岁月匆匆，历史时刻表定格到 1972 年。已经沉埋 27 年的"阿波丸"事件，很不经意地在中美关系的演变中，被美国人重新揭开。

不知是为表达对华 20 多年制裁的歉意，还是出于其他外交考虑，尼克松 1972 年 2 月踏上中国的红地毯时，顺便交给中国政府一份"厚礼"：通报了"阿波丸"沉船的大体位置，并据资料认为这是一条金船，里面装有黄金 40 吨、艺术品 40 箱、钻石 15 万克拉。

一石激起千层浪。对"阿波丸"沉船上财富的猜测和要求打捞的呼声，重新高涨：

有美国人写信给中国领导人，说"阿波丸"上不仅有 40 吨黄金、12 吨白金、30 公斤金刚石、40 箱珠宝和艺术品，还有成捆的有价证券和大量日元、美钞、英镑、港币。他们提出要求：中美合作打捞，保证在 360 个工作日内将"阿波丸"打捞出水。

日本人向中方通报，说船上装有近万吨橡胶、锡块、铝锭和大米，有三个专设金库放置贵重物品。他们也提出打捞要求，声明其目的只为 2008 具死难者尸骨，所有珍宝全部用于中国治黄治沙。

德国人估计船里至少有价值 50 亿美元的财富，表示愿向中国提供全套深水打捞设备，只要求分得收获的 5%。

台湾、香港地区的有关人士也纷纷提出打捞申请……

无论是当年的中国总理周恩来，还是后来的总理华国锋，都拒绝了所有这类申请。理由重要而又简单："阿波丸"沉没于中国领海，打捞主权属于中国。

海军探宝

1977 年，海军和交通部联合向国务院、中央军委递交了一份报告书：打捞"阿波丸"，解开这个"太平洋战争之谜"，同时清理航道，以利海上交通。国务院、中央军委很快批准了这一报告。

同年 4 月，即"阿波丸"沉海 32 周年的祭日，由海军和中国救助打捞公司联合组建的"阿波丸"打捞工程指挥部正式成立，海军东海舰队防救大队大队长张达伍任现场作业组长。这位毕业于海军工程学院的高才生，已在舰船机电长、船长、参谋长的工作岗位上奋斗了 25 年，是一名训练有素、多谋善断的指挥员。

打捞工程历时三年零两个月，大致经历了寻船、探宝、船艇出水三阶段：

第一步，确定船址。

牛山岛附近海面是"无风三尺浪，有风浪滔天"的著名风浪区。海军两艘猎潜艇上的官兵，在涌峰高达 5 米、船晃 40 多度的条件下，仔仔细细地用声呐进行地毯式扫海。第五天，终于发现水下固定目标。根据回波判断是铁质，呈"T"字形，初步确定是一艘沉船。

为证实这是一艘沉船，并且是"阿波丸"，只有靠潜水员海底探查了。张达伍指挥打捞船六进六出，花了整整 17 个小时，才抛下共重 10 吨的四只大锚，牢牢固定好打捞船，为潜水作业打下基础。随后，上海市劳动模范马玉林第一个钻进 60 米深的海底，他从碰到的有舷窗的墙壁判断，确认是一艘沉船。接着，海军潜水员严品忠、严士法兄弟俩同时下水，他们扒开覆盖在沉船周围 3 米多深的烂泥，摸到一支手枪、一把指挥刀，严士法还在无意中将两块小木牌插在腰间。出水一看，小木牌上分别刻着"杉浦隆吉""横尾八郎"。日本提供的死难者名单，正有此两个姓氏。证据确凿，这艘沉船就是"阿波丸"！

第二步，深海探宝。

深海探宝的"会战"开始了。数十艘舰船迅速集中牛山洋，所有官兵，特别是先后从海军和地方精心挑选出来的 600 多名资深潜水员，轮流在急流险涌中展开规模浩大而又神秘的打捞作业。

海军潜水员马玉松为寻找金库，在驾驶台一些舱室中迷失了方向，输气管和沉船栏杆绕缠在一起，下去两个潜水员也没能解开。这时潮流速度高达 0.82 米/秒。按规定，流速超过 0.6 米/秒，就不能下潜。在此危急关头，马玉松在张达伍的沉着指挥下，在水下坚持六个多小时，直到平潮后才被救上船，创造了我国潜水史上前所未有的奇迹。

张达伍在打捞船上连续奋战五个多月，他的头发一绺绺脱落，身上长满红斑，两腿布满出血点。1982 年（即"阿波丸"打捞任务完成后两年）张达伍病逝。中央军委主席邓小平授予他"献身海军事业的模范干部"荣誉称号。

经过奋战，潜水员们在当年就捞起一批贵重物资，但没有找到所谓金库，当然未见传说中的巨额财富。

第三步，起吊船舱。

海军决定：按照海军工程师邓光泉提出的方案，运用深水解体分段法，起吊船舱。1980 年 8 月，"阿波丸"船舱被捞出水面，有关"阿波丸"的谜解开。

三年多来，海军参加打捞人员 2000 多人次，海上作业 347 天，潜水时间达 1417 小时。军民打捞出货物 1617 吨。打捞出部分遇难者遗骨、遗物，送交给日本。为此，国务院、中央军委给打捞"阿波丸"全体人员发来贺电。

未解之谜

打捞"阿波丸"三年多之久，似乎并未解开这个"太平洋战争之谜"，反而出现了一系列谜中之谜：

第一，"阿波丸"究竟是怎样沉没的？按有关资料，"阿波丸"是被"皇后鱼"号潜艇的三发鱼雷击沉的。但躺在海底的"阿波丸"船体被炸成两截，呈"T"字形，似是被一种比鱼雷威力更大的爆炸物击沉的。有人猜测，是被一些不愿当俘虏的日本人，用事先安放的烈性炸药自爆沉没的。究竟如何？不得而知。

第二，"阿波丸"上究竟有没有财宝？中国打捞出水的是一些橡胶、锡锭。但按常理，垂死挣扎时的日本军国主义者是不大可能只为运回几千吨这类物资，而置从东南亚掠夺的金银财宝于不顾的。这是怎么回事？

第三，如果有财宝，到哪儿去了？中国宣布结束打捞后，一些友好国家再次送来资料，说有人亲眼目睹金银财宝如何装上了"阿波丸"，并认为中国只捞出船艏，很可能金库就在后半截沉船上。这是真的吗？

第四，是否早有海底盗金者光顾过"阿波丸"沉船？中国潜水员发现，"阿波丸"船体上早有被人割开的洞。这是谁干的？

"阿波丸"——第二次世界大战留下的一个未解之谜！

我与"费巩失踪案"

————

邵全声

费巩，一位仗义执言的著名学者，他的失踪引起社会各界

关注。中国共产党在旧政协会上要求国民党当局立即释放

张学良、杨虎城、叶挺、廖承志、费巩五人

费巩，字香曾，1905年生，江苏省苏州市人，早年曾就读于英国牛津大学，1933年到浙江大学任教，著有《英国文官考试制度》《英国政治组织》《民主政治和我国固有政制》《中国政治思想史》《经济学原理》等，是一位造诣颇深的政治学、经济学专家。

费巩教授有着强烈的正义感和疾恶如仇的个性。他曾不顾自身安危，毅然收留思想进步、正面临逮捕危险的学生在自己家中躲藏，并向学生面授计策，以逃脱搜捕。浙江大学校长竺可桢非常敬重和信任费巩。1940年，竺校长不顾大学训导长应由国民党员担任的规定，恳请非国民党员的费巩担任浙大训导长。在费巩的倡导下，浙大参照牛津大学的做法，实行导师制，要求导师经常关心学生的品德、学业和身体。在对全校师生讲话时，费巩在鼓励大家共同做好学校工作的同时，也直率地批评了现实政治的一些弊病。

费巩是准备赴复旦大学讲学而在千厮门码头等船时失踪的，当费巩失踪的消息传出，位于重庆北碚的复旦大学原先贴出的欢迎讲学的海报被呼吁营救的海报所覆盖，学生会召开了营救费巩的紧急会议并号召定时罢课，位于遵义的浙大学生会也召开了紧急会议，发出了"还我费师"的呼吁，并发表《敬告社会人士书》，明确宣称费师受迫害的原因是"盖以费师平日讥讽时政，深为当局所忌恨也"。《新华日报》多次发表关于此事的新闻报道和评论，伸张正义，《中央日报》《大公报》也有这一方面的报道。40多位曾经留美的中国教授联名致信驻华美军司令魏德迈将军，要求他出面营救。1946年1月，旧政协开会，以周恩来为首的中共代表团向国民党当局提出八项要求，其中第七条提出：立即首先释放张学良、杨虎城、叶挺、廖承志、费巩五人，这些都使国民党当局陷入窘迫的境地。

费巩是我在浙江大学就读时的导师，1938年夏，我考入国立浙江大学文学院外国语文学系成为公费生，有幸结识费巩教授。后来，费巩表示愿意成为我的导师，他热忱关心我的品德修养和学业进步，指导我进行课外阅读，循循善诱，尽职尽责，这在《费巩日记》（载《费巩烈士纪念文集》，浙江大学校史编辑室编）中有较详细的记载，真可谓师恩深重。1942年我离开浙大，费师仍一如既往地关心我，我们之间保持着频繁的通信联系，情意笃深。

作为"费巩失踪案"的直接当事人，我对该案的谜底至今未能揭破仍感痛心疾首。当年，我为营救费师而身陷囹圄，被宣判死刑，有过一段创巨痛深的经历。我相信这段经历对人们了解"费巩失踪案"大有裨益，但愿我的忆述能为查清案件原委提供一些旁证。

1945 年 3 月 5 日，朦胧晨曦中的千厮门码头，拟赴
复旦大学讲学的费巩教授神秘失踪。浙江大学校长
竺可桢断言：费巩教授已被秘密逮捕

1944 年年底，在浙江大学任教已满十年的费巩教授，依照规定可以
休假一年。当时迁校到重庆北碚的复旦大学聘请费巩教授利用这一年的
假期前去讲学。费巩教授为此前往重庆，在开学前暂住在重庆上清寺
（路名）。这时我在重庆小龙坎的大公职业学校任教，分手三年的师生得
以重逢，令我十分高兴，我成了他家的常客。没有别的来客需要接待
时，我们师生两人就可以随意长谈，详告别后的具体情形或谈论共同关
心的事。有时他要出门去访晤亲友或购买物品，也就要我和他一同去。
有一次，他要去访问他父亲的友人黄炎培先生，带了我一同上街。但到
达黄老先生住处的大门前，费师说，事前他不曾约好带我一同来，同时
黄老先生也不认识我，突然带了个陌生的人到他家中，不大合适。所以
要我在大门附近等候，由他一人进去访晤。等他出来时，再同我一起
走。当时我感到费师对长者是很尊重和注意礼节的。

当时左舜生和李璜主编一个政论性质的杂志（刊名似为《国讯》），
曾发表费巩教授的论文，因而曾与费巩教授通信。在知道费将到重庆
时，邀约他同他们晤谈。费应邀去访左、李时，带了我一同去。到他们
住处附近的朝天门后，费师手中拿着左、李的地址，看着门牌，逐家寻
找。找到以后，费师与左舜生互通姓名，互相说些寒暄的话。不久，又
来了一个人，经左舜生介绍，才知道是李璜，也一起谈了一会儿。他们
曾谈到马寅初能对当时在重庆的政府提出率直而尖锐的批评和指责，受
到很多关心国事的人的敬重，因而受到政府的迫害。在谈论这一类话题
时，他们对政府表示不满的态度是相似的。我只是在费师的身边坐着听
听，没有插话。当时的左舜生和李璜是中国民主同盟的成员。

　　有一次费师告诉我，蒋介石的重要亲信、当时任教育部部长的陈立夫，邀请费师到他家吃一餐饭。费师平素同陈立夫并无交往，并且对他很是不满。费师想不到陈立夫会请他吃饭，也猜测不出究竟是怎么一回事。他曾对我说，他准备着，如果请吃饭时出现了意见的重大分歧，他将在席上和陈立夫争吵一场，当面闹翻了也不在乎。但后来费师告诉我说，陈立夫对他很有礼貌，并未提及各种意见分歧，因此未曾发生争吵。像陈立夫这样长期在官场中生活的人，不会轻易把心中的实话流露出来，我想这是不足为奇的。但这次陈立夫为何出于费巩教授意料之外，要邀约与他会面并一同吃饭，我一直搞不清楚。

　　费巩教授到达重庆之后，当时在重庆的一些著名人士联名签署了拥护毛主席关于联合政府主张的《对时局进言》。由郭沫若执笔的这个声明，笔锋直刺国民党当局及其专制政治，费巩教授也签了名，1945年2月22日在重庆的《新华日报》上发表了。这表明费巩教授的思想有了新的发展。费巩教授曾把他在这文件上签名的事告诉我。他向我说到这件事时情绪振奋，觉得这样做是很应该的。

　　费巩教授定于1945年3月5日凌晨4时左右到重庆千厮门码头乘轮船赴北碚，将应邀在复旦大学讲学一年。他的寓所离千厮门码头较远，这季节早晨4时以前天还是黑的，雇挑夫把他随身携带的箱子和铺盖搬运到轮船码头很不方便，容易耽误上船时间，因此他决定头天下午就把行李寄放在千厮门码头附近他的一个鲍姓同乡的囤船仓库中，以便次日凌晨上船。铺盖既已运出，4日晚就须另找栖身之处，最好离千厮门码头近些。我便同住在林森路的一位郭姓同乡商洽，他答应给我准备两个临时铺位，供我与费师借宿。

　　3月4日下午，我陪同费师把他的铺盖和箱子寄存后，就从江边拾级而上，看到路旁一家灯笼店正出售用纸和竹丝制成的不用时可以折叠得很扁的灯笼，就顺便买了一盏。店中备有在灯笼上写字用的毛笔和颜料，费师就要我在刚买的灯笼上写一个"费"字。在灯笼上写所有者的姓，是民间的习惯。岂料，日后加罪于我的别有用心者竟宣称这盏灯笼是我与杀害费巩教授的同谋者进行联络的信号和关键性的罪证。

当晚，费师到早已约好的友人处吃饭，我则在借宿的地方等他。晚饭后不久他就回来了。因次晨要早起，我们稍休息一下即就寝。因为此地到千厮门码头还有一段路程，如果上船较迟，就有可能找不到座位，所以夜里2点多我们便起床，草草地吃了点早点就动身了。大马路上有路灯，行走并无困难。离开大马路转入通向江边码头的石级道路时，路上光线较暗，费师就要我从手提包中取出那盏灯笼，点亮蜡烛，照着走路。到达码头时，通向轮船的门尚未开，十余个旅客已在门外等候。费师说他就在这里等着，门一开可早些上船寻找座位。要我到二三十公尺外的囤船仓库中把寄放的行李搬来。我到了囤船上，叫醒了正在熟睡的鲍姓管理员，等他穿了衣服，一同到仓库中取出行李。但我一人搬这两样东西，力气不够，就立刻到岸上叫了一位挑夫，把费师的铺盖和箱子运到轮船上去。我沿着船边走边大声喊："费先生！费先生！"但无回音。这时船上乘客已多，人声嘈杂，寻人不易。我就借了一条凳子，立在凳子上大喊："费先生！费先生！"仍听不到回答的声音。换个地方也如此，始终见不到费巩教授的踪影。等到轮船即将开行时，我只得回到码头上。眼见这条轮船在晨曦中溯嘉陵江渐渐远去，我怅然若失。我不知道发生了怎样的事，也不知道怎样才好。在无可奈何的情况下，我想：我找不到费师，费师也同样找不到我，他会不会上岸找我去了？我就在附近岸上仔细寻找，仍无踪影。

我没有办法，只得把费师的行李仍寄放到鲍管理员的仓库中，一人回到借宿的同乡同学处，刚巧还有其他的同乡同学在场。我很焦急地把在千厮门码头找不到费师的情形对他们说了，他们也想不到会有这样的事发生，只好向好的方面设想来宽解我。如强调乘客拥挤，船上杂乱，不易找到费师，等等。等到下午轮船到达北碚后，可以给复旦大学校长室打个电话询问费师是否到达。我想不出别的办法，只好试着这样办。这天傍晚，我由同乡同学们陪同去打电话。电话打通了，对方的回答是，从重庆来的轮船已经到达北碚，费巩教授也到了。这样，我就放心了。接着我赶快托一位即将去复旦大学读书的李姓同乡同学，把费师的铺盖和箱子带去。这位同学到达北碚后，在复旦大学多方打听费巩教授，但找不到。我接到他的来信后就更加着急，即通过复旦大学校长章益先生（字友三），调查3月5日傍晚有人答复费巩教授已经到校究竟是怎么一回事。调查结果是：在电话中回答的职员，当时一点也没有想到会有什么意外，只认为既然这班轮船上别的乘客已经到达，费巩教授当然也不例外。

这时我得知浙江大学校长竺可桢先生正在重庆，立刻就去晋谒竺校长，报告费巩教授失踪的经过。竺校长听了我的报告后，很快就判断费巩教授是被政府逮捕了，并表示要赶快设法营救。竺校长还告诉我，他在遵义时，曾接到上级的指示，要他设法监视费巩。他发出一个公文作为答复，认为费巩教授只是在有些问题上有他自己的见解，并没有什么需要加以监视的事情。

竺可桢校长除了自己四处奔波、尽力设法营救费巩教授外，还用他自己的名义写了介绍信，要我去向重庆卫戍总司令王瓒绪查询。凭着竺可桢校长的介绍信，我去找了王瓒绪三次，但得不到什么结果。当我第三次去时，他要我以后不要再去找他，而直接去找"重庆卫戍总司令部稽查处"（以后我才知道，这稽查处实际上是军统局的下属机构，只服从军统局指挥）。过了一些日子，王瓒绪曾向记者发表谈话，主要意思说费巩教授是由政府逮捕，将由政府处理，希社会上不要惊扰。这件事，在报纸上曾经登载。但王瓒绪不久又在报纸上否认了上述谈话。出尔反尔，很不正常。

竺校长曾用电话和监察院秘书长程沧波联系，要我去同程沧波面谈一次。我按竺校长的嘱咐去了。程沧波是费巩教授早年的同学，对费巩教授突然下落不明一事，也很关心。我还拜访时任国民参政会参政员的左舜生和李璜，希望他们协助查询和营救费巩教授。他们表示关心，愿加以协助。

在费巩教授失踪以后，我一边教课，一边从学校所在地小龙坎赶到重庆市内多方查询和营救。过分的疲劳和内心的焦急，使我心力交瘁。有一天早晨想要去打开房门时，不觉跌倒在地。幸好过了不久又能行动。但这一跌却使左脚大脚趾的关节部位因突然过度的折屈而受伤，过了一两个月疼痛才逐渐减轻。直到现在左脚大脚趾的关节部位还有不正常的凸起。

当我为查询和营救费师而四处奔波时，有些同乡和同学却在担心我的安全。他们提醒我应想到自己的安全问题，但我心系失踪的恩师，哪有心思考虑自己的安危！

为营救费巩，我四处奔走，不料却被军统组织逮捕，

承受着粗暴的疲劳审讯和野蛮的酷刑逼供，

含冤承认他们的指控，从而被判处死刑

根据重庆卫戍总司令王瓒绪的指点，我先后三次到位于重庆市内石灰市（路名）的稽查处去查询，每次都由稽查处第二科科长宋廷钧出面和我谈话。3月29日下午，我第三次去稽查处时突然被扣押。过了十来天，我才被允许写一张字条请一位同乡同学把日常用品送到指定地点，经检查后才转交给我。

我被押解到稽查处卫兵队里面很小的拘留室中囚禁起来。七八平方米的室内，已关着六七个人。大家白天只得倚墙而坐，晚上挤着躺下。门上挂着一把粗大的铁锁。真如笼中鸟一般。

当晚，我从拘留室被押解到重庆稽查处的一个办公室，由稽查处第二科科长宋廷钧和特地来到此处的重庆市警察局侦缉大队大队长李连福两人审讯（以后我知道，侦缉大队和稽查处同属军统管辖）。开始我还以为是为了弄清问题的审讯，便以冷静的态度，清楚地回答他们的问话。没过多久，李连福突然把桌上的一杯热茶直泼到我的脸上，以显示他的权威和强横。这一明目张胆的欺凌和侮辱，使我猛省到这不是为了弄清问题的平常意义上的审讯。我强制自己抑下满腔怒火，继续以更加冷静的态度，依照事实回答他们的问话。除此以外，我没有别的办法。问话越多，越暴露出他们审问的意图是寻求凭据或借口，以便把我当作谋害费师的凶犯或者是凶犯的帮手。从这天晚上开始，我经受着夜以继日的审讯，次数已难记清，我懂得了什么是"疲劳审讯"，而这又是怎样残酷地折磨着人的身心。

被捕后的十多天中，审讯我的人主要是前面提及的李连福和宋廷钧。他们也根据我的回答，进行过一些实地调查。如曾向千斯门码头附近囤船仓库的鲍管理员调查，向为费师料理家务的苏州同乡调查，也曾押解我到那家灯笼店，向店老板详细了解费师带我购买灯笼的经过，等等。各项调查都证实我所说的都是事实。但他们要把我作为谋害费师的凶犯的意图，并没有因此而改变。

4 月 9 日，我戴了手铐，被移解到重庆市区来龙巷的重庆侦缉大队。在一个房间中，李连福、宋廷钧等八九个人已围坐在一张长桌边等着审讯我。审讯中发问最多的是李连福，提的问题比以前更为强横无理，其中有一些显然是很卑鄙的。我深感不但我，而且费师和有关同学的人格都受到侮辱，我再也忍受不住，竟用铐着手铐的双手猛击桌面，并对李连福加以痛斥。接着，他们露出更为狰狞的面目，开始了酷刑逼供。由李连福出面指挥。他们脱去我的衣服，把我的头仰着，强按在一个大木盆中，用大木瓢舀水接连不断地向我的鼻孔猛泼。我不可能长时间屏住气不呼吸，每吸一次气，就有不少水从鼻孔吸进，如此泼完两大木桶的水，很快又挑来两大木桶，继续向我的鼻孔中猛泼，其时正值清明前后，冰冷的水令人难以忍受。他们有时还穿插着拳打脚踢。

在受酷刑时，深受痛苦的不仅仅是我的身体，我精神上所受的折磨，不在身体上的苦痛之下。我头脑中残存的以为现政府也许能使中国好起来的希望破灭了，对国家和个人前途的原已受到伤损的信心崩塌了。我只觉得天昏地暗，眼前一片漆黑。

我想到自己被捕后受到牵连的十余个同乡同学。我怎能忍心让受我牵连的这些同乡同学也冒着受酷刑的威胁？在当时的情形下，我感到只有我一人独自承担所谓的"罪责"，才能使他们避免遭受进一步的摧残。于是我就含冤招认：费巩教授是我在3月5日清晨推到千斯门码头旁的江中淹死的。审讯的人达到了目的后就停止了用刑。并要我写一份书面的供词。我写的主要内容是：1945年3月5日晨，我与费巩教授一起走经千斯门码头从岸边通向轮船的小浮桥上时，费巩教授说我在离开浙江大学后，没有认真读书，对我严加责备。我写供词时，恐这原因不够重大，又加上凭空想出的一句话：怕费师揭露我的隐恶。并说我因早一晚没有睡好，精神比较浮躁，不服费师对我的责备，两人争吵起来，越争越厉害，我一时生气，未曾仔细考虑，就把费师在两囤船相界的空隙中推落江里淹死。

这份供词有三处完全不合情理：（1）我与费师到达千斯门码头时，小浮桥进口处的门还关着，已有十余人在门外等候。等到开船时间渐近，打开进口处的门可以走经小浮桥上船时，旅客已越来越多。当着众多旅客的面，岂能把一个大人推落水中致死？（2）小浮桥并不长，桥下江水只二三尺深，怎能把人淹死？（3）在忙乱的上船过程中，费师哪有闲情逸致责备我读书不用功？即便责备也不会引起杀师之心，要知道我已经当了三年的中学教师。这三年中，费师给我的信仅被搜去的即有18封，其中从无指责之处。由于有三处不合情理，以后如有机会推翻这份供词并不费力。但我正处在秘密囚禁中，无法把酷刑逼供等情形告诉外界的师友和同乡。

重庆稽查处第二科和重庆侦缉大队那些审讯者，对我的供词并未表示任何不满，也没有向我提出任何疑问。他们正在为破了一件大案而感到高兴。按常理，破了大案的人不乏升官受赏的机会。他们便把我那荒谬的供词向他们实际上的长官呈递上去。后来才知道，这份供词一直呈递到国民政府军事委员会调查统计局局长戴笠的手中。

酷刑逼供以后，我被囚禁在重庆侦缉大队的看守所中坐以待毙。过了约十天，我被押解到重庆郊区磁器口附近中美合作所的一个房间中，李连福、宋廷钧以及重庆侦缉大队一个姓何的中队长等人在场。我被当面宣告死刑，但可以书写遗嘱，他们答应代为转交给我要交与的人。那时我没有成家，无妻儿之累，也没有什么身后需要料理的重要事情。但既可让我写一张遗嘱，我就随手写了一张。写的内容很简单，只有一件事情，就是我近来用的一张棉毯是从一位朱姓同乡处借的，希望通知他把这棉毯拿回去。当时我脑中闪过两个念头：其一是此后不需要对我施行酷刑；其二是我曾目睹的被拘捕的那十余个同乡同学，可望不再受到牵连了。这两个念头都有助于使我保持沉着的态度。

遗嘱写好后，并未立即执行死刑。我当然弄不清个中的缘由，只好静等着执行枪决的那一天。

就在死神向我一步步逼近时，戴笠亲自提审了我，又授意美国

心理专家舒莱勃用测谎机对我进行严格的审讯。经过两年半

种种非人的折磨，奇迹出现了，我竟被宣布无罪释放

4 月 22 日清晨，随着锁匙和大铁锁的碰触声，囚室沉重的木栅门忽然打开了。看守人员把我叫了出去，有人立即把我押向看守所的大门口。我还来不及猜测究竟是怎么一回事，已走到停在大门口的一辆轿车旁边。我被安排在后排座位的中间，左右是握着手枪的便衣人员。车窗紧闭着，但没有拉上窗幔。汽车向我熟识的沙坪坝方向驶去。在路经我任教学校所在的小龙坎时，我留心那条通向学校的小路，但没有看见什么认识的人。过了一段时间就进入有武装哨兵站岗、警卫森严的地区。从其地理位置、严加警戒的状况等来判断，这显然就是尔后我在书刊上多次看到过的在磁器口与歌乐山之间的中美合作所了。我被押到一间房子里，李连福、宋廷钧等人已在房外站立，过了一会儿，我忽然听到有人压低嗓音轻轻说道：“来了。”我看到外面站着的人，个个神情紧张，有的还把衣襟拉直，检查一下颈项上的风纪扣是否扣好。这时，一个人进了大门，一直向我在的房间走来。此人中等身材，穿着深灰色中山装，肤色微黑而红润，表情沉稳，后来我知道这就是戴笠。戴笠没有向等候的人们打招呼或寒暄，只看了他们一眼，并示意他们离开。他进屋后在一张三斗桌后面坐定，指着桌子前面的一把椅子叫我坐下，房间里不再有别的人。在作了审讯开始时一般的问答以后，戴笠提到我的供词，问是不是我把费巩教授推到江中淹死的？我回答：“是的。”戴笠凝视着我，沉思了一会儿，摇摇头说他不相信，并要我据实相告。我受到他的下属的残酷迫害，深刻地体验到他们这套机构的残忍和野蛮。我深恐他诱我翻供，接下来是更加凶狠的酷刑逼供，我那些被拘捕的同乡同学，难免再次受到严重摧残。处在任人宰割的地步，有死无生，何必再遭受更加悲惨的虐待？所以我仍回答是我把费巩教授推到江中淹死的。戴笠仍不相信，要我不要有什么顾虑，希望我据实直说。前后共有五六次之多，但我岂敢轻信他。戴笠无奈，又问我："你在老家有些什么人？"我回答："有祖母、父亲、母亲和弟妹。"他说："你想想看，你的祖母和父母在你高中毕业后，把你送到大学读书，对你抱着多大的希望？他们已六七年没有见到你了，多么想念你。如果一旦接到消息，你冤屈自认害死老师，在重庆被枪毙了，家中的三位老人会多么伤心？"这正是我多日来故意回避的问题，却被戴笠特地提出来。我听着，不觉流下泪来。戴笠接着又说："你认识军需署署长陈良吗？"我说："认识。他是我父亲的同班同学。"戴笠说："陈良署长有电话打给我，托我留意你的案件。如果你有什么不敢说的话，不要有顾虑，可以照实告诉我。"这时我明显意识到，外界有人正设法营救我。我原陷入束手无策的绝望境地，而现在我想可能会有推翻供词的一线希望，我可能不至于含冤而死，更重要的是有助于调查费师失踪的真相。我心中窃喜，明确回答："那份供词，是李连福等人用酷刑逼供，冤枉写成，全非事实。"戴笠听了这句答话后，就不再问，要我随同他到另一个地方去，我随他去的是装有测谎机的房间。由美国心理专家舒莱勃用测谎机对我进行审问，戴笠则在一旁静观，为保证准确性，我们历时两个小时的问答都很简略。过了两三天，舒莱勃再次对我进行细致的审问，此后，我被单独关进一间房子里，受到更为严格的监管。据《竺可桢日记》（人民出版社1984年版）载：第二次审问后，舒莱勃曾由沈醉陪同，到我近几年生活过的地方进行实地调查，并在遵义同竺作了两次长谈，1945年5月17日的日记中写道："舒莱勃询香曾及邵全声二人事极详，据云香曾迄今无下落，唯一线索为邵全声。"大约两个月以后，我又接受第三次测谎试验。是年8月，我曾向重庆稽查处副处长张达询问审讯结果，他说："从测谎机检测的结果看，你所答的话都是真实的。"

使我迷惑不解的是：军统中层人员李连福等人既已用酷刑逼取他们所需要的供词，如果以假充真，宣布对我执行死刑，借以了却此案，向其上级交差，排除社会舆论的怀疑，岂不简单方便？为什么戴笠要亲自复审，再三劝说我推翻已写成书面材料的供词，甚至还请美国人用测谎机对我进行详细审问，派亲信沈醉陪同美国人到近几年我生活过的地方进行深入的实地调查？后来我想到，只有从戴笠本身的得失来弄清他这样做的原因。其一，蒋介石手下有两大特务系统，即军统和中统，两者既有共同为蒋介石政权效劳的一面，又有着互相竞争、互相矛盾的一面。谋害费巩教授究竟是军统干的，还是中统所为？在掌握确凿的证据以前，两者的可能性都不能排除。但我们可以设想，如果这件案子是中统干的话，军统岂愿诬害无辜，主动替中统隐匿罪行，使中统安然无事，暗中甚至会受到奖赏；万一诬陷无辜的真相大白（由于《解放日报》《新华日报》等的揭发，竺可桢校长与费巩教授的胞兄费福焘先生等人公开表示绝不相信这项诬陷，正尽力营救被诬陷者），军统将代人受过，成为众矢之的，戴笠不会做这样的傻事。他至少也需要让自己知道真相，再考虑下一步怎么办。其二，我在浙大曾参加打倒孔祥熙的爱国学生运动，被勒令退学转到西南联大时，又被列入可能逮捕的黑名单，这就难免引起猜疑：我是否参加什么政治组织，是否有什么秘密身份（在用测谎机对我审问时，这是详加追究的重要问题之一）。戴笠容易想到，对我严加审问和追查，也许会获取线索或突破口，顺藤摸瓜，揭露出一个隐藏着的组织。对这样的人，严加追查总比草率地杀掉更符合他们特务工作的需要。

自我被捕以后，竺可桢校长等人即开始全力营救，即便知道是蒋介石下令逮捕我的也未停顿。竺校长经过力争，还两次到监狱探望，嘱咐我保重身体，同时又将营救的情况尽快通报给我的父亲。其间，我被迫忍受恶劣的生活环境，在与世隔绝的孤独状态下艰难地消磨时光。经竺校长不懈的努力和请求，我于 1947 年春被转移到重庆地方法院审理。此后境况大有好转，既可与外界通信，并可接受亲友的看望，法院因我的案情已清楚也不再审问。8 月中旬的一天，法院工作人员把我带到一位检察官（后来知道他的名字是宋世怀）的住所，宋世怀给我看了竺可桢校长签名盖章营救我出狱的正式文书，并简单地说："你今天可以离开看守所了，再隔几天到这里领取即将办理的有关文件。"在经历了长达两年半的折磨以后，突然听到就此释放，不由得令人感慨万千。几天后，我领到重庆地方法院检察官签署的《不起诉处分书》。其主要内容是：两年半以来历经侦查审问，未发现任何犯罪事实，没有向法庭提出起诉的依据，所以决定不予起诉。也就是确认无罪，应予释放。

半个世纪过去了，"费巩失踪案"仍未了结，我们只能从种种蛛丝马迹中揣测这个案件的具体经过

我经以竺可桢校长为主的长辈竭力营救，虽已脱险，但谋害费巩教授的凶犯尚未查出，所有关心此案的人都抱憾殊深。

我被捕后到移送法院前的两年中，几乎与外界隔绝，无法知道当时社会上曾有过的关于费师的消息。此后，也仅在《竺可桢日记》中读到一些关于费师下落的报道或传闻，虽都未能证实，但我觉得有令人思索之处。例如，1946 年 2 月 14 日记载："四点半晤羽仪太太（笔者注：浙大心理学教授黄翼字羽仪），余索香曾之妹王守竞夫人（费令仪）函一阅，其中有云友人曾在渝亲见香曾，谓尚优待云云。"4 月 17 日记载："余至牛角沱 66 号晤费盛伯（笔者注：费巩胞兄费福焘字盛伯）。据云近得汪旭初的报告，谓香曾被捉系三民主义青年团主使，而中央调查统计局将其致死。去年四五月间，机器厂职员柳昌学得居觉生之女婿徐乐陶与钱学榘二人之报告，谓系中统局所为，且人无下落，柳即打电报与昆明费福焘，因此徐乐陶被监禁两个月之久，以其岳父之营救得免，钱以周至柔营救得免。而香曾不见前某公又曾请客（《竺可桢日记》的编者原注：'疑指陈立夫，费巩教授失踪前不久，陈确曾宴请他。'），则蛛丝马迹，不无可疑矣。"在《竺可桢日记》中记载着的有关费巩教授下落的消息或传闻不少，未闻其他提供消息或传闻的人曾受迫害，只有这一则消息的提供者徐乐陶因此而被监禁两个月之久，钱学榘则以周至柔的营救得免。周至柔是国民党政府的空军总司令，若非有较重要的案情，何必麻烦地位这样高的官员来营救？关于别的消息或传闻，在查无着落以后，竺可桢校长在日记中曾写着"似皆捕风捉影之谈"。但对以上消息，竺可桢校长在日记中写着的是："则蛛丝马迹，不无可疑矣。"

竺校长在 1945 年 3 月 16 日的日记中对失踪的具体情形加以分析后写道："囤船与岸有短浮桥，但水深不过二三尺，不能溺人，故除为特务机关所捕外无其他可能。"对费巩教授是否可能在千厮门码头溺水而亡，沈醉曾参加实地调查，他在《中美特种技术合作所内幕》一文称：在到千厮门码头调查以后，又到长江下游唐家沱一处专门打捞尸体的地方去调查，"甚至还把最近所捞到的无人认领的尸体十多具一起挖出来对证一下"，结果是"没有一具可以勉强联系得上是费巩，才失望而归"（全国政协文史资料委员会《文史资料选辑》第 32 辑）。这使竺校长说的"故除为特务机关所捕外无其他可能"显得更为有力。

关于费巩的下落，还有一事应当记述。1945 年 7 月，重庆稽查处副处长张达在审问我时拿出一封信，写信的人自称是浙江大学学生，信中叙述他最近在川东巫山附近遇到身着和尚服装的费巩教授，费巩嘱他不要声张，就走开了。我阅信后，断然指出信中所言之事子虚乌有。费一向心胸开朗，意志坚强，绝不会遁入空门。此信出在对我的审讯无结果、政府和军统的压力陡增的时候，显系真正的凶手扰乱视听之举，后来，沈醉等人遍寻巫山附近的寺庙，查找费巩未果，即是明证。此后，关于费师下落的传闻迭出，但都无事实佐证，这在《竺可桢日记》中均有详细的记载。

直接经手谋害费巩教授的凶犯是什么人？至今尚未闻有正式的定论。我只能说一下自己的推测。由于逮捕囚禁、并用酷刑逼供、诬陷我的重庆稽查处和重庆侦缉大队是军统的下属机构，以后把我送去复审的地方又是中美合作所，由此我以为谋害费巩教授的有可能是军统。约在1950年冬季（可能在11月中旬）上海《文汇报》编辑出版了《中美合作所罪行特辑》，内有一篇文章说起，费巩先生是被投入中美合作所的镪水池中化尸灭迹的，我看了不觉泪下。我曾把这一消息告诉费师在上海工作的女儿，请她就近查询。她回信说：她只查到那篇文章的作者此时已去云南，但不知其地址，无法再查核下去。

经过长期辛勤调查后写成的《费巩传》于1981年面世，其中有一段引起我的注意，就是原国民党中统黔北督导区主任鲍沧曾经交代：

"费巩被逮捕前，早于1943年，就由军统特务组织遵义工作组负责人钱济霖（已亡）会同国民党遵义县党部书记长潘宜英（已亡）秘密召开了预谋逮捕和暗杀费巩教授的特种会议。我当时是秘密参加这个预谋会议的。其时间是1943年上半年，地点是在伪遵义县党部。秘密参加开会的有钱济霖、潘宜英、屠剑秋（已亡）、应高岗（已亡）和我。会上首先由钱济霖提议要秘密逮捕费巩教授，并由军统方面进行暗杀。当时潘宜英和我都同意军统方面这一提议，通过了这一预谋由军统方面执行逮捕和暗杀的决议案。"后来因为费巩教授"是较有声望的教授，军统方面唯恐轻举妄动地捕杀费巩要引起全国舆论的谴责，所以迟迟未予执行，只是由军统方面和中统方面都分别派特务人员严密监视费巩在校内外的活动而已"。可见，在逮捕和谋害费巩教授这件事上，军统和中统早在1943年就有合作，并在一起开会讨论过。在这段交代中，说的是当地的有关人员自己开会讨论和通过决议案，并未说及奉到中央一级指名谋害的具体命令及执行中的具体事项。这是写交代时的行文省略？还是实际情形正是如此？如果在符合国民党当局镇压异己的方针政策下，地方上或部门的权要可自己讨论，通过决议案，并布置实行的话，那么在发觉祸闯大了，就尽力灭口灭迹；或者在清查过程中，其上级虽有觉察，甚或查出此案经过情形，但为了减轻当局受国内外严厉谴责的窘状，代部下隐瞒，那么50多年来，虽经多方尽力调查，谋害费巩教授的凶犯仍未归案落网，就并不奇怪了。

1947年3月16日浙江大学《求是周报》出版《费巩教授怀念特刊》，其中有一篇《怀念费巩》的文章中写道："像这样正直、热情而又十分平凡无奇的一个真正的学者，竟逃不了罪恶的黑手。他对我们是如此亲切，但他受尽了多少痛苦，我们却不知道。虽然如此，他的崇高的性格，已经启示了多少年轻人的心灵，也就深深地烙印在人们的记忆里，不是任何暴力所能磨灭的。"诚哉斯言！

何柱国双目失明之谜

————

施文淇

　　1945 年 8 月，日军战败宣布无条件投降。中国人民经过八年的浴血抗战，终于取得了这场民族战争的伟大胜利。为抢夺胜利果实，蒋介石企图接管这片广袤的土地，考虑再三，他想起了旧东北军的将领们，认为这些人在东北还有一定的影响和号召力。因此他想到了曾为东北军军长的何柱国。

　　何柱国时任第十战区副司令长官，并兼第十五集团军总司令，其司令部设于河南沈丘。这一天，他突接蒋介石电令，要他速将部队开往徐州，并要何即刻赶到重庆开会。何柱国接到电令即将部队做了部署，随后又赶到重庆进见蒋介石。

　　此次见蒋，何柱国感到气氛同往常大不相同。谈话时，蒋介石一反常态，命令式的口吻改成了和婉式的商谈。从蒋介石转弯抹角的话语中，何柱国终于弄清了蒋的意图。原来蒋是希望他前去东北收拾残局。蒋介石在谈话中讲，东北当时为苏联红军所控制，共产党领导的部队在苏军的支持帮助下，实际已从日本人手中接管了东北大部地区。这时的八路军已成为一支拥有几十万野战军的武装力量。为遏制共产党的发展，必须争取控制住东北。

何柱国自西安事变以后，一直遵照张学良的嘱咐，在抗日民族统一战线的前提下，与八路军、新四军并肩作战，奋勇打击日本侵略者。现在抗战胜利了，他岂能再参与内战。因而，何柱国向蒋介石陈述了自己的意愿，他说："抗战初期，我军为了阻止日军进攻，在花园口扒开黄河大堤，使豫东平原尽成泽国，数十万生灵葬身鱼腹，造成了惨绝人寰的大灾难！抗战期间，我驻防豫东，曾亲自视察过黄泛区，拟订了治河计划，写了《治河刍议》，现在胜利了，国家建设是首要的事。因此我愿解甲治河，以济民困！"蒋介石听后，委婉地劝道："先把东北军事问题解决了，你再去治理黄河吧！"蒋又说："现东北改为九省，你对东北九省的人事安排先提些意见吧！"何柱国提出了从各省省主席到厅长的军政人员名单，多数为蒋所接受。

数日后，蒋介石发表熊式辉为东北行营主任，何柱国为东北行营参谋长，又发表蒋经国为外交特派员。他这种人事安排，主要是想与苏联搞好关系，求得和平解决东北的军事问题，后来在美国的插手和支持下，才决定以武力接管东北。

蒋介石明令何柱国任东北行营参谋长的消息公布后，国内形势变化莫测，使何柱国内心里深感不安。他明白蒋介石用他之意，是想利用他在东北军政界的影响，帮助蒋介石去收复东北。但考虑到如美国插手，东北战端势必不会平息；如果冲突加剧，他届时岂能置身事外，与中共部队相火并怕是不可避免的。为此，何柱国也一直忧心忡忡。

何柱国正在顾虑重重之际，却听到了一点隐情。一天晚上，一个早期从保定军官学校毕业的同学，也是何柱国在保定军校任教官时的学生来看他，他知道何柱国即将去东北。当他们谈到东北当前的局势和人际关系时，突然问道："何老师，你是怎么得罪了陈辞修（陈诚）的？"何柱国被他问得茫然，便答道："我并没有得罪过陈辞修！他也是我在保定军校时的学生。现在他虽身居高位，但见到我时，总是何老师长、何老师短，对我很尊敬的。你这话是从何说起！"

他说："是我亲自听到陈辞修对委员长说：'叫何柱国去东北，会不会成为张学良第二呢？'蒋介石听到这句话，半晌沉思不语。所以我想何老师一定是在什么地方得罪了陈辞修，所以他在委员长面前去进谗言呢！"

听完这位同学的话，何柱国百思不解。后来，他终于想起这样一件事情，认为这大概便是陈诚向蒋介石进谗言的原因——

1944 年，何柱国驻兵豫东期间，奉蒋介石电令，召其速去重庆汇报军情。何在去渝途中，偶遇陈诚于陕南，遂同车而往。途经关帝庙时，两人相偕进香，以表虔诚。又经张良庙时，陈诚又下车上香，何柱国不肯前去。陈怪而问道："何老师，只敬关羽，不敬张良，奈何厚此薄彼耶？"何答说："张良汉之名将，何以竟干预政事，是我所不敬也！"陈闻之面色骤变。因他知道何在嘲讽他作为军人，不应干预政事也。

后来，何柱国双目失明后，在杭州养病期间，偕其女婿邵君在西湖边闲谈时，亦曾提及陈诚谗言伤人一事。

1945 年熊式辉被任命为东北行营主任后，举行宴会庆祝。何柱国应邀参加，并在宴会上只饮了一杯酒。晚宴后回到重庆上清寺寓所，次晨一觉醒来，以为天尚未破晓，被侍从人员叫醒时，已日上三竿了。此时，何柱国才发觉他的眼睛已出了毛病，什么都看不见了。双目失明之前毫无感觉，病后也无痛苦，表面没有一点病患症状，与好眼一样。当天下午，何被送往中央医院急救治疗。经过三个月的精心治疗，仍毫无效果，医师也未诊断出失明原因。后经蒋介石批准到美国去治疗。

1946 年春，何柱国携妻贾成敬女士和小儿子何达威去美国就医。在美国，经过不少眼科专家的会诊，认为这是被一种专门摧残视觉神经的毒药所造成的，视觉神经受到了严重破坏，已经无法治疗，复明无望了。在美国住院一年多，在出院时何柱国要求医院开具视觉神经中毒的诊断证明。医院不肯开，因为他们知道何柱国是在参加一次官方宴会后失明的，显然是出于政治阴谋。如果医院给他开了中毒的证明，势必要影响中美邦交，引起外交上的麻烦。

何柱国在他双目失明后，感觉蒋介石一反常态，对他十分关心，曾亲自到医院去看望过他，又批准他去美国就医。何柱国是属于张学良旧东北军系统的人员，平日很少获得蒋介石的召见，现在态度骤然转变，令人纳闷！联系到蒋听信陈诚的逸言后，不用何吧，既已明令发表他为东北行营参谋长；用何吧，顾虑他将成为又一个张学良，暗通共军，则东北将非他所有。也许是出于陈诚的暗示和阴谋，蒋才对何下此毒手的。即使何死不了，东北也去不成了。

当时，重庆的报纸上载有"何柱国因胜利狂欢饮酒，突然双目失明"的报道。这也许是不明真相的人所传，也许是知道真相的人以此来遮蔽他们的阴谋和逃避罪责所造的谣言。何柱国明明知道他的眼睛是遭人暗算而瞎的，可是既无人敢于承认罪责，自己又缺乏确凿的证据，因之只好郁郁不欢抱恨终生。

1947 年，何柱国从美国归来，息居杭州。虽然杭州桃红柳绿，春色宜人，但他终日闷坐斗室，衣食均需从人照拂。想起早年投笔从戎，南征北战，而今竟成为一个无所事事的盲人。每每思及，何柱国心犹未甘，遂多方觅医，以求复明。后经友人介绍，得知杭州有一名医李文轩，其先祖为清代御医，擅长金针拨治眼疾，闻名遐迩，何遂寄希望于祖国的传统医术，前往以右目试之。其疗法先以冰片水洗患处，起局部冷却作用，然后以二寸许之金针，从右目偏侧穴道刺入眼球外拨治，并服中药。经过数月医治，仍未见好。但眼球上出现一白点，经眼科大夫会诊，说有金属物碰到水晶体，有微尘物附在眼球上所致，但无任何感觉和痛苦。

新中国成立后，何柱国来到北京。周恩来总理十分关心他的眼疾。1950 年，周总理介绍何去北京苏联红十字会医院治疗了半年，仍无疗效。1956 年，周总理又介绍何去抚顺矿务局医院专门用针灸治疗了八个多月。虽仍无疗效，但他对周总理亲切的关怀，深以为念！

1985 年夏，何老在病中，我在访问提及他双目失明的经过时，他剀切地说："这是一次政治阴谋中造成的终身不幸，纵有蛛丝马迹可辨，但苦于缺少确凿的证据。"何将军亟盼天下有识之士，能将此事真相揭露出来。但是这个造成他终身遗恨的谜，至今仍未得到全部解答。

发生在旧上海的金都血案

庄福宝①

在 20 世纪 40 年代的旧上海，曾经发生过一场轰动全国的国民党宪兵与警察冲突的金都血案。在这次流血事件中，有 9 名警察、2 名无辜的儿童死于宪兵的枪弹之下。受伤、毙命者共计 16 人。这次事件，突出地反映了国民党内部"弱肉强食"的矛盾状况。正是由于这种内部的矛盾斗争，从另一个侧面加速了国民党政权彻底崩溃的历史进程。谁能想到，这场血案竟是由一件鸡毛蒜皮的小事引发的……

1947 年 7 月 27 日晚 9 点多，上海福熙路的金都电影院（现为延安中路瑞金剧场）放映陈燕燕与冯喆主演的《龙凤花烛》。此时，有三个观众手持两张电影票进场，当即被该院检票人员拦住。这三个人中，有一个是上海市工务局第四区工务管理处的科长，名叫刘君复。他向检票人员要求进场后再予补票，检票人坚决不允，遂引起争吵。刘君复找来影院附近值勤的 6588 号岗警卢云衡，要求解决纠纷。

① 庄福宝，新中国成立前曾任国民党上海市党部直属区分部指导员。

岗警卢云衡来到影院，要检票员允许他们进场后补票。检票人员仍不同意。这时，康定路宪兵队有一小队宪兵（约 10 名，属宪兵二十三团第二营）由排长李豫泰带队，来金都电影院巡逻弹压无票看戏的军人。电影院每逢宪兵前来巡逻，都以好烟、冷饮招待，故而宪兵凡遇争执也就袒护电影院。岗警卢云衡是新从警训所刚结业的新警察，比不上上海一般遇事圆滑的老警察。他却坚持认为：民事纠纷应由警察调处，宪兵职责是管辖军人，不应插手民事，更不应袒护电影院。宪兵理屈词穷，被卢云衡指责得下不了台，遂恼羞成怒，上去动手打了卢云衡几个耳光。卢见宪兵人多势众，扭头跑回所属的新成警察分局，向分局长卓清宝报告被宪兵殴打的经过。

孰料分局长卓清宝听了卢云衡的报告后，不仅未作出相应的措施来处理下属被打的事件，反而把挨了打的卢云衡训斥一顿，责骂他多管闲事，挨打活该。卢被责骂后感到委屈，回到集体宿舍躺在铺上，不再去上岗。

此时，宿舍里尚有 20 多名空班的警察，见卢还未到下岗时间就跑回躺在铺上，便齐来询问。卢遂把自己被宪兵殴打，反遭分局长训责的经过向大家述说了一遍。这 20 多名空班的警察都是与卢同期刚从警训所分来的，听到此事后怒不可遏。有的说："既然分局长胆小怕事，不敢冒犯宪兵，我们自己去找宪兵讲理！"说着，他们拉了被打的卢云衡赶到金都电影院，去找宪兵评理。

肇事动手打了岗警的宪兵们，在电影院受到了热情的款待。他们在电影散场后正待返回时，突然看见 20 多名警察涌来，又立即折回影院，并锁上了影院的铁栅门。警察欲进不能，站在门外大声喊骂。宪兵见势不妙，全都退到楼上。因金都影院在福熙路上，该路南边归卢湾区，往北方向归新成区，这时两个分局的外勤警察都已下班，路经电影院时，看到众多同行围住影院叫骂，便上前询问原委。这样，警察也就越聚越多，连同嵩山、黄浦各分局的过路警察，不久就聚合到百余人之多。影院楼上的宪兵见此阵势，惊慌失措，当即以电话报告了康定路宪兵队。不到一刻钟，开来两卡车宪兵。一声枪响，双方接触，警察李正光被击毙路中。顿时，事态扩大，枪声四起，约数十响。复有数名警察被击毙，三名受重伤（后送警察医院，抢救无效亦死亡）。一场《龙凤花烛》的电影酿成了震动上海全市的大血案。

宪警双方冲突时，适有徐沈记卡车行 37573 号卡车装运一车西瓜，由西向东驶经该地。车上一男孩及一女孩亦被枪弹击中，死于非命。另有三轮车工人、过路行人郭富民等四人也被击中。这场血案，警察与群众共死伤 16 人。

冲突发生后，国民党上海市警察局局长俞叔平、督察长张达、警防大队队长陆大公、新成分局分局长卓清宝、警备部第六稽查大队队长戚再玉、宪兵二十三团团长吴光运等，当即赶到现场勘察，随即在金都电影院经理室召开紧急会议。此时已是 28 日凌晨。会议决定：宪兵由宪兵团团长吴光运带领回营，警察则由警察局局长俞叔平劝离现场。引起冲突的宪兵带队的排长李豫泰，当场被淞沪警备司令部扣留。警察局督察长张达留在现场检验枪弹弹壳，以调查事端起因及第一枪究属何方射击。

血案发生后，上海全市警察于翌日（28 日）推派代表在新成分局召开会议，成立了"上海市七二七金都血案委员会"（以下简称金都血案后援会）。推选警训所第七期（与被宪兵打死的警察同期受训）结业的季锐为总干事。会上，警局各属单位代表群情激昂，要求"后援会"下达命令包围宪兵二十三团，并收缴该团枪械。拥有重武器装备的警局机动车大队与保警总队代表，力争由他们两个单位负责收缴宪兵武器。

据说打入"金都血案后援会"的中共地下党负责人，考虑到上海系国民党统治的重点城市，一旦收缴宪兵武器，势必引起更大的流血冲突，危及人民的生命财产，这样做会失去民心，决不可轻率从事。故而决定，采取合法的斗争形式，来争取上海各阶层人民的同情。并在会上提出了严惩引起流血冲突的宪兵、死亡警察从优抚恤、召开追悼大会等14条要求。

为了抗议宪兵的暴行，全市警察还相继罢岗。由于警察的罢岗，全市主要街道的交通顿时出现混乱状态。一些大的公司、银行、商店，为防止歹徒抢劫也自动停业关门。繁荣的上海立时陷于瘫痪。国民党上海的党政军头目被弄得焦头烂额，不得已只得派出警官上街指挥交通，以稳定人心。

警察除了罢岗抗议宪兵暴行外，还有百余名警察自发地聚集在一起，捣毁了金都电影院，以泄愤怒。警察的过火行动，又激起了上海影剧院同业公会的不满，他们派出代表与金都电影院经理柳和清到上海市政府和参议会请愿，并要求赔偿损失。

金都血案发生后，淞沪警备司令宣铁吾急电南京国防部及中央宪兵司令部，请求派要员来沪处理。国防部立即派次长秦德纯、高参李成仁来上海查办。

蒋介石对此血案的发生也颇感震惊，曾于7月30日打长途电话，找宣铁吾询问案情的详细情况，饬令宣铁吾迅速妥善办理，并要求警察立即复岗。

当国防部次长秦德纯来沪后，上海人民坚决要求从严惩治凶犯，上海公交系统、英法商电车及三轮车工人还印发了要求国民党当局严惩杀人凶犯、保障人命的传单、小报等，并募捐赠送给被害者的遗属。

上海市市长吴国桢、警备司令宣铁吾、警察局局长俞叔平等人为平息事态的发展，策划收买了金都血案后援会的总干事季锐。季锐被收买后，即转为为国民党当局说话，劝导警察复岗，并与警察局调查科科长章绳祖配合，监视跟踪后援会的人员。由于季锐的叛变，金都血案后援会逐渐被分化瓦解。

金都血案经国防部、宪兵司令部调查完毕后，又由国防部军法局派员来沪会审，审了月余还是含糊不清，到底第一枪是警察打的还是宪兵打的，仍未审出结果。为了平息民愤，缓和警察的抗议，当局不得已将引起冲突的宪兵排长李豫泰判处了死刑，并于 8 月 9 日将宪兵二十三团全部调往南京整训。另派宪兵独立第三营来沪接防。轰动一时的金都血案，就这样不了了之地平息下来。

蒙旗女王与"西公旗血案"

卓力克

　　我的二姐奇俊峰是一位有胆识、有作为、热爱民族、追求进步的女性。她从一个封建王公的福晋，成为一位执掌西公旗军政实权的女王——护理札萨克①，这在蒙旗中也是很少有的。作为一个出身于王公贵族环境中的妇女，她敢于同封建势力和传统习惯进行殊死搏斗，追求平等、解放；在国难当头、民族危亡的严峻时刻，她冲破阻力，毅然投身于抗日阵营中，曾被誉为蒙古民族的巾帼英雄。但是，由于她政治上不够成熟，最终仍被顽固的封建势力杀害，这就是震惊全国的"西公旗血案"。

　　我是奇俊峰的三弟，自幼年直至她被害前后，相互往来甚密，对她知之较详。为了怀念她，也为了使世人正确地了解奇俊峰的真实情况，把她的情况介绍于后。

_____

　　① 护理札萨克，即代理旗长（札萨克：清代沿袭下来的蒙旗旗长）。

家世与童年

奇俊峰于 1915 年（民国 4 年）旧历四月二十一日出生在阿拉善和硕特旗定远营（今巴彦浩特）的一个蒙古贵族家庭，乳名平格（格是清皇室规定的有爵位的王公女儿的尊称），蒙古名色福勒玛。平格在五岁时，堂姑诺月朋因中年寡居，膝下又无儿女，再三求告我父母把平格带回达拉特旗府中与她做伴。奇俊峰这个名字是姑姑诺月朋将她嫁给乌拉特前旗王爷石拉布多尔吉时给起的，姓了姑父的汉姓。

我们的祖父名嘉伦春旺吉勒，是阿拉善旗第八代世袭札萨克亲王多鲁特色楞的三弟，幼年被选为阿旗南寺（广宗寺）活佛，人称"三爷葛根"，后还俗娶妻，生有三子。长子名齐米得爱林岑，人称"任大爷"，次子名恩克布音，人称"智二爷"，我们的父亲行三，名德钦伊沁诺日布，汉名德毅忱，人称"小三爷"，以区别于我的祖父老三爷。我父亲自幼在家延师课读，通蒙汉文，并擅长绘画。他为人和蔼，平易近人，广交游，很少有王公贵族的习气。袁世凯当政时，我父亲被授予辅国公爵位，曾任阿拉善旗副梅林章京和副管旗章京①。我们的母亲是满族，姓薄，名德郭懿霞。

我们家住在阿旗王府的西郊，地名西花园（即今阿拉善报社所在地），是祖父建造的；虽不及王府那么气派，但也是亭台楼阁，桃李满园。童年时，家境富裕，我二姐和大姐（罗雪琴，乳名敏格），均有一名"郭事"（满语，即听差）和一名老妈子侍奉。

德钦伊沁诺日布虽然受封爵位，与阿旗札萨克塔旺布里甲拉亲王是亲叔伯兄弟，但他对封建王公统治制度不满，受民主革命思潮影响较

---

① 章京：蒙旗军事官员。

深，结识了内蒙古人民革命党领导人郭道甫。1926 年 9 月，冯玉祥的国民军退据绥西和陕、甘、宁一带后，内蒙古人民革命党的白云梯、郭道甫、伊德钦等，在苏联顾问乌斯曼诺夫及其他人的协同下，到阿拉善旗开展革命活动。郭道甫介绍我父亲德钦伊沁诺日布参加了内蒙古人民革命党，又通过他的活动，组织田协安、孟雄、罗敖有等秘密筹建革命武装力量，准备武装起义推翻封建王公制度。郭道甫等离开阿旗后，他又得到了驻扎在宁夏的西北军旅长吉鸿昌的有力支援。吉鸿昌将苏联支援冯玉祥的武器（经阿拉善旗运输）拨给他们一部分，让其尽快武装革命队伍，并派负责转运军火的监督姚甲三协助。

1927 年旧历三月初三凌晨，以德钦伊沁诺日布为首，发动了震撼全旗的革命事变。事变成功后，宣告代表封建制度的塔王旧政权已被推翻，成立新政权——阿拉善旗政务委员会；加强革命武装建设，成立国民革命军蒙兵第二路司令部，将原有武装力量编组为两个旅；没收王府和旗衙门的财产（约值 50 万银圆）；将顽固反对国民革命的管旗章京陈莽哈赖，宣布其罪状后，于三月初六执行枪决；向全旗宣布废除封建王公的"乌拉"制度。这就是阿拉善旗历史上著名的"小三爷"事件。

不料，1927 年 6 月冯玉祥倒向了蒋介石反革命集团，白云梯也叛变了革命，内蒙古人民革命党处于瘫痪状态，阿拉善旗的革命政权处于孤立无援的境地。塔王趁机一方面以重金买通国民政府蒙藏委员会及甘肃省主席刘郁芬，派于来堂到阿旗以调解为名从内部破坏；一方面在国民党武力帮助下，重新纠集队伍，向革命势力进行疯狂的反扑。阿拉善旗新生的民主革命政权，经过七个月艰苦卓绝的斗争，终因孤立无援，众寡悬殊而失败。

平格自五岁起就与姑母诺月朋一起生活，有人说奇俊峰是诺月朋的养女，这是误解。按当时清制规定，近支台吉（即贵族）家的子女，不经王爷准许是不得随便过继别人的，所以平格与诺月朋始终是以姑侄相称。

诺月朋的父亲是多鲁特色楞札萨克亲王的四弟，封爵镇国公，所以人称"四公爷"，四公爷的夫人人称"四老太太"。他们膝下无子，只生一女诺月朋，乳名叫芸格。她远嫁达拉特旗，丈夫是西协理敖日卜巴图。诺月朋出嫁没几年，四公爷就故去了，从此，公爷府里变得冷冷清清，家道中落。

诺月朋嫁到达旗后，生有一子，但没过几年其夫病逝，不久儿子又被疯狗咬伤夭折。我父亲听到这个消息，派车将姑母接回我们府里居住。那时我二姐已经4岁，每天与姑母做伴。姑母住一年多，在回达旗前，再三央告要把平格领去与她做伴，说等她老了，平格也长大了，再给送回来。父母为照顾姑母的孤独生活，答应了她的要求，平格就随她去了达拉特旗。

诺月朋家境富裕，拥有上等好地数十顷，牛羊上万只，但她深感没有文化知识的苦恼和难处，于是她决心把平格培养成为有文化知识、有教养、精明强十的人，从五原县城和王府请来两位先生，作为家庭教师，教授蒙文、汉文和其他知识，并让奇安庆伴读。奇安庆的父亲叫那森巴雅尔，是姑父敖日卜巴图的叔叔，曾任达旗衙门的管旗章京，不幸早逝。奇安庆年龄与平格相仿，可以说是青梅竹马，两小无猜。平格天资聪明，记忆力强，学习刻苦，孜孜不倦，经常得到先生的夸奖。随着年龄的增长，她阅读不少课外历史和文艺书籍，每逢有人去五原或包头时，她总是向诺月朋要钱，托人买回书籍来读。

1929年，我父亲在革命失败后无处容身，使带着全家逃亡到姑母家。我们一直住到1931年夏。姑母家住的大院四周有城围子，当地老百姓称呼她为"西商①老太太"。家中雇有（也有是派"乌拉"来的奴隶）用工几十人种地放牧，还有武装护兵十几人，老妈子、丫鬟八九人，这位老太太可真正是一呼百诺，作威作福。我记得有几次说是抓住了"土匪"，吊在外院的一间房里，上脑箍，用白茨条抽打，惨不忍睹。

1930 年春，父亲领我大哥去河南省投奔吉鸿昌将军，不久在归绥被塔王派去的罗巴图孟柯捉住，囚禁在舍力图召西仓。据人说，在我父亲走后，诺月朋就给阿旗通风报信，这才招致父亲的被捕。其中原委大概是想借机置我父亲于死地，将我二姐据为己有，并侵吞我们存放在她家中的 7 箱衣物。我父亲被捕后，曾给当时绥远省主席李培基写去一封信请求搭救。李培基见信后就传话给罗巴图孟柯，大意是：德毅忱是国民革命军蒙兵第二路司令，是冯玉祥将军的部下，他出了什么事只能由冯将军处理，阿拉善旗不可直接处理，同时命我父亲找保人保释。我母亲得信后惊恐万状，立即央求姑母派人派车送她到归绥营救父亲，甚至有几次领着我大姐、二哥、妹妹和我跪下给她磕头，啼哭哀求。可是姑母借故推脱，延误了两三个月才将我母亲送去包头，转火车到了归绥，为时已晚。在此期间，罗巴图孟柯买通李培基的秘书，说我父亲德毅忱是红党分子，并非国民党人。李培基也因时隔数月，不见有人请求保释，对此也就不予过问，德毅忱就被罗巴图孟柯押解回旗。后至 1932 年 7 月，我父亲受尽了折磨与凌辱，死于流放地巴丹吉林巴格的查干高勒庙，我大哥罗景瑞（年仅 14 岁）亦被枪杀在阿旗吉日乃湖防卡。我父亲德毅忱为蒙古民族解放而英勇献身的壮举，以及封建王公的残暴，铭刻在我二姐奇俊峰的心中，这对她后来的思想变化和所走的道路都有很大的影响。

---

① 蒙语"商"（亦译作"仓"）指府第、公馆、仓房。西商指西府。

我母亲抵达归绥已是"人去楼空",只好悲悲切切又返回姑母家中。从此,姑母对我们态度大变,先是挑唆我二姐不向我母亲叫"奶奶"(清王室的规矩,称母亲作"奶奶",祖母称作"太太"),改叫舅妈。还要她疏远我们姐弟,也不要我们与她一同吃饭,让去大伙房打饭吃,有时对我们无缘无故地发脾气。到了1931年夏,诺月朋对我母亲说:"你是满族人,孩子们都姓罗,我兄弟回旗后不会有好下场,我不能长久养活你,孩子们我留下,把你送回宁夏娘家去!"母亲听完此话,真是如雷轰顶,只得去找常为诺月朋办事的二地主刘大洪给说说情。一天清晨,大姐用绳子将母亲从围墙上吊下去,走到刘家门口时,被刘家的十几条狗咬得奄奄一息。刘大洪将她送回来,诺月朋怕母亲死在她家,就不管死活将我们全家送到五原县我们的一位远房舅舅家。为了生活,母亲将我大姐嫁给五原县大地主田全贵续了弦。从此,我母亲和诺月朋就结下了不解之怨,同时对二姐奇俊峰也极为痛恨。诺月朋的心肠狠毒,性格执拗由此可见一斑,而奇俊峰在这样环境中长大,受诺月朋的熏染很深,亦形成了不甘屈辱、执拗任性的个性。

婚 变

奇俊峰在诺月朋家长到18岁时,由于她相貌出众、精明伶俐,又有学识,提媒说亲之人接踵而来,但都被诺月朋回绝了。她要奇俊峰嫁给有钱有势的权贵人物。那时,乌拉特西公旗札萨克石拉布多尔济(人称石王)的福晋早已亡故,次妻花儿(其其格)未曾生育,想再娶一房夫人,便派人带着贵重礼物,到诺月朋家中求婚。石王求婚正符合诺月朋贪婪金钱与权势的凤愿,便慨然应允。这桩婚事遭到奇俊峰的极力反对。因为奇俊峰自幼与奇安庆青梅竹马,爱恋至深,曾私订终身,知道姑母绝对不会答应,二人便商定私奔。

1933年夏季的一天，奇俊峰和奇安庆突然来到我家。母亲一见二女儿，往事涌上心头，不予理睬，经我二姐赔礼认错，下跪哀求，方化怨为爱。奇俊峰向母亲说明来由，要母亲给她做主。奇安庆也说："您知道我俩从小一起念书长大，感情很深，为了我们两人的幸福，请您老人家给我们做主。"说完二人连连给母亲叩头。我母亲认为他们说得有理，便说："你们的事，容我好好想想，平格是我的亲生女儿，我有权做主。"这样，平格便在家里住下了。

经过一段时间的考虑，母亲告诉奇俊峰和奇安庆，同意他俩结婚，不料，过了一个多月，诺月朋找到五原城我们家。她一进门笑容满面，还埋怨母亲不该去找刘大洪，接着说，平格是她抚养大的，对其婚姻大事是虑前想后的，嫁给石王做福晋可以享受一辈子荣华富贵，是为了平格好。又说，平格从小娇宠，脾气犟，请我母亲好好劝她回心转意。我母亲听完她的这一番话，气不打一处来，说："请你出去，我不认你这个姐姐！平格是我生养的，她的婚姻大事只有我才能做主，你不要有什么妄想，咱们从此一刀两断！"姑姑讨了个没趣，悻悻而去。但她并未就此罢休，依仗她在五原的名望、权势，没过几天就花钱买通了五原县县长崔正春，告下了奇安庆，说他乱了伦理，叔叔要娶侄女，于法于情都不容。崔正春仅据一面之词，传讯了奇安庆，说这件婚事违反法律规定，政府要出面干涉，如果不听劝告，要请达拉特旗康王来五原共同解决，让奇安庆权衡轻重利害。同时，诺月朋托人将平格找到她那里，甜言蜜语，软硬兼施，百般哄骗。她说："我把你从小养到大，什么事都是为了你好，嫁给石王做福晋是打着灯笼都找不到的好事。我已和他们说好，你嫁过去后，我一辈子陪着你，绝不会让你受一点点委屈。听说你爸爸被达王整死了，你奶奶寄人篱下，以后日子也不好过，奇安庆如果不听话，我告在康王那里，他也不会有什么好结果。"奇俊峰毕竟年轻，经她这么一番胁骗失去主见，竟然不告而别，悄悄地随诺月朋回了西商。我母亲为此事气得病了一场。奇安庆气愤之下，到北平考入了蒙藏学校，抗日战争时期，又到成都市国民党中央陆军军官学校高教班学习了两年，后与荣祥总管的女儿结了婚，回到达旗任保安副司令。

1934 年，我二姐奇俊峰终于嫁给了石王，当了福晋。石王也履行诺言，让诺月朋住进了石王府。有人说我二姐是石王的小老婆，这个说法是不符合事实的。奇俊峰是阿拉善旗头等台吉、辅国公的女儿，阿旗札萨克和硕亲王的堂叔伯妹妹，又是达拉特旗西协理的侄女，按当时蒙旗的规矩，这样的贵族闺秀，怎么能做妾呢？况且诺月朋又精明狡诈，霸道厉害，如果做妾便有失声望，而且达王、康王也不会答应。

王府风云

乌拉特西公旗（即乌拉特前旗），是乌拉特三公旗中的一个，境内山川清秀，牧草丰美，盛产名贵药材和稀有野生动物，但是由于上层人物之间明争暗斗，给广大牧民带来了无穷的灾难。到了 20 世纪 30 年代中期，斗争更加尖锐。

石拉布多尔吉原是公庙子的喇嘛，当札萨克贺喜格德力格尔亡故后，因无子嗣承袭，由东协理额尔贺多尔吉（汉名额宝斋）代理札萨克。民国 17 年（1928 年），根据蒙旗成例，并经南京国民政府蒙藏委员会批准，选定石拉布多尔吉还俗继位（即石王）。额尔贺多尔吉等原意把石王当做傀儡，但事与愿违，石王继位后，便大权独揽，独断专行，引起额尔贺多尔吉的忌恨。另外，公庙子大喇嘛侬西达格丹原想将自己的侄儿巴图巴雅尔扶上札萨克宝座，但未能如愿，因此也把石拉布多尔吉视作眼中钉、肉中刺。此外，梅力更庙活佛喇嘛因石王违反惯例向梅力更庙征税而与石工闹翻。正当此时，又发生了额尔贺多尔吉之子曼头与石王爱妾其其格私通之事。各种矛盾纠在一起，斗争日趋激化，双方便各自寻找靠山。额宝斋投靠了德王的百灵庙蒙政会；石王投向绥远省政府主席傅作义和阎锡山驻后套的屯垦督办兼包头市城防司令王靖国。在这些后台怂恿、支持下，双方兵戎相见，先后持续了两年之久的武装争斗。1934年冬，额宝斋战败，石王将其家产全部没收。1936年农历五月初，额宝斋请德王派了200余人的兵力，加上依西达格丹在伊盟带来的兵马又向石王发动进攻。石王则到归绥市向傅作义主席求援，傅派驻在包头和五原的两团兵力支援。经过激战，德王的部队向后山退却，依西达格丹被打死，额宝斋隐居在百灵庙、归绥等地，余部大都参加了德王的部队。

乌拉特西公旗统治阶级内部互相仇杀的闹剧虽暂告结束，但石王屡遭惊恐，精神和身体都已疲惫不堪。他来到包头，一方面休息，一方面与国民党的党、政、军要员联络、周旋，以取得支持，巩固他在西公旗的权位。

但是好景不长，刚刚安静下来，家庭纠纷又闹了起来。石王的侧室其其格经常说石王另寻新欢，不体贴她，纠缠不休。石王忍无可忍，与其其格吵了起来，当着女佣人的面，责骂她与曼头私通。其其格不堪忍受，便吞金而亡。石拉布多尔吉经此内外变故，一病不起，在1936年9月15日死去。

石王离世时，我二姐奇俊峰已怀有身孕。额宝斋等又蠢蠢欲动，唆使管旗章京朝鲁门、参领贡其格巴扎尔，到王府逼奇俊峰交出旗府官印。奇俊峰正悲痛欲绝之际，遇上这样欺人太甚之事，气得浑身发抖。诺月朋对奇俊峰说："你挺起腰杆来把他们臭骂一顿。"于是，奇俊峰就大声斥责说："你们是一群忘恩负义的牲口。现在石王尸骨未寒，你们就跑来欺侮我奇俊峰，逼我寡妇交印，真是瞎了狗眼，我奇俊峰也不是

好惹的。我是石王的福晋，我有权护理官印。你们都给我滚出去！"这
两个人被骂一顿，灰溜溜地走了。

9月28日为石王发葬，全旗大小官员（额宝斋那一派自然不来）、
各寺院喇嘛、12个苏木的代表都参加了葬礼。葬礼七天之后，诺月朋陪
伴奇俊峰到归绥（今呼和浩特）求见省主席傅作义。第二天，傅主席和
绥远省蒙旗指导长官公署参赞石华岩接见了她二人，奇俊峰除报告了石
王逝世的情况外，着重陈述了额宝斋等纠集百灵庙德王的势力，阴谋夺
取乌拉特前旗政权的情况，请傅作义做主。

傅作义、石华岩对石王逝世表示惋惜，并表示，西公旗的问题将在
适当时机由省政府出面解决。奇俊峰此次绥远之行得到傅作义的大力支
持，自然喜出望外。她还得到傅作义的器重，傅称赞她是一位有见地、
有能力的蒙古族青年女性。

额宝斋等一伙依附德王的亲日势力企图夺印未遂，于是又生诡计，
对石王的遗腹子造谣中伤，为他们夺权造舆论。他们到处散布奇俊峰的
身孕是伪装的，就是生下孩子也不是石王的，将来谁继承札萨克之位还
很难说，等等。

奇俊峰听到这些谣言，气愤欲绝。可是诺月朋不愧是个饱经风霜、
识多见广的人。她告诉奇俊峰，要巩固权势，必须紧紧依靠傅主席，同
时也需要得到盟长林王的支持。于是，她又领奇俊峰到乌拉特中公旗晋
见了乌兰察布盟盟长林沁僧格。她们向林王说，奇俊峰所怀身孕确系石
王之后，请求林盟长多过问乌拉特前旗的事，并保护奇俊峰及未出世婴
儿的人身安全。林王对她们不辞辛苦、长途跋涉前来拜见非常高兴，除
表示抚慰外，还应允和傅主席联系，请省府出面解决前旗的问题，又嘱
咐奇俊峰好好保护腹中胎儿，将来生个男孩好接替石王的事业。

时隔不久，绥远省政府通知奇俊峰和旗管旗章京朝鲁门去归绥开

会。诺月朋和奇俊峰到归绥后，傅作义主席单独召见了奇俊峰，谈了对解决乌拉特前旗问题的想法。随后，蒙旗指导长官公署参赞石华岩主持召开了会议，参加会议的有绥远省政府蒙务组组长陈玉甲、乌盟盟长林王的代表那木吉勒其仁、奇俊峰和朝鲁门等 10 余人。会上，奇俊峰列出大量事实揭露额宝斋唆使朝鲁门等人逼她交印，并阴谋掠夺石王的财产，还造谣诬蔑奇俊峰伪装怀孕等种种恶行。奇俊峰慷慨陈词，有理有据，石华岩也批评额宝斋依附亲日派扰乱局势，不得人心，称傅主席对此甚为不满。在此情况下，朝鲁门不得不当众承认错误，表示悔改，并说坚决服从省政府及盟长的决定。这次会议开了半天，作出了七条决定：

一、西公旗东协理由沙格德尔扎布担任；西协理由三令豹担任。

二、新印系国民政府颁发，由旗政府保管；旧印系清王朝颁发，由奇俊峰保护、供奉。

三、石王所遗留之财产，全部归奇俊峰所有，公款归旗政府。

四、护路、水草、抓羊等捐税收入归奇俊峰。

五、奇俊峰之安全，由全旗仕官负责保护，不准对奇俊峰有任何欺压行为，遇事相互协商。

六、奇俊峰所怀身孕，如所生系男，正式承袭王位。

七、护路队归由奇俊峰领导。

这七条决定，以绥远省政府决议案的形式下发各个蒙旗。这项决定充分肯定了奇俊峰的实力、地位，其中除给她护路队的军权外，重要的是粉碎了额宝斋的谣言，明确了腹中胎儿是石王的后代。

1937 年旧历三月，西协理三令豹的夫人满都尔玛受命看护生产。十五日凌晨，奇俊峰终于安全分娩了。她听到孩子的哭声后，第一句话就问："生了个什么孩子？"满都尔玛高兴地说："禀告福晋，生了个胖小子!"诺月朋则高兴地东跑一阵子,西跑一阵子,时而烧香拜佛,祈求保佑;时而到屋外给已故女婿烧纸,请石王在天之灵庇护幼子。

福晋生子的消息不胫而走,旗民们亦为已故札萨克后继有人而高兴。但是额宝斋一伙则在暗地里造谣说:"奇福晋生孩子完全是一个骗局。为了蒙蔽全旗百姓,她从包头一个姓田的农民家里抱回个刚出生的男孩,伪装是自己所生……"奇俊峰听到这个谣言后,立即通过两位协理向全旗发出通告:已故札萨克石拉布多尔吉的阿哥已出生,号召全旗民众万勿轻信谣言,警惕别有用心之人挑拨离间,并在旗王府的领导下,搞好全旗的团结。随后,又派人将阿哥出生的情况到绥远省政府和乌盟政府呈报备案。

为了给孩子起名字,奇俊峰邀请乌力图高勒庙的活佛喇嘛老布僧丹壁扎拉森查阅《阿拉坦甘珠尔经》,后来活佛说,佛祖恩赐给小王爷的吉祥名字为阿拉坦敖其尔,以后诺月朋又给起了个汉名叫奇法武。

旧历八月,诺月朋和奇俊峰带着阿拉坦敖其尔回到顿达高勒王府,东西协理、大小梅林、扎兰等官员出来迎接,场面甚为隆重。奇俊峰开始在本旗执政,行使札萨克的权力。

光明之途

1937 年"七七"事变爆发,日本军国主义大举侵略中国,北平已被敌军占领,日军节节向西侵进。德王及其一伙,公开投向日军的怀抱,形势日趋紧迫。在奇俊峰与诺月朋商议今后行动对策时,她们认为:日本是中国各族人民的共同敌人,国难当前,自当与抗日政府一致行动。且石王在世时历来与亲日派额宝斋等人势不两立,如投向德王,无疑是自投罗网。于是,奇俊峰召集本旗军政要员,明确宣布如下施政纲领:一、坚决接受绥远省政府的领导;二、团结一致,提防亲日派挑拨离间；三、减轻百姓负担，不允许向牧民乱行摊派；四、军队要严守纪律，严禁抢夺民财和侮辱妇女。此四条决定一经公布，立即受到全旗人民的拥护和各方面的赞同、支持。

那时，傅作义已率主力东进御敌。过了些时候，平绥路东线战事失利，阎锡山调傅部去守卫山西。这些消息使奇俊峰和诺月朋忐忑不安。正在她们茫然无计之时，勤务兵通禀说："来了个农民装束的人要见福晋。"当时，奇俊峰已知道国共合作共同抗日，便意识到可能是共产党方面的人，急忙让请进来相见。来人进屋后，即自称是包头中滩地区共产党抗日游击队负责人，名叫于占彪。他拿出印有蒙汉两种文字，号召汉、满、蒙、回、藏各民族人民团结起来、一致抗日的传单给奇俊峰看，并说石王生前一直反对亲日派德王，希望福晋继承石王的遗志，走团结抗日的道路，随后又解说了共产党关于抗日的方针政策和民族政策，并介绍了全国抗战的情况。当晚，奇俊峰为于占彪摆了全羊席，用蒙古族最高的礼节进行招待。于占彪告辞时送给奇俊峰一支手枪，还说将来有机会给她推荐一位秘书。奇俊峰则将一匹全鞍马回赠，并让自己的卫兵护送他返回驻地。

经过于占彪的来访，奇俊峰开始对中国共产党有了认识，并进一步了解了抗日救国的道理。

1937年10月14日，日军侵占了归绥，10月17日，包头沦陷。随后，日伪军又进驻安北县的大佘太。当时，德王等正在活动组建伪蒙古联盟自治政府，额宝斋等在包头日本特务机关的支持下，趾高气扬，积极准备回旗夺取政权。这时，门炳岳的部队骑七师驻守在后套，在乌拉山前山设防，抵御日军西进，因而乌拉特前旗东部地带已成为中日双方对峙的前哨阵地。德王在额宝斋的恳求下，派出伪蒙军第九师的白团长，率领一个骑兵团进驻乌拉山以南的升恒号，监视奇俊峰的动向。白团长三天两头到王府找奇俊峰，说长道短纠缠不休。每次他来，诺月朋都扯着脸子陪伴。这样境况，使奇俊峰如坐针毡。她知道如不采取果断措施很快摆脱德伪军的控制，到一定时机，德王、额宝斋等定会置她母子于死命。经与诺月朋商定，派出得力部下前往五原县与门炳岳师长联系，表示愿率部赴五原参加抗日。门炳岳当即回复表示热烈欢迎。于是奇俊峰在一个伸手不见五指的深夜里，带领楚伦巴托、额尔登仓、佳日格勒等 10 多个卫士，诺月朋抱着奇法武，一行人顺着顿达高勒沟，骑马急行了一个整夜，转入乌拉山匆匆西行。路上碰见门师长派来接应的一班骑兵，奇俊峰一行安全地进了五原县城。那一天正是 1938 年的旧历二月初二，门师长闻讯立即前来相晤，热情慰问，同时发电向国民党中央作了报告。蒋介石在复电中对奇俊峰慰勉有加，行政院、军政部也来电慰问，并发给巨额奖金。国民党《中央日报》也以醒目标题作了报道，说她是第一个从日伪占领区投向抗日阵营的蒙旗王公。

奇俊峰与诺月朋带着奇法武回拜了门炳岳师长，并给蒋介石发去致敬电，表示了她抗日的决心壮志。

同年 4 月中旬，军政部任命奇俊峰为乌拉特前旗保安司令；5 月间，国民党中央军事委员会又任命她为乌拉特前旗防守司令部司令，授以少将军衔。防守司令部设在五原县城，每月由军政部发给军饷银洋 7000元。有了建制和军饷，经门师长同意，在旗内招收了近 200 人（其中大部分是蒙古族），扩充了部队。由门师长推荐，经国民党军政部批准，任命黄楚三为司令部上校参谋长（黄系湖北人，中央陆军军官学校毕业），李隽卿为中校参谋主任（李系河北人，北平私立光华大学毕业，学法律），钟可师为少校副官长，贺生举为少校军需主任，李国章为上尉司书。

5 月间，乌拉特前旗防守司令部在五原县城举行组建大会，门帅长出席大会。奇俊峰全副武装，佩少将军衔，在大会上发表了"赤心爱国，坚持抗日到底"的讲话。之后由黄参谋长宣布命令：任命郑明全为防守司令部第一团团长，郑色令为第二团团长。会后，根据门师长的统一部署，这两个团分别派往西山嘴以南，乌加河以北一带担任防守任务。以后又采纳李隽卿的建议，每团配备一名政治指导员，从事思想政治工作，教育士兵为抗日救国而奋斗。

1938 年 7 月 10 日拂晓，日军千余人分乘 45 辆汽车，集中火力进攻后套的咽喉要地西山嘴。乌拉特前旗防守司令部的士兵，由于对地形熟悉，密切配合骑七师官兵英勇杀敌，很快将来犯的日军击退，并给予重创。这是奇俊峰为抗日救国立下的第一次战功，各方面纷纷来电、来函祝贺，使她受到极大的鼓舞。这次战役后，骑七师扩编为骑兵第六军，门炳岳擢升为军长。1939 年春，傅作义将军自河曲到五原组建第八战区副司令长官部，门炳岳奉调回重庆担任骑兵总监。

傅作义将军到五原不久，奇俊峰和诺月朋就前往晋谒，汇报了她们自日军侵占绥、包之后的一系列情况，傅长官对此深表嘉许，并鼓励她今后要为抗日救国继续努力，并当即决定电告军政部，今后乌拉特前旗防守司令部所需的一切军需开支均由第八战区副司令长官部就近负责供给。傅还表示今后随着战局形势的发展，还可以扩编部队、增加供应。奇俊峰很感谢傅作义将军的关怀，告辞回来，心中分外高兴。

1939 年春，日军加紧对后套进犯，疯狂轰炸五原，同年夏，按照傅作义将军的指示，奇俊峰将防守司令部迁到陕坝，所属部队仍按原部署在前线配合友军抗战。

自从奇俊峰脱离日伪的包围胁迫，到五原参加抗日救国阵营后，额宝斋在日军和德王伪蒙疆政权的操纵下，返回西公旗积极筹建伪政权。由日本人小仓茂任旗政府高级顾问，额宝斋任大协理，松布尔巴图、焦太保、色楞朋斯克、敖齐尔巴图等任旗政府重要官员。1939 年初秋，在额宝斋的策划下，由伪蒙疆政府任命乌拉特前旗闲散台吉罗布森桑杰 17 岁的儿子阿木尔莎那为札萨克，日军又任命阿木尔莎那为乌拉特前旗统兵团团长。奇俊峰得知这一情况后，立即向国民政府及傅作义将军报告了伪旗政府成立情况，同时向在敌占区的前旗民众发布通告，明确宣布在日军操纵下成立的伪旗政府和伪札萨克是非法的，呼吁人民群众不予承认。国民政府接到报告后，于 1939 年 9 月，通过蒙藏委员会任命奇俊峰为乌拉特前旗护理札萨克，同时任命为绥境蒙政会委员兼该会建设委员会主任，任命阿拉坦敖其尔（奇法武）为记名札萨克。

奇俊峰接到委任令后，报请傅作义将军同意，在陕坝以西 40 多华里的三淖（属乌拉特前旗领地），召开了旗务大会（即楚古拉），宣布恢复乌拉特前旗旗政府，东西协理暂缺，旗府事务由现有的梅林章京和苏木参领轮流出班负责处理，要其认真行使职权，关心旗民疾苦。同时决定恢复旗立小学，学校设在五原同义隆，奇俊峰兼任校长。

旗务大会后，从 10 月 28 日起，奇俊峰率领旗府官员，从西到东，历时 20 天，对后套地区的乌拉特前旗群众按苏木区划进行慰问，一方面救济灾民和召庙喇嘛，一方面组织旗民举行国民公约宣誓。此举深得群众的拥护和赞扬。

重庆之行

门炳岳于 1939 年秋奉调回重庆后，向蒋介石报告了绥西抗战的情况，同时建议蒋介石召见奇俊峰。他说，奇俊峰不仅在大后方妇女群众中有影响，而且通过报纸的宣传在公众中也很有声望，如能召见她，对大后方的蒙旗王公将是很大的鼓舞，有利于调动他们的抗战积极性。过了几天，蒋介石决定召奇俊峰到重庆述职。蒙藏委员会将此决定用电报发出，门总监还给奇俊峰写了一封信，让她做好充分准备。傅作义也很支持，还给解决旅途费用及车辆，并发给特别通行证。奇俊峰又让李隽卿会同黄楚三充分准备好汇报材料。

述职团组成人员除奇俊峰外，还有我的姑母诺月朋、奇俊峰之子阿拉坦敖其尔、黄楚三、李隽卿、旗党部书记长刘凤池、随从副官毛宝日、舍旺道尔吉和弁护共 20 余人。

12 月 20 日，述职团从陕坝出发，渡过黄河进伊盟，经杭锦旗南行，于 30 日到达绥境蒙政会所在地札萨克旗。蒙政会委员长、伊盟盟长、札萨克旗王爷沙格都尔扎布接见了奇俊峰及随行主要人员，并设宴招待。适逢 1940 年元旦，奇俊峰参加了绥境蒙政会三位常委的就职典礼。典礼仪式后，奇俊峰以绥境蒙政会建设委员会主任委员的身份，就绥境蒙政会辖区内的公路交通、邮电通信、农牧业建设等发表了意见，得到沙王和与会者的赞赏。离别时，沙王特赠银洋 1000 元，作为旅资。

1940 年元月 8 日，奇俊峰一行抵榆林，住在蒙旗指导长官公署。副指导长官朱绶光接见了他们，并妥善安排了食宿。此间，由于等候第二战区送他们南下的专车，他们还拜见了蒙旗宣抚使荣祥、国民党高级将领邓宝珊、高双成等。

3 月 18 日，第二战区派来专车送他们继续南下，途经延安到达西安。到西安后，胡宗南亲自出面接待，并举行各界人士集会欢迎抗战女英雄。在会上，胡宗南介绍了奇俊峰投入抗战阵营的事迹，赞扬她抗战救国的好思想，赞美她是中国妇女的表率。奇俊峰在讲话中，首先对胡宗南将军及各界人士的感情表示感谢，然后列举大量事实愤怒控诉了日本军国主义对沦陷区群众野蛮屠杀和掠夺的罪行，强烈呼吁大后方的广大爱国群众慷慨支援前方的各族军民，精诚团结，争取抗战胜利。散会以后，不少爱国人士请奇俊峰签名留念。

他们一行在西安逗留数日后，即乘火车辗转前往重庆。到重庆后，奇俊峰、诺月朋、阿拉坦敖其尔及两名随行副官和护兵住在门总监在西郊的公馆，其余人员住在青木关的旅馆里。

过了几天，行政院、军政部、蒙藏委员会、各盟旗驻渝办事处等单位，均派代表前来看望、慰问，并在重庆市内一个大宾馆举行了盛大招待会。孔祥熙、何应钦、白云梯（蒙藏委员会委员长）等高级官员出席参加，门总监一一引见，奇俊峰按蒙古族礼节献了哈达。宴会上，孔祥熙、何应钦、白云梯发表了热情洋溢的简短讲话，高度评价了奇俊峰抗战爱国的事迹。第二天，《中央日报》在显著位置发表了"行政院、军政部、蒙藏委员会举行宴会，热烈欢迎抗战女司令奇俊峰"的报道。

6月初的一天，蒋介石召见奇俊峰一行人员。奇俊峰、诺月朋、阿拉坦敖其尔、黄楚三、李隽卿等由门炳岳将军陪同，分乘两辆小汽车，驶进蒋介石的官邸。在宽敞的会客厅甫经坐定，孔祥熙、何应钦、白云梯陪着蒋介石和宋美龄出来接见。奇俊峰等一行立即起立，由门总监逐一给蒋介石和宋美龄介绍。奇俊峰向蒋介石、宋美龄行了军礼，又献了哈达，阿拉坦敖其尔按蒙古礼节行了跪拜礼，献了哈达。宋美龄见阿拉坦敖其尔穿着蒙古袍子、小马靴，戴着红缨帽，上镶宝石顶子，觉得新奇可爱，特意走过来摸摸他的小脸蛋。接着奇俊峰和阿拉坦敖其尔又向蒋介石、宋美龄献锦旗。

蒋介石打破以往惯例，这次召见持续了三个多小时。奇俊峰除汇报了投奔抗日阵营和以后的情况，以及日伪倒行逆施的罪行外，还向蒋介石提了几项请求：一、对绥远境内抗战和附逆的蒙旗主要人士将来一定要功过赏罚严明；二、蒙藏委员会要派出要员做好大后方的蒙汉团结工作；三、健全绥境蒙政会管辖下的各蒙旗行政机构；四、加强民族教育，培养民族人才。述职完毕后，蒋介石夫妇表扬了奇俊峰，说她是有胆有识的蒙古族的女英雄。蒋介石与何应钦商量后，当场宣布：奇俊峰由乌拉特前旗防守司令部少将司令晋升为中将司令，责成军政部拨给奇俊峰 200 支轻武器和足量的弹药，另拨军装 500 套，并赠送大、小汽车各一辆。

晚间，蒋介石夫妇在官邸与奇俊峰等一行共进晚餐。

宋美龄又指示重庆妇女界举行专场报告会，请奇俊峰作抗日演说。宋美龄还亲自陪奇俊峰到小龙桥中正中学讲演，张伯苓老先生在沙坪坝创办的私立南开中学，也请奇俊峰作过演讲。这些活动，《中央日报》均做过详细报道。经奇俊峰同意，我与好友王钰从阆中（那时，我从后套考入设在陕西安康的国立绥远察哈尔中学，后改名为国立第四中学，后来，这个学校又从安康迁到四川阆中）来到重庆，进国立边疆学校读书。我在门公馆住了半个多月，听二姐奇俊峰讲述她们的经历和来重庆的见闻，使我敬佩不已。

8 月，她们一行离开重庆，经成都、西安到了兰州，拜见了第八战区司令长官朱绍良，受到朱绍良的热情接待。我二哥罗图阁当时正在迁到酒泉的中央政治学校包头分校读书，听说二姐到了兰州，也从酒泉来到兰州见二姐。我二姐托朱绍良将我二哥送进中央陆军军官学校西安第七分校学习。我二姐是个聪明人，她有意让两个弟弟一个学文，一个学武，学成之后，好协助她建功立业。

胜利前后

1940 年冬初，奇俊峰回到陕坝，当即召集防守司令部军官和旗府官员开会，向他们讲述了重庆之行的情况，勉励大家励精图治，团结奋斗，在抗战救国中再建新功。之后，她又去五原向傅作义报告此行情况，傅除表示慰勉外，还决定将防守司令部兵力扩编为三个团。事后，奇俊峰派随从副官温格尔和楚伦巴特等，潜返乌拉特前旗敌占区收集原部人马。这样，兵员从原有的 200 多人扩充到 600 多人，编为三个团。佳日格勒为一团上校团长；沙格德尔为二团中校团长；阿拉坦朝鲁为三团中校团长。除一团一个连担任警卫任务外，其余部队都拨归战区副长官部统一调遣。由于防守司令部的官兵对乌拉山地区的地形熟悉，傅作义将军将三个团的官兵化整为零，派往前线各部队中担负向导和侦察任务，他们立过不少战功，受到傅将军的嘉奖。

1943 年春，原乌拉特前旗西协理三令豹的儿子郝游龙（蒙名陶克陶胡巴特尔，绰号油葫芦），带领 20 多人，从包头经伊盟到陕坝投靠奇俊峰。郝游龙在日军占领包头后，曾在日本特务机关工作过，后又拜在"哥老会"头目肖某门下，准备拉杆子为匪，为日特机关察觉后，才跑到陕坝。对郝的这些情况，奇俊峰全不知道，而被他的花言巧语蒙骗，又念起他母亲满德尔玛曾侍奉她坐月子的情分，遂将郝游龙收留下来，并任命为一团中队长，又派他回去策反。郝游龙回去三个多月，领回 100 多人，奇俊峰认为他很能干，又晋升他为防守司令部直属团中校团长。同年 5 月，原在日伪军中任中队长的贺太保，仰慕奇司令的声望，率领部下 85 人前来投诚，奇俊峰当即表彰奖励，任为司令部独立连连长。后来，贺太保协助三十五军与日伪军作战，立过大功，受到傅作义将军通报嘉奖。

我的学习一直得到二姐的关怀和支持。1942 年夏我以较好的成绩考上中央政治学校法政系。我经常给二姐写信，二姐复信中总是鼓励我刻苦学习，不要辜负她的期望，毕业后能够成就一番事业。她的信都是由李隽卿主任代笔。

1943 年我收到母亲的来信，她说，田全贵（我大姐夫）在五原战役后被以汉奸罪名处决了，她搬到了临河乡下居住，生活十分困难，盼我回去给以适当安排。不得已，我于 1944 年夏申请休学一年，回乡探视。适值我妹妹罗爱兰也从重庆北碚幼教师范学校毕业，于是我们兄妹二人搭乘绥远省银行运钞汽车回陕坝。同车的有绥远奋斗日报社社长崔载之、第八战区副长官部军法处刘处长。车到宁夏后，崔社长领我们乘船顺黄河回到陕坝，又送到乌拉特前旗的防守司令部。我二姐对他一路关照表示深深的谢意。

我二姐问明回来的原因后，把我们安顿下来，让我和李隽卿主任住在一起。住了一些日子，我就劝我二姐，尽管和母亲有芥蒂，但毕竟是自己的生身之母，现在母亲生活困难，别的子女又都指望不上，她不应袖手旁观。我二姐毕竟顾念母女之情，有意允准，但姑母诺月朋面有难色，一时未能解决。后经我央告姑母，李主任又从旁劝解，再加上我二姐的说服，过了 20 多天，才答应让我去临河乡下接来母亲，另租房子居住，一切生活费用由我二姐负担，母女之间的疙瘩总算解开了。

我和李隽卿主任同屋住了一个多月，互相熟悉了，也就不拘束了，与他很谈得来。后来，我发现他经常在我睡下后出去活动，往往到鸡叫时才回来，上午则睡着不起床。我记得有几次中午，我二姐叫勤务兵请李主任吃饭，他匆匆忙忙洗漱完才走来吃饭。我二姐批评他生活散漫，他则说，习惯了晚上工作，白天睡觉。有一次我问他晚上出去做什么？他悄悄地对我说，是出去给《奋斗日报》写社论，并嘱咐我千万不要对别人讲。我发现他学识渊博，又写得一手好毛笔字，对他很佩服。

诺月朋曾对我说，我二姐从重庆回来后经常看些新书，书锁在箱子里，不许人乱翻。我好奇地问是从哪里买的，姑母说，可能是李主任给借来的，说是讲什么"主义""宣言"的，很深。当时我也没有看到，只觉得二姐已不是从前的二姐了，是个受人敬佩的有学问的高级人物了。

那时，在陕坝住着一位我在边校时的同学名叫郭振芳（蒙古族）。有一次，他向我说，他有一个同乡叫汪振东，也是蒙古族，是国民党杭锦旗旗党部书记长，前几个月被副长官部抓起来押在军法处，说他是共产党嫌疑分子，其实他哪是什么共产党？经过我们活动，军法处说，有两位将官作保就可以释放，我们已经找到一位将官愿意作保，你是否和奇司令请求请求，让她也做个保人。当时我满口应承，没想到我跟二姐一说，她批评说："你们年轻人，管这么多闲事干什么？"这使我很为难。我和李隽卿说起这件事，他很关心，让我明天吃午饭时再提出此事，他从中帮忙。第二天吃午饭时，我又对二姐说："同学托的事，我已经答应了人家，您不帮忙，我多难为情。"李主任忙接过话茬儿说："司令！老三（我二姐叫我老三）已经向他的同学满承满应，不帮忙不好。再说，汪振东是国民党书记长，不可能是共产党嫌疑分子。这件事只要您点头，一切手续由我去办。军法处刘处长是我的同乡，好办事。"我二姐也就同意了。后来汪振东果然被释放（1950 年 2 月，我任伊盟人民法院副院长时，汪振东任伊盟教育处处长，汪告诉我，他是莫斯科东方劳动大学毕业的，回国后在后套和伊盟一带做地下工作）。

1945 年旧历正月二十日，我二姐领我从陕坝乘汽车去三淖旗政府参加了一次开印大会。旗政府的大小士官、各苏木达、在陕坝的蒙古族官兵，加上牧民，共二三百人参加了大会。

开印是在二十一日那天上午 9 时举行，地点在旗政府大院内。上官们都是花翎顶戴，穿着蒙古袍褂。奇俊峰戴上她那 10 多斤重的头戴，穿着蒙古缎袍，外罩坎肩，脚蹬蒙古靴子，端端正正坐在首席，诺月朋、奇法武和我也都穿戴蒙古服装坐在她的两旁。典礼开始，值班的士官们献哈达、敬马奶酒、唱颂歌。接着全体人员磕头参拜，口中念颂词。仪式之后，奇俊峰讲了几句话：一是祝告上天保佑，今年水草丰美，牲畜兴旺；二是全旗上下要团结一致，谨防奸细活动；三是士官们要关心牧民的生产和生活，发现贫苦牧民要及时报告给予救济。典礼结束后，举行了传统的那达慕大会，进行摔跤、赛马、射箭比赛。晚间，则是摆羊背子、喝酒、唱歌，还有的"耍宝"（一种赌博活动）。开印和那达慕大会一共举行了三天，给人一种盛世升平之感。

1945 年春，我妹妹和绥远省党部委员耿正模结了婚，母亲生活更加有了保障，我也在夏季回到重庆，继续我的学业。在这一年多的时间里，我总的印象是：奇俊峰在陕坝军政界中确有威望，处理问题稳重得力，牢牢控制着乌拉特前旗的军政大权；姑母诺月朋为人老谋深算，经常参与幕后策划，一切家务和对小王爷奇法武的照料都是她一手包办，我二姐很尊重她，听她的话；黄参谋长为人忠厚，保持军人本色，令出必行，在军事上奇俊峰对他言听计从，他主要在前线指挥防守司令部的三个团，配合傅作义长官所属各部队作战，一年只回司令部几次，汇报部队情况；参谋主任李隽卿并不懂军事，实际上是奇司令的秘书长，举凡军政事务的安排、计划、汇报等事宜，均由他执笔办理，外事活动也靠他出面安排，他广闻博见、善于言谈，对诺月朋善于逢迎，对下人和蔼相处，只是生活散漫、不修边幅，一派文人作风；旗党部书记长刘凤池常年住在三淖旗政府，好像无所事事；旗府的士官们也都各司其职地管理旗政事务。奇俊峰在几个得力助手的帮助下，军政事务处理得井井有条，很顺心如意，只是应酬多一些，不断地赴宴或参加会议。她也偶尔去看望我母亲，母女之间总是显得不够亲热。

1945 年 8 月 14 日，日本无条件投降，坚持抗战的中国各族人民终于盼来了胜利。

傅作义将军率部东进。我二姐也率领乌拉特前旗防守司令部从陕坝迁到五原县，并派出独立连连长贺太保率队进驻哈达口子，侦察伪旗政府的动静。过了几天，贺太保回来报告，伪札萨克阿木尔莎那躲回老家，伪旗府官员也四散逃离，只留下几个看门人。又过了几天，伪旗府西协理松布尔巴图在郝游龙陪同下来晋见奇司令，除表示认罪外，并表示热烈欢迎奇司令和小王爷回旗执政。

8月17日，奇司令率领全体官兵，浩浩荡荡返回阔别7年的家乡，松布尔巴图等30多人远道来迎接，部队进驻伪旗府所在地哈拉汗。

到哈拉汗的第三天，黄参谋长向奇俊峰恳请辞职还乡。理由是：从抗战开始，他就远离家乡，抗战已经胜利，家中老人盼他回去，加之自己年已半百，精力甚感不济。旗党部书记长刘凤池也以同样理由恳请辞职返乡。奇俊峰再三挽留，他俩辞意坚决，后经请示傅作义主席批准，隆重设宴欢送，又赠送许多财物，依依惜别。

黄、刘走后，奇俊峰去归绥市晋见傅主席。在离包头30里处，额宝斋装出诚惶诚恐的样子，迎接奇俊峰一行。他双手高举旗政府的官印，交给奇俊峰，又请他们到包头园子巷乌拉特前旗办事处住了一晚，设宴请罪。奇俊峰本想将额宝斋除掉，以绝西公旗后患，但由于额的伪善面孔和狡猾的政治手段，蒙蔽了她，改变了原来主意，竟使额宝斋保住了性命，但给自己留下了祸根。

到归绥后，傅作义主席指示奇俊峰：回旗后明令宣布废除以阿木尔莎那、额宝斋为首的伪旗政府，所有伪职人员一律解职，听候处理。在汉人聚居的地区推行保甲制度，撤销乌拉特前旗防守司令部，恢复保安司令部，部队维持原建制。

奇俊峰回旗后，首先将旗政府迁回公庙子原址，然后召集伪旗政府所有官员，宣布傅作义主席的指示，命他们各自回家安分守己，听候处理，又公布了新的旗政府组成人员，协理职位暂缺，任敖特根为管旗章京，斯日古楞为梅林章京，朋斯克巴扎尔、敏珠尔为扎兰章京。旗保安司令部设四个团，郝游龙任一团团长；敖其尔巴图任二团团长；达林太任三团团长；沙格德尔任四团团长。决定一团担负旗府、王府警卫任务，其余三个团开赴新划防区。一切安排就绪，心情也很舒畅，奇俊峰就与姑母带着奇法武到了包头乌拉特前旗办事处，安适地住了一段时间。

日本投降后，奇俊峰胜利归来，也有些踌躇满志。1946 年秋末，奇俊峰一行从包头回到王府，召开抗战胜利后的第一次楚格拉大会和那达慕大会。全旗牧民闻讯后无不欢欣鼓舞，都想看一看女札萨克、女司令和小王爷的英姿。到会的有台吉、官员、喇嘛、军人和众多的牧民，有1000 多人。会上，奇俊峰发布了《告全旗人民书》（是李隽卿草拟的）：一、废除"乌拉"制度，今后不论王府、旗政府、台吉贵族，均不得无偿使用奴才，雇用牧民要合理付给工钱；二、逐步推行民主政治，今后各苏木达要由牧民推选，呈报札萨克任命；三、响应国民政府号召，开展"新生活运动"，牧民妇女改变所梳的链锤头式（链锤头式：牧民妇女的头部装饰，即头发分左右梳开，然后装在用布缝好的袋子里，形同链锤），一律剪成短发。对于这三项通告，反应不一，贫苦牧民很高兴，台吉和基层士官则表示不满，特别是强令剪掉妇女传统发式，则更引起广泛的不满。就连姑母诺月朋也非常生气，责怪我二姐不与她商量就宣布什么民主新政，破坏了蒙古族的老传统，接着她又痛骂李隽卿不尊重蒙古人的章法和风俗习惯，胡作非为，招惹是非。确实也就是因为这些，给反对奇俊峰的人以可乘之机，给乌拉特前旗埋下了祸根。

血案奇冤

1947 年 7 月 25 日的《中央日报》上登载了一条醒目的新闻："乌盟西公旗血案。女王奇俊峰及幼子被杀，凶手系保安团长郝游龙。"我是在南京政大法政系毕业后，在上海候船返回归绥期间，看到这条消息的。当时惊得我目瞪口呆，悲痛万分。8月13日回到归绥，我从多方面了解了二姐被杀害的原因及经过。

抗战胜利后，额宝斋虽然表面上诚惶诚恐，但他内心里极端仇恨奇俊峰母子。他窥测时机，蓄谋东山再起。他看到郝游龙很为奇俊峰所倚重，就把自己的孙女嫁给郝游龙，还怂恿郝游龙求奇俊峰提郝为参谋长。

郝游龙本是个抢劫民财，奸淫妇女，无恶不作的兵痞流氓。本来他的父亲三令豹是被额宝斋流放致死的，可是他忘了杀父之仇，娶了额的孙女，倒在额的一边。他听了额的话，在黄楚三走后不久，便向奇俊峰提出要补参谋长的缺，还让他的母亲满都尔玛出面求情。奇俊峰和诺月朋及李隽卿商量，认为郝游龙是抗战后期才到后套，和几位老团长比较，毕竟资历浅，难孚众望，所以没有满足他的要求。这就引起郝游龙的不满，尤其恼恨李隽卿。他为了另谋出路、报复李隽卿，就到归绥市投靠了国民党绥远省调查统计室特务头子张庆恩，当了中统特务，并且向张庆恩讲了李隽卿许多坏话。

郝游龙得知《告全旗人民书》是出自李隽卿之手，于是立即到归绥市，向在那里的张庆恩做了详细汇报。不久，国民党绥远省党部就委派中统特务贺守忠（伪札萨克阿木尔莎那的妻兄）为乌拉特前旗旗党部书记长，以便暗中监视李隽卿。

额宝斋看到《告全旗人民书》遭到一些人不满，就认为是可乘之机。他把贺守忠、郝游龙找到包头密谋策划，他们认为首先要除掉李隽卿，斩断奇俊峰的臂膀。郝游龙还谈到1937年冬奇俊峰会见共产党人于占彪的情况，认为李隽卿很可能是于占彪派在奇俊峰身边的共产党。于是额宝斋让贺守忠、郝游龙到归绥市向张庆恩报告，就说李隽卿是共产党。当时，蒋介石已发动全面反共内战，张庆恩听了郝游龙的报告，立即在包头扣捕了李隽卿，关押在归绥市绥远省监狱，罪名是共产党嫌疑分了。

奇俊峰当时如雷轰顶，不知所措。还是诺月朋沉得住气，当即和奇俊峰去归绥市找耿正模（妹夫）想办法营救。耿正模当时任国民党绥远省党部委员兼绥远省参议会秘书长，对张庆恩扣捕李隽卿的原因完全明白，就是不愿说出真相。不过他也给奇俊峰出了个主意，第一步要花钱买通张庆恩不要把李隽卿解走，如果解到外地，李的性命一定保不住；第二步要花钱托人向当时任绥远省主席的董其武求情，把李隽卿保释出来。于是奇俊峰就让耿正模给张庆恩送去3000块银圆，给省党部秘书长苏寿余送去1000块银圆。此外，奇俊峰又陆续给潘秀仁（省党部主任委员、建设厅厅长）、张遐民（财政厅厅长）等绥远政界头面人物各送去1000块银圆，请他们向董主席说情。

经奇俊峰半年多的奔走活动，最后由张庆恩请示董其武主席同意，将李隽卿"驱逐出境"。所谓驱逐出境，就是将李隽卿从监狱提出来，由两个特务押解上火车送到北平，并当面警告李隽卿：永远不许再回绥远省，否则再被抓住，定杀不赦。李隽卿上火车时，奇俊峰前去送行，并送给他很多生活费。

李隽卿到北平不久，给奇俊峰写来了一封信，让她去北平找崔载之联系，然后一同去东北解放区。李隽卿的信被驻归绥市邮电局的特务拆开看了，立即报告给张庆恩。张庆恩和潘秀仁又转报中央调查统计局。中统复电指令：如果奇俊峰出走，就马上把她干掉。于是张庆恩下令贺守忠和郝游龙严密监视奇俊峰。奇俊峰接到信后，决心要去北平，对诺月朋说，她想去北平戒鸦片烟，让她在归绥等她，她回旗拿些穿戴，安排一下旗务。诺月朋因为李隽卿的事对奇俊峰很有意见，无论奇俊峰和她说什么，她都不搭茬儿。奇俊峰就领着奇法武回到王府，安排好王府事务，又召集士官们开会，说她去归绥看病，要他们努力管好旗务。

在王府住了20余日，于1947年7月14日，奇俊峰领着奇法武坐上轿车，带着焦贵喜为首的24名护兵去包头。对奇俊峰母子的活动，郝游龙是了如指掌的，他在奇俊峰去包头的必经之地——乌兰计埋伏了一个连的兵力，以便乘机下手谋杀。当郝游龙看到焦贵喜等人都是百发百中的神枪手时，即未敢轻举妄动，便假意热情接待，让奇俊峰等人住在乌兰计郝游龙的家中。第二天清早刚吃完早饭，奇俊峰听到院子里有人高喊："缴枪不杀！"她走出门外，看见焦贵喜等人卧在地上准备开火。她不清楚出了什么事，连忙高声制止说："自己人不要动武，有话好好说！"这时郝游龙走过来说："误会！误会！请司令上车，我送你去包头。"奇俊峰的轿车刚出院门，焦贵喜等就被缴了械。郝游龙将奇俊峰母子转移到乌拉山德力格尔沟宝格岱庙，关在巴图巴雅尔的小院内。此时，奇俊峰已知郝游龙要下毒手，凶多吉少。趁混乱之际，她找了一个小喇嘛，让他赶快到包头给温永栋市长捎口信，请快来解救。温市长及时派包头市警备司令部参谋长温靖国去解决此事，温参谋长到了宝格岱庙，郝游龙装出一脸笑容说："其实没什么事，只不过发生了一些误会，一两天我就把奇司令护送到包头。"第二天温靖国就回包头了。郝游龙和额宝斋等人怕事有变，便在1947年7月20日的早上，趁奇俊峰出屋解手之时，指使凶手田小三朝奇俊峰背后连开两枪，奇当即倒地毙命。田小三又闯进屋里，从佛龛下拉出奇法武，不容分说，当头一枪将其打死。凶手田小三是郝游龙用带驹的骒马一匹、轿车两辆、现洋两千块雇用的。

著名的蒙旗女札萨克、女司令奇俊峰就这样惨遭杀害，被害时年仅32岁，奇法武才是10岁的孩子。

　　我到归绥后曾陪同姑母诺月朋两次求见董其武主席,我还陪母亲拜见荣祥总管,我也找过绥远省蒙旗福利委员会主任胡风山。但对这样一件轰动全省、骇人听闻的案件,竟无人过问,不了了之。胡风山曾透露:奇俊峰之死是有政治背景的。上面认为李隽卿是共产党,而奇俊峰重用李隽卿,因此,他无能为力。而杀害奇俊峰的凶手却个个飞黄腾达:郝游龙通过张庆恩的关系,被任命为乌拉特前旗保安司令;额宝斋买通蒙藏委员会和乌盟盟长,又任命阿木尔莎那为西公旗札萨克,他自己又重任大协理。他们掌权后,将原来的士官全部解职回家,而日伪时期的士官们又都上了台。

　　可是乌拉特前旗的人民,是非常怀念他们的女札萨克和小阿哥。在前旗广为流传着这样一首歌,歌词是:

　　松柏丛生的乌拉山哟,谁料到你会被烧尽。抗日八年的女英雄哟,竟遭到油葫芦的暗算。活蹦乱跳的小马驹哟,谁看了都喜欢。聪明过人的小阿哥哟,却被魔鬼夺去了生命。

　　郝游龙等一伙,虽然有后台为他们撑腰,但承受不了旗内外强大舆论的压力,迫不得已对奇俊峰母子的后事做出一些让步。把奇俊峰母子的尸体,从宝格岱庙南河槽中挖出来,迁至三印河头埋葬;赔偿牛、马、羊、骆驼,为诺月朋安排生活,并归还奇俊峰生前的头戴、黄金、现洋等钱物。血海深仇,岂能以金钱所移,姑母痛骂来人,一口回绝。1946年,奇安庆从成都中央军校毕业,回达拉特旗当了保安副司令,诺月朋不敢回西商居住。新中国成立后,西商不再给送钱送物,她的生活很清苦,后来搬到舍力图召西仓一间小屋居住,1950年四五月病逝。

沉重的怀念

我父亲为了推翻封建王公制度，建立民主政权而献出了生命；我二姐奇俊峰坚持民族大义，追求进步思想，最后也被特务杀害。他们都是为追求真理而死，每想起来，心中至为难过。但他们没有白死。新中国成立后，他们的正义之举已得到历史和世人所承认，他们可以安息了。尤其是郝游龙等人已受到人民的惩处，更可慰二姐于九泉之下。

在怀念之余，心情总有些沉重之感。在奇俊峰死后，郝游龙为了对付旗内外舆论指责，花重金买通了包头日报社的一个记者，在1947年10月发表连载小说，诬蔑奇俊峰与李隽卿"私通"，纵容李隽卿横行霸道，欺压群众，引起公愤，公推郝游龙处死奇俊峰母子。这本是恶意中伤，为郝游龙开脱，不足为奇。但是，新中国成立后，在一些同志所写的小说和史料中依然以讹传讹，有悖事实，使人深感遗憾。我和奇俊峰是同胞姐弟，对她的一生，了解最为翔实，写下这篇回忆文章，还历史本来面目，以慰二姐奇俊峰在天之灵。

震惊中外的永和金号惨案

严 农

在一个风和日丽的金秋，我走访了当年震惊中外的邵阳"永和金号惨案"的主要办案人之一的徐君虎先生。当时，他是邵阳县县长。他的职务，使他处在这件惨绝人寰的奇案的风浪尖上；他的正直，使他疾恶如仇，将脑袋揣在腰带上，和同人一起几经风险，终将这件奇案的真相大白于天下。

徐君虎今年已经 85 岁高龄，但仍精神矍铄，威风不减当年。这次他到邵阳，是以湖南省政协副主席的身份来视察工作的。下榻的宾馆正好离从前的永和金号不远。我一进他的住房，他就一眼认出了我。因为他与家父严怪愚是至交，我从小就在他家走动。

"徐伯伯，我这次是专门为采访当年的永和金号惨案而来的。"我知道他很忙，便开门见山地说明了来意。

"好。"徐老点了点头，"你给我的来信收到了，因而这次我特地给你带了很多当年我搜集的永和金号惨案的资料米。"说着，他敏捷地打开自己的黑色皮包，掏出一本大资料簿，指着几张发黄的旧报说："你先看看这几张当时的报纸。"我从徐老手中接过报纸，只见报纸的头版头条用醒目的大字标着：

下毒！

劫财！

杀人！

放火！

堂堂专员公署成为大匪窟！

离奇！

曲折！

残忍！

凄惨！

惶惶永和血案惨绝人寰！

这渗着血迹的大标题，立刻将人带进了那血雨腥风的年代。徐老指着这令人不寒而栗的大标题说："让下一代知道这一惨绝人寰的惨案，是有好处的。"

于是，徐老指着报上一张张惨不忍睹的照片，激动地给我讲起当年的永和金号惨案——

1947 年 5 月 4 日清晨，我按照往常的习惯，照例到邵阳古老的街头走走，刚出县政府门口，便听见一个人一面打着锣，一面狂喊着向县政府跑来，"起火了！起火了！永和金号起火了！"

我不顾一切地向永和金号跑去，只见永和金号的熊熊大火照红了半个邵阳古城。我立刻组织群众进行救火。不久，专员公署等各单位的人陆续赶到。一个首先进入永和金号的人向我报告道："我进入永和金号，发现第一进楼上睡着四个人，不省人事……"我说："赶快组织人进去将人抢救出来！"人们冲进火海将那四个人架着梯子从楼上救下来时，他们已经完全失去了知觉。

经过几个小时的努力，我们终于将火扑灭。我和大家一起踏着炽热的余烬进入永和金号后，只见前进铺屋里面，满地全是污水，营业厅空无一物，只有两架平时称金子的天平残缺不全地摆在柜台上。再往里走，便是客厅，就在客厅靠近贷房的旁边，一个被捅了十几刀的人躺在血泊里。再往里走，便是火场，火场中烟雾呛人。破砖烂瓦中，有一具散发着焦味的尸骸已烧成焦炭，四肢与头部已经没有，惨不忍睹。在后堂屋右侧耳房里，床上躺着一个中毒者，口中流着口沫酣睡如泥，工作房内也躺着中毒者。

大火扑灭以后，人们将客厅中被杀害的人抬到中山公园熙春亭。这时，邵阳地方法院首席检察官谢功预来了。我和他一起查明，被火烧死的人，是该店学徒金海水；被杀害的人，叫饶文清，是永和金店经理杨振华的内弟，在店中专管钱物。仔细检查他的尸体，只见他满身鲜血，鼻头被捅一刀、头顶及后脑六刀、右耳一刀、咽喉一刀、颈间四刀，共计 13 刀之多。检查完尸体后，我们又回到永和金号，这时，一位中毒者已经苏醒过来。我问他叫什么名字，他流着眼泪回答道："我叫鄢子和。"我说："请你讲一讲事情的经过，好吗？"他点了点头，下面，便是他讲述的这次惨案发生的经过。

"昨天晚上，我们永和金号关了门以后，不久，便传来了急促的敲门声。我们将门打开，来人进来后，将门反手关上，立刻从上衣口袋里掏出一张传票，传票上写着'将永和店员一齐带案'等杀气腾腾的字样，最后还盖了一个鲜红的大印，来人指了指传票，然后指了指自己，说道：'我叫傅德明，是湖南省第六区行政督察专员公署兼保安司令部机要秘书。今天，奉孙佐齐专员之命，到你店进行紧急搜查！'一个老店员吊着胆子轻声问道：'请问傅秘书，小店犯了什么过错？'傅德明嘿嘿一笑，说：'过错？说得倒轻巧。你们都知道，一个月前从你们永和金号捕去的店员陈汉章，现在押在我们专员公署。他现在已经招供，他本人是奸党，任邵阳的县委书记，县委就设在你们永和金号，你们这些人都是他的同党。'我们每个人都急忙分辩道：我们和陈汉章只是店员和店员之间的一般交情，没有什么深交。傅德明眼珠儿一转，说：口说无凭。我这里有一种美国进口的新药，叫'真丸'，谁吃了以后，都会讲真话。说着便从黑公文包里掏出一大包药，里面再分很多小包装着，每个小包上都写着'真丸'。我们心想，既然我们不是奸党，和奸党也尤什么联系，吃了就不会被带到专员公署像我们的同伴一样受折磨了，于是便都一一吃下了他送过来的'真丸'。送到金库保管饶文清面前时，傅德明说：'你从外地调到邵阳永和金号还只有四天，可以免吃。'我们吃了以后，便一个个昏睡过去，以后便什么也不知道了。"

根据店员鄢子和提供的情况，我们马上继续进行追查。在鄢子和床位不远，还躺着一个15岁左右的小店员，看样子，小店员中毒较轻，我们和鄢子和谈话时，他还能插上几句嘴。于是，我便坐在他床边和他攀谈道："小伙计，你叫什么啊？"他怀疑地望了望我，反问道："先生，您叫什么啊？"我摸着他的脑袋，答道："我叫徐君虎。"他立刻从床上爬起来，紧抓着我的手，说道："啊！您就是大名鼎鼎的'老虎县长'呀！我可遇着您了。我叫喻让贤，今年15岁，是去年才从江西老家到邵阳永和金号当学徒的。我妈才一个儿子，所以，专员公署那个叫傅德明的秘书叫我们全体店员吃'真丸'时我怕这是毒药，吃了便再也见不着我的妈妈了，于是我将这位傅秘书给我的八颗'真丸'只吞下两颗。趁他不注意，我又从舌头底下悄悄吐出六颗。你看，我这口袋里还保存一颗呢！"我听了以后，又惊又喜：这可是破这件特大凶杀案最重要的一条线索！于是，我连忙对身前这个泪流满面的小店员说："喻让贤，你把这颗'真丸'给我看看吧！"小店员又迟疑地望了望我，说："你真的是'老虎县长'吗？"我呵呵一笑，我带来的一个警察对小店员说："你看他长得多高多大，你说的那个专署的傅秘书，只有他这只大老虎才治得了呢！"最后，小店员终于从自己口袋里将这颗唯一剩下的"真丸"交给了我，我如获至宝，用一张纸小心翼翼地包了起来，将它放进自己的内衣口袋里。

当这个小学徒在哭泣着讲述自己的离奇遭遇时，邵阳专员公署的人也赶到现场，其中正好有几个店员一致谈到的专署秘书傅德明。小学徒喻让贤后面讲的这段话，他全部听到了。这时，他走上前，像抓一只小鸡一样狠狠抓住喻让贤，吼道："小杂种，你说什么？我枪毙你！"说着，便押着喻让贤往专员公署走。这时我走上前去，对傅德明说道："傅秘书，你将人带走，可以。但是，你必须保证他本人的绝对安全，听候调查处理。"傅德明连瞧也没瞧我，说："徐县长，难道我们专署办案，还要听你们县里的吗！"我寸步不让，说："此案发生在我们邵阳县境内，当然得听我们邵阳县的！"傅德明对已捆绑好的喻让贤说了声："走！"便掏出手枪，押着喻让贤往专署走去。待傅德明走后，我马上布置道："立刻将其他中毒的店员抬往普爱医院抢救！"并向警察局局长段一诚命令："马上派几名警察将伤员保护起来，未经我亲自同意，任何人不得接近伤员！"布置好以后，我立刻赶回县政府，向专员孙佐齐挂了电话，告诉他傅德明是永和金号惨案要犯，应立即予以扣押。但孙佐齐在电话中却威胁我："我看，这永和金号惨案是你们邵阳县政府的！"我放下电话，县政府几位同人力劝我不要搞了，说："孙佐齐是我们的顶头上司，他在邵阳势大力众，我们一个小小的县政府怎么能够斗得过他！"我斩钉截铁地说："砍了脑壳碗大的疤！不斗，我们对得起邵阳县百多万名老百姓吗！"说完，我便命警察局局长将驻扎在乡下的武装调进城来维护治安，以防情况发生万一。第二天，我便带着几个人并邀请县参议会会长谢煜涛到普爱医院去录取受害人的口供。受害人见我们态度诚恳办事公正，便打消了顾虑，将傅德明当晚犯罪的行为如实向我们揭露出来。我马上要县政府主任秘书写一详细情况。绕过邵阳专署，直接报湖南省政府，并寄往长沙各大报社。可是，此时邵阳邮局已被邵阳专署封锁，凡寄往省政府和长沙及全国各报社的信件稿件一律予以扣压。后来，我只得托一个比较可靠的司机悄悄将这份重要材料带至长沙，交给中央日报社社长段梦晖，段接此材料后，义愤填膺，立即在《中央日报》头版显著地位予以发表。顷刻间，全省舆论大哗，群情激愤。邵阳各界不顾孙佐齐的恫吓和高压，毅然成立了邵阳各界声援永和金号惨案委员会，并于 5 月 5 日召开了声援大会，我在会上发表一篇颇为激愤的演讲。我记得，当时的讲话有一段是这样的："自本案发生后，深感道德沦亡，人心叵测。这样的案子还不彻底严办，为民服务的官吏，那简直不是人而是禽兽了。现在我当着众人发誓：为了伸张正义，我个人可以不要命，不做官！"

会后，传来孙佐齐他们要将住在普爱医院的永和金号惨案的受害人转移到专员公署监护起来。为了防止孙佐齐、傅德明他们杀人灭口，我冒着较大的风险，下令将住在普爱医院的全体人员，全部转移到县政府我办公室隔壁一间屋子里，并派警察加以保护。第一天，我办公桌上就摆着一个刺眼的大信封，我拆开一看，五颗黄灿灿的子弹"哗"的一声从信封里砸在办公桌上。最后掉出一张纸条，我拿起一看，只见纸条上写着："事不关己何太劳，侬知休时真英豪，忠言不听防后悔，手枪炸弹助吾曹。"看后，我冷冷一笑，将纸条夹在公文卷里。不一会儿，几个在声援会发过言的知名人士不约而同地来到我的办公室，说他们也收到了同样的纸条。我知道，这是孙佐齐、傅德明他们在制造恐怖气氛，想逼我们退步。

针对这种情况，我和邵阳及湖南省各界人士向他们进行了针锋相对的斗争。在各界人士和新闻舆论的强大压力下，迫使公署不得不同意邵阳法院于5月10日开庭问案。在第一次传讯被害人时，孙佐齐竟敢明目张胆地指派傅德明到法庭陪审。傅德明有孙佐齐做后台，在法庭上竟然大声威胁训斥被害人，要他们"不要中奸党之计，胡乱咬人"。烧杀抢劫的现行杀人犯居然高居法堂，更激起了被告和群众的无比愤怒。法庭内外一致高呼："将杀人犯傅德明抓起来！"法院无可奈何，只得将傅德明拘留。傅德明入狱后，以为有专员孙佐齐为护身符，仍趾高气扬、神气十足，一口咬定这是因他在邵阳肃"奸党"过多而遭到暗算，并在《邵阳民报》上刊登启事："本人从事铲除奸匪工作遂为奸匪积怨，永和惨案，实其暗算成果。现自赴法院请求侦查，同时设法破案，为被害人雪恨，誓与奸匪奋斗到底！"孙佐齐及其党羽王雪非等在监外积极为其活动。5月12日中午王雪非为傅德明送饭，在饭中藏一纸条，纸条上写道："我们已替做了反诉书，控告六人（指永和金号惨案受害人）为被告，以便诉讼。"这说明，以孙佐齐为首的整个专员公署都动起来了。

针对专员公署的阴谋活动，作为下级的邵阳县政府，我决定不惜一切，把有关惨案的证据搜集起来，把事实一件件清清楚楚地摆在大众面前，揭露官匪的阴谋活动，以证实这件轰动全国的血案是专员公署集体所为。

为了查清"真丸"（即安眠药）的来源，我查找了很多医院和药店，均未查着。后来我查到一家叫中德药房的药店，其店主陈子庄已外出，他的妻子中云英听我说明来意，脸色突然变白，并始对所问一切均答"不晓得"。后经我再三开导，晓以利害。她才迫不得已地说："县长，请你老人家屋里坐。"

进入客厅后，她对我哭诉道："在惨案发生前一天的 5 月 2 日晚上，傅德明匆匆忙忙跑来找我的丈夫，说要买 100 片安眠药，证件明日送来。当时我店里无货，便从另外一个药店进了 100 片给他。第二天证件没送来，第三天早晨永和金号惨案便发生了。街上争相传说永和金号中毒较轻的小店员已经说出是傅德明搞的，并且吐出了一片药片。我们夫妇听到这个消息，坐卧不安，正想前去自首，可专署来了个带手枪的人说：'你若说出去枪毙了你！'吓得我丈夫躲到乡下，就留我一个妇道人家在这守店，县长大人，请你老人家明察，我们是无罪的呀！"说着，便向我跪了下来。

听完她的哭诉，我赶快将她扶起，说道："你不要害怕，只要你能在法庭上证实此事，你不但无罪，而且有功。"说着，我写了笔录，请她画了押，并从上衣口袋里抽出一张名片，在上面签上我的名字，交给了她，并答应派警察进驻他们药店，以保证他们药店的安全。

证据确凿，罪证如山。在广大民众怒不可遏的怒潮中，当局不得不同意开庭审判傅德明毒杀烧抢一案。正式开庭审讯前，湖南高院首席检察官汪廉首先个别审讯了傅德明。开始，傅德明在罪证面前，仍十分顽固，不肯坦白认罪。汪廉及邵阳地方法院院长陈振球、首席检察官谢功预等设计与傅德明唱了一出"隔壁戏"——汪廉先与傅德明个别谈话，然后退出傅德明的房间，与陈振球在傅德明隔壁的一个房间故意轻声议论道："听说傅德明还是一个独生子呢！""是呀！孙佐齐也太缺德了，你看他的检举材料，把一切罪过都推到傅德明身上，自己却一点干系也没有。""傅德明这是代人受罪呀！"汪廉他们的这些话，被隔壁的傅德明听得一清二楚。他听了以后，又悲又气，连忙对看门的狱警说道："请你们找汪廉来，我有话要讲。"狱警立即将汪廉他们请了过来。于是，傅德明便向他们讲述了他毒杀烧劫的全部经过：

"我和香港小姐曾静薇订了婚，近期准备结婚，急需一笔钱，这钱从哪儿来呢？邵阳这座山城，唯永和金号财势最大。我便看中了永和金号，想从这儿下手。我将这个意图向孙佐齐和王雪非进行了试探。孙佐齐说了句：'小心行事。'我知道他对这件事默认了。于是我便于5月3日深夜，带着专署的公函，以'肃查奸党'为名到永和金号，将永和金号店员鄂子和、喻让贤等八人先个别讯问，随后将他们集合一室，强令一起服'真丸'，实际为安眠药片，伪称可以甄别他们是否奸党。唯保管员饶文清因其管理金钱，便未让其服'真丸'，待八个店员药性发作昏迷不醒后，我便迫令饶文清至保管室，并谓保险柜内有奸党文件，强令其打开保险柜，在其用钥匙开柜之际，我从其后用一金号工作房铁锤向其头部猛击。饶文清立即晕倒在地。我立即从饶文清手上取下钥匙，打开保险柜，取出全部金器等。我恐饶未死，复又用利刀在饶头部、胸部猛砍数十刀，直到确认饶已完全断气。后来我又将保管室内煤油灯里的煤油倾倒在纸屑上，企图将店内吃了'真丸'的店员全部烧死，以杀人灭口。但因民众抢救及时，仅烧死店员金海水一人。"

听完傅德明的交代，我和汪廉等根据傅德明的交代，当机立断，立即组织人到专署二科科长王雪非房间里取赃。到了专署，孙佐齐竭力阻挠，喝道："你们这是有意栽赃陷害！"我同样怒道："这有傅德明的口供。"孙佐齐脑袋一歪："如果搜不出怎么办？"我针锋相对："如果搜出来怎么办？"孙佐齐做贼心虚，不得不低下了头。此时王雪非已吓得脸色煞白，还没等他反应过来，首席检察官谢功预已拿着傅德明交出的钥匙，直奔傅德明交代藏赃物的那个黑皮箱。只见黄灿灿的黄金照得满屋生辉，孙佐齐在一旁吓得冷汗直流。人们清点了一下，赃物计有：金钏10个，金龙3个，金飞机2个，金牌1块，金表1块，碎金1撮，共重26两1钱4分6厘，另有珍珠28颗，玛瑙10颗，银洋20元。我当即大声对孙佐齐说道："孙（佐齐）专员，这是从你专员公署起出的赃物，请您签个字吧！"孙佐齐吓得魂不附体，只得用抖颤的手在赃物清单上签了字。孙佐齐签完字，已经是5月21日清晨了。《邵阳民报》等这时都发出号外，标题是："世上奇事今太多，专署原来是匪窝""稀奇稀奇真稀奇，土匪原是孙佐齐""官匪果真一大群，赤膊上阵傅德明"。邵阳沸腾了！湖南沸腾了！全省、全国乃至海外一些著名的大报，都以头版头条报道了这一官匪惨案。

6月7日，公审开始了。消息传出，大街小巷，人们倾巢而出，沿途争看傅德明这个恶贯满盈的官匪。傅德明脚戴铁镣，走出县政府大门，见路旁有辆人力车，傅德明想雇车前去法庭。人力车夫狠狠向他脸上唾了一口唾沫，怒不可遏地说："呸，狗东西！你还想坐我的人力车！你就爬着到法庭去吧！"

当他被押进法庭时，全国各地云集邵阳的记者涌上来，"咔嚓""咔嚓"地抢拍镜头。人们愤怒地呼喊着"枪毙他！""绞死他！"并不断向傅德明扔着石头、果皮。公审完毕，傅德明审判时的狼狈照片，不几天便出现在全国各地报刊上。迫于社会舆论，湖南省政府不得不把孙佐齐交法院讯办。

经过各界两个月的努力和法院的侦讯，6月27日在邵阳地方法院宣判：傅德明判处死刑，孙佐齐、王雪非判处12年有期徒刑。

这一群以专员孙佐齐为首的官匪，毒杀烧抢，罪恶滔天，结果却仅判处傅德明一人死刑，而对孙佐齐等的宣判，则不过是遮人耳目。不到数月，有的保外就医，有的假释，有的复判减刑，一个个逍遥法外了。

对我这个邵阳县县长，湖南省政府是又恼又怕，孙佐齐和傅德明的党羽对我则恨得咬牙切齿。永和金号惨案发生不久，出于强大的舆论压力，湖南省政府当时还不敢将我怎么样，但孙佐齐和傅德明的党羽却几次组织人对我进行暗杀。一个多月后，湖南省政府下来一纸调令，将我调出邵阳。邵阳各界得知这个消息，立即多次派人去省政府挽留，并在省内各地报刊大造舆论，但都无济于事。最终，我还是被调出了邵阳……

白发苍苍的徐君虎老人指着永和金号的旧址，用深沉凝重的声音慢慢向我讲述完了永和金号惨案的旧事。最后，他用庄重的语气向我讲道："一个当官的，如果不时时刻刻想到老百姓，事事处处只想到自己，那么，他会什么事都干得出来的。"

望着永和金号惨案的旧址，徐老的话不断在我耳畔回响……

震惊中外的江亚轮沉没惨案

———

周当其

　　1948 年 12 月 3 日，一件中国航运史上空前的沉船事件发生在东海近海——招商局行驶沪甬线的江亚轮突然沉没了！其死事之惨烈，遇难人数之众多，在国际客运史上也是无前例的。美国苏尔泰那号于 1865 年 4 月 29 日在密西西比河爆炸，1450 人丧生；震惊世界的英国豪华客轮泰坦尼克号于 1912 年 4 月间作处女航时，在北大西洋触冰山沉没，1500 余人罹难。而江亚轮失事被难者竟达 3000 余人！

沉船实况

　　1948 年 11 月下旬，解放战争淮海战役即近尾声，国民党军队在江北已临土崩瓦解之势，使京沪一带局面转趋紧张，寓居在上海的宁波人，为安全起见，纷纷作回归故乡的打算，所以连日来沪甬航线上的旅客拥挤异常。

　　12 月 3 日下午 3 时半，江亚轮满载乘客自上海十六铺码头起碇驶向宁波。夜幕降临时，船已驶出吴淞口外。舱内有的在用膳，有的在闲谈；做妈妈的在为孩子入睡张罗着，上了年纪的开始闭目养神，机舱里传出汽缸活塞的往复声……

6时45分，江亚轮驶入了离吴淞口外30里许铜沙洋面（白龙港）时，突然轰隆一声震破海空的巨响，船身剧烈抖动起来，随即向左倾侧，电灯熄灭，海水迅速涌进舱内，急救汽笛仅仅拉响一声，船体就开始下沉。4000个惊慌失措的生命始知大祸临头，顿时一片号哭呼救之声，震撼天地。人们在拼命挣扎、奔突，寻找着一切可能的生机……三四分钟内，船体全部沉入水中。

乘客大多数在下面统舱，通往房舱和台甲的唯一通道是狭窄的扶梯。出事后，一时冲上来的人多，出口小，大家都在黑暗中摸索，把扶梯堵塞，无法攀上。老弱妇孺被挤倒践踏的不计其数。极少数侥幸挣扎上甲板的人，有的乱奔乱窜，有的拼命争夺救生圈，有的抓住木器箱笼、纷纷跳入海中。时值寒冬，跳入大海，不是淹死，就是冻死。

这时装着满舱小黄鱼的中国渔业公司渔轮华孚一号和华孚二号，刚好从花鸟岛渔场返航经过，听见一片喊救声，驶近一看，发现江亚轮沉没，仅烟囱和桅杆露出水面，海面上隐约漂浮着忽沉忽浮的人影，于是立即一面拍发急救信号，一面抢捞漂浮着的旅客。落水者见有救生船到来，便纷纷靠拢，奋力攀住船舷，瞬时两边布满了双手。只因渔轮小（50吨位），且已满载鱼鲜，经不起骤然额外载重，几乎翻沉。渔轮恐怕同归于尽，只搭救起28人便开足马力驶离铜沙洋面，直驶上海杨树浦码头。船员们看到救起的旅客全身湿透，寒冷发抖，多将自己换洗衣服与其换下。船靠岸后除一人因喝海水过多和受寒在中途死去外，其余各自狼狈回家。

之后，有一艘临海机帆船（由老板张翰廷押船），自沪南返装橘路经此处时，搭救了几百个落水者，折回上海；另有一艘机帆船装运橘子自南向北航行，经过江亚号出事处，抛掉了几十箱橘子，也救起了数十人；江静轮（与江亚轮对开的沪甬线客货轮）救起266人；金利元轮救起435人（部分人由沪定线茂利轮搭救载往定海）；其他船只救起若干人，合计约1000人。出事后至12月9日止，招商局登记失踪人数达3200余名，其中应扣除后来被救起的人数，所以死亡人数为3100人左右。

江亚轮原名兴亚丸，系日本东亚海运株式会社所有之铁壳客货轮，1939年在日本建造。抗战胜利后由招商局接收。该轮时速18.13海里，内装三联复式机二台，其舱位设备在招商局当时船甬中可算第一流。于1946年5月首航沪甬线。60年代初期，打捞沉船成功，收拾舱内尸骨合葬于上海。总吨位3363吨，净吨位1924吨，可容各等舱客位1236人，可载货2000吨。但实际客货每班都是大大超载的。12月3日出事那个班次，根据售出的客票数多达2207张，加上"黄鱼"——"黄鱼"或"扪黄鱼"系宁波、上海人土话，意指分外的获得——1000余人，船员和船员的亲戚朋友，总人数为4000上下，超过了正常客位数的三倍。

惨祸善后

江亚轮失事后的第二天，宁波旅沪同乡会鉴于江亚轮死难旅客中绝大多数为宁波六邑同乡，便立即组织成立"江亚惨案善后委员会"，处理罹难者的打捞、认领、安葬、赔偿等各项事务。会内设立打捞、治丧、保管、总务、法律、检查、纠察各组。由刘鸿生（招商局董事长、同乡会理事长）、黄延芳、俞佐庭等32人任委员。具体事务负责人黄振世、应斐章。会议议决认领尸体和遗物的手续以及其他各种办法。选定上海桃源路四明公所的空场地上为摊放尸体处，以便于被难家属认领。同月中旬宁波也成立了类似的组织，开展相应的善后工作。

遇难家属连日麇集沪、甬二地船埠和招商局门前，一时电信局电报业务猛增，超过平日十倍以上。街头人群焦急之状、号哭之声，不忍睹闻。

12 月 5 日下午 5 时，由招商局铁驳船二艘运到首批尸体 200 余具，在新开河招商局金利源码头上岸，转装卡车运至桃源路，由全副武装人员押送、监视。尸体运到空场后，搜寻尸身遗物，经过登记，依次摊放候领。

6 日早晨开始，桃源路上人潮汹涌，认尸和看热闹的人挤得水泄不通，路上但闻一片号啕之声。在领尸过程中，由于有具保手续，拖延时间，引起亲属不满，责难善后会。后由黄振世出面负责排难解纷，简化手续，使秩序好转。

过了认领关，来了抚恤关。难属提出要求，由善后会负责向招商局谈判，经过 30 余天的交涉仍无眉目，难属数百人忍无可忍，于 1949 年 2 月初，将治丧组存放的 40 余口空棺，抬到广东路外滩招商局的大门口和马路当中，难属中的妇女躺进空棺里，要求迅速解决抚恤问题。招商局方面却置之不理。善后会在上海市长吴国桢的牵线下与招商局谈判，提出从速发放抚恤费和立即惩办肇事船主。而招商局则认为沉船不是由于触礁、搁浅、锅炉爆炸等人为原因，是不可抗拒的飞来横祸，局方已经负担了打捞、衣棺以及其他开支，费用已属可观，无力再加负担。抚恤问题遂拖延不决，成为悬案。嗣后善后会只得召开被难家属会议。开会的那天，到会人数达三四千人，但在西藏路宁波旅沪同乡会门口遭到了警察局全副武装警察和便衣探特等人员的强横干涉，不准难属进入会场，以致激起群众愤怒，冲入会场，欲捣毁会所。经过会方解释、调停，初步研究了赔偿数额。可是上海时局日见紧张，市面混乱不堪，国民党各机关纷纷准备撤离，惨案善后问题就不了了之，招商局也一逃了事。被难家属呼号无门，束手无策。

沉没原因

江亚轮沉没原因，一时众说纷纭，各执一词，至今仍无定论。计有四说：一、锅炉爆炸；二、船内放置定时炸弹；三、国民党轰炸机炸弹掉落；四、触及漂雷。

先就实地视察和下水探索情况概述如下：

12月7日一些专家至江亚轮视察，推测爆炸点当在第三货舱后部右边，距离烟囱约90米（锅炉即在烟囱下面）。

12月9日招商局派潜水员下水，初步探索，作出这样的报告："裂口位置于右舷之后部，裂口之最前端起至第38根龙骨（即船体骨架）为止，长约20英尺（合6.1米），上则自护舷木起，向下伸展，其直径约8英尺（2.4米）。顶层甲板被毁甚重，裂口附近二层舱之甲板及主甲板亦毁去相当面积。裂口处之铁板，其上部向外翻出，唯其下端则又内凹约尺许。"局方根据这一报告，参证江亚轮建筑图样之位置，认为裂口与锅炉间距约18.3米，且隔一引擎室；裂口下端离船底约2.1米，离船尾约26米。

又一日本籍潜水员探摸报告书如下："炸裂损伤部分系右舷后部，炸裂位置在第三舱后甲板间舱，炸裂范围：甲、第三舱右舷及上层外板炸破；乙、第三后甲板间、货舱门附近一带向下突出；丙、一号加油房和四号加油房、三等客室右舷围壁及右舷走廊炸裂；丁、报务员室及无线电室炸裂，右舷围壁被炸凸出，走廊向上方炸开。"

12月10日另一潜水员负责人之报告如下："一、右舷第五货舱上之舱门向外；二、第二货舱处（即第50肋骨至52肋骨）铁板扭折，自枷木以后6英尺，有小洞，长约3英尺，宽2英寸许；三、自第52肋骨向前，铁板向内凹，约10英尺；四、第52至第68肋骨，即为下端破洞，长约32英尺，上端以枷木为标准，约35英尺；五、在第68肋骨处（即破洞之另一端），铁板呈锯形；六、倒煤屑之舱门向外；七、在第52肋骨至第68肋骨处之枷木以上房间全毁。"

另据善后会打捞组主任周启范称：轮上之无线电员尸体捞出后，身上炸烂处颇多，可知爆炸系船内发生。

根据以上报告及其他迹象，包括美国人葛来登、波士等14位航海轮机工程和验船专家之看法，认为前三种原因不成立。

锅炉爆炸说。江亚轮自建造迄沉没仅九年船龄，且自1946年5月间首航沪线以来之二年半时间里，曾经过二次停航修理，运行正常。出事后，与锅炉有关联之装置如烟囱及其周围各风筒、舢板吊杆、淡水柜、太平桶等全部完整无损，爆炸处距离烟囱甚远。

定时炸弹说。大家认为炸弹无如此巨大的威力，且无人闻到火药气味。

国民党飞机投弹说。说是因机械失灵误落炸弹。如飞机越过江亚轮上空，但无人听到飞机响声。此说出自招商局经理徐学禹之口，他说海军司令桂永清亲口对他说的。桂永清并非傻瓜，即使真有此事，岂会轻易承担3000条生命之重大责任。而徐站在招商局立场，可能故意危言耸听，显然是为了摆脱肩责而信口雌黄，嫁祸于人，不足为信。况且招商局董事长刘鸿生却未闻知此事。

这些原因被否定，于是推断为中漂雷所致。不论就其爆炸裂口形状、部位、大小来说，还是就当时出现漂雷的可能性来说，都可算作这种推断的佐证。抗日战争后期，盟军在中国海域投放了许多漂浮的水雷，如 1946 年 3 月间龙山海涂漂雷伤人，同年 11 月间定海渔民在洛华山以南、黄陇山北首获黑色长形水雷二枚。

江亚轮惨祸发生，时至今日已 37 载，其真相究属如何，还有待于有识者明断。

川岛芳子其人其事

冼 娟

观众挤破法院的公审

1945 年 10 月 11 日——日本天皇宣布无条件投降两个月后的这天深夜，国民党政府北平行营督察处在北平东四九条三十四号逮捕了蜚声一时的金璧辉——川岛芳子。

这件事立刻被当作特大新闻在北平的大小胡同里传开，各报也竞相发表消息。两年后，1947 年 10 月 15 日，国民党河北省高等法院首次开庭公开审理金璧辉汉奸案。开庭前一小时，院里院外已挤满了几千人。审讯中，人流不停涌进，法院的门窗玻璃几乎全被挤碎，门槛窗框也有不少被折毁；准备拍摄审讯实况电影的水银灯被挤碎；维持秩序的法警也被挤伤了几个；最后法官也钻到被告席中去了，审判长慌忙宣布休庭。第二天，审判就移到第一监狱中进行，除记者外，一概"谢绝"旁听。与此同时，各报又展开了一场报道这场审讯的竞争。

出现如此"轰动"的场面是当局始料不及的。那么，这个金璧辉——川岛芳子是什么人，居然引起社会各界如此关注？

扭曲着长大的清朝皇族后裔

金璧辉的身世要从清朝的真正开国皇帝清太宗皇太极说起。皇太极没有把王位传给长子豪格，只给他封了个和硕肃亲王。豪格一生征战，为清朝立下赫赫战功，曾在四川杀了明末农民起义著名领袖张献忠。但豪格生前几度被革去封号，最后被摄政王多尔衮冤死狱中。直到乾隆皇帝登基后才为豪格平反昭雪，其后人不但恢复了肃亲王的封号，还享受了世袭罔替的待遇。金璧辉就是第十代肃亲王善耆的第十四个女儿——十四格格，她生于1906年，名显玗。

末代肃亲王善耆于清末任民政部尚书、镶红旗汉军都统、军咨大臣等要职。清朝灭亡时，善耆是亲王中唯一拒绝在退位诏书上签字的，死后被废帝溥仪追封为"肃忠亲王"。善耆非常迷信日本的明治维新，主张在中国实行君主立宪，提倡洋务。在进行政治活动的过程中，善耆同日本浪人川岛浪速过从甚密，结为金兰之交，并为川岛向清帝奏请了二品官爵和大绶勋章。

受到善耆如此看重的川岛浪速又有什么背景呢？此人曾在日本外国语学校学过三年中文，通汉语。中日甲午战争时，他在日军中当翻译官。八国联军侵华时，他仍在日军中任翻译官，因为充当侵略军打开紫禁城门和以后西太后、光绪皇帝回北京时的中间交涉者，得到清廷信任。1906年，光绪帝命令民政部在北京创办高等巡警学堂，准备组建中国的警察部队。川岛浪速被聘为巡警学堂的总监和编练警察的警政顾问。以后川岛又建议清政府设立了工巡局。而工巡局的管理巡抚大臣就是肃亲王善耆，两人的关系就这样一步步密切起来。

辛亥革命后，日本部分陆军军大和以川岛浪速为核心的大陆浪人认为把内蒙古和东北三省从中国分裂出去的时机到了，加紧推行所谓"满蒙独立计划"，急于在中国找一个代理人。善耆正是一心复辟大清帝国这样一种势力的中坚代表人物。两种势力不谋而合，日本的帝国主义势力将善耆视若珍宝，对之关怀备至。1912 年年初，在日本关东军都督福岛安正大将的密谋策划下，善耆一家 100 多口人先后住到川岛浪速在北京的家中，旋转至天津，又潜到秦皇岛，从那里乘日本军舰"千代田"号到达旅顺。说来汗颜，"千代田"号原本是甲午战争时被日军俘获的中国军舰"镇远"号。

到旅顺后，日本驻旅顺关东军都督府把坐落在新市街太阳沟帝俄时代遗留下来的两幢大楼送给善耆住，并将大连西岗子一带 36 万多平方米的一大块地方无偿拨给善耆使用。接着，川岛浪速便迫不及待地把善耆介绍给日本民政党的总裁大隈重信。在日本军方和黑龙会的支持下，善耆等人组织了宗社党，图谋建立所谓"满蒙王国"。宗社党所需的大笔经费由日方提供，当然不是无偿的。1916 年，大隈重信上台作日本首相的第三年，日本军方动员大财阀大仓喜八郎借贷给宗社党 100 万日元，善耆以吉林、奉天两省的森林采伐权益作为担保。双方谈判前出了一点儿小故障。日本内阁认为被善耆指定为谈判代表的川岛浪速在日本的正式职务不过是一个三等翻译官，社会地位太低，不屑与之谈判。善耆决定把自己的第 14 个女儿显玗送给川岛，让川岛成为中国亲王的亲戚，以加重一点儿川岛的分量。十分重视血统的川岛本无子女，能过继中国皇族血统为后代，自然非常感激，表示想要一个"王子"。但清朝皇族的男子只能过继给本国皇族，川岛只好接收显玗为义女。川岛浪速给显玗起名良子。良子在日语中与芳子同音，川岛良子被人讹称为川岛芳子，以后便以川岛芳子闻名于世。伪满洲国成立后，川岛芳子随哥哥金壁东起名金壁辉，不知从何时起，她的签名都改为金璧辉了。

直到溥仪时代，肃亲王在奉天、河北、察哈尔、热河等省的领地仍有日本的四国岛两倍之大，仅地租收入每年即达两万多两白银。可以想象，作为格格，显玗成人后将有何等显耀、何等尊荣的地位。但辛亥革命使这位亲王之女从小就经历离乱之苦，失去了皇族可以得到的一切特殊待遇。因而川岛芳子仇恨中华民国，对两位父亲复辟清朝的活动都非常关切和理解。芳子从六岁就跟着川岛浪速，养父的家庭环境和家教对她世界观的形成更起了决定性的影响。当时以及后来成为日本军界、政界重要人物的头山满、大隈重信、东条英机、近卫文麿、小矶国昭、福岛安正、本庄繁等人经常出入川岛浪速家，这些政客、浪人、军阀当着中国人也说一些帮助复兴清朝的话，实际上则在策划如何先夺取东北，然后一步步蚕食中国。又加川岛浪速从来都把芳子当成男孩子培养，这一切使川岛芳子形成了仇恨中华民国，一心复辟清朝，彻底依赖日本、为日本服务的复杂思想体系。也使人很难分清楚，她的活动哪些是为复辟出力，哪些是为日本帝国主义势力效劳。

川岛浪速本性是个流氓，为人寡廉鲜耻，毫无信义可言。肃亲王府第在八国联军进北京时被日本焚毁，辛亥革命后日本政府为更好地利用善耆，答应赔款 70 万日元。川岛浪速以肃亲王代理人的名义将这笔款子提出，没多久就挥霍一空；同时把善耆的家政搞得一塌糊涂，使善耆家破了产。芳子日渐成人，川岛浪速先是不准她同男子交往，继而提出要将芳子纳妾，并且连续几年纠缠不休；养母又迁怒于芳子，终日冷若冰霜。这时芳子才十五六岁，精神受到极大刺激，曾开枪自杀，但未死成。伤愈后，芳子开始变得狂放不羁，终于在 18 岁时剪了头发，改换为男装男语（日本男、女用语不同）。川岛芳子从小失去家庭温暖，饱经离乱，周围的人多是些政客、浪人，养父又是一个地地道道的衣冠禽兽，种种因素，使她形成了怪异的性格和变态心理。

1927 年，川岛芳子终于同川岛浪速决裂，回到中国，在北京居住。这年秋天，芳子在大连的三姐显珊，对刚从日本回来的甘珠尔扎布说："现在用不着川岛浪速允许了，你有没有同芳子结为秦晋之好的意思？"说起来，这两家还是世交、姻亲。甘珠尔扎布的父亲巴布扎布是内蒙古的一个将军，也是搞"满蒙独立"的狂热分子，与善者互换儿子作为人质，以后进一步结为儿女亲家。甘珠尔扎布在日本念书时就同川岛芳子要好，自然非常高兴。两人于 1927 年年底在旅顺大和旅馆结了婚。婚后的川岛芳子过了一段比较安定的生活。但她一直没有生孩子，这是封建王公家族最不能容忍的一件事，她自己已很苦恼，婆母和大小姑子还经常冷言冷语。芳子在日本多年，习惯于议论政治和社交公开的生活方式，感到在这样一个家庭里很受压抑，不能实现自己的抱负。1929 年秋冬的一天，她给丈夫留下一封信，只身出走了。其实她并未走远，就隐居在旅大市。孤身住了一些时候，不见甘珠尔扎布来找她，川岛芳子终于对家庭绝望，去日本投奔哥哥去了。1931 年秋，她从日本回中国，回丈夫家住了几天，两人便彻底分手。以后川岛芳子终生再未结婚。

1931 年冬，川岛芳子在上海结识了日本陆军驻上海的特务机关长田中隆吉，这可能是她失足当特务的开始。

空前绝后的审判

金璧辉被捕后，被国民党河北省高等法院判处死刑，该省第一监狱百余名女犯曾联名上书，要求法院赦免其死罪。书云："金璧辉虽经政府认为汉奸之罪人，对其他汉奸如何不来同样法律程序？……民等决信彼不是卖国之奴，不想法院竟（以）无证据之流言而判其死刑，这是否有当？……"国民党当局调查了两年，在法庭上仍提不出一个人证，也拿不出一件过硬的物证，甚至连她的真实年龄都搞不清楚，那些法官推事们反而常常被她驳得瞠目结舌，引起哄堂大笑。请看汇集几次庭审整理的部分记录（有删节）：

检察官：……被告既为皇室遗族，自然有恢复爱新觉罗帝国之企图。被告自幼受日本之侵略教育，实已具备背叛国家之可能性。……伊年已30余岁，迟迟不肯结婚，又与日本皇室有密切关系，由是观之，已然具备做间谍之完美条件。金璧辉不是汉奸间谍，谁是汉奸间谍？

金犯：不错，我是在日本长大的，那是父亲把我送给日本人的。我是中国血统，日本籍。检察官凭哪一条说我是汉奸？谁看见我做间谍了？我破坏过什么？法官您不能用小说和报纸定我的罪。您调查了两年，难道还没调查清楚吗？法官您不能随便裁判人民。

法官：《男装丽人》是描写你的吧？

金犯：那本书是"九一八"事变以前出的。那会儿我不在中国，怎么能来当间谍？您买一本仔细读读吧？书上还说宋美龄被人刺死，人家现在是蒋主席的一品夫人，哪有的事啊！谣言太多，我这官司没法儿打了。（听众笑）

法官：石原莞尔、板垣征四郎、本庄繁发动"九一八"事变，这样机密的事，你如何能知道？

金犯：这事报纸上都登过，不但我知道，任何人都能知道。在南京（到审判日本战犯的法庭做证）时，国防部周处长叫我为国家帮忙，把日本发动"九一八"事变的秘史多写几句。我就给他一本日文书，书上写得很详细。（我知道的）材料还是从书报上得来的。

法官：你认识头山满吗？

金犯：认识。我日本义父和他是盟兄弟。蒋主席求学时住在头山满家，抗战时头山满过生日，蒋主席还寄书夫（祝贺）呢！我认识头山满

有罪吗？（听众议论）

法官：你到齐齐哈尔要苏炳文、马占山投降，而且曾经自己驾驶飞机，跳伞下来受过伤吗？

金犯：没有的事！说我开飞机去劝降，而且是跳伞下去的，我跳伞以后那飞机给谁呀？（听众大笑）眼下苏、马二位将军都活得挺结实，法官去调查就清楚了。

法官：民国30年汪精卫访日，你曾与汪在头山满家晤面。你问汪是否与蒋主席有所谓曲线救国之秘约？汪未答复，只说再谈。后来你便向日本军方报告说汪与蒋并无秘密联络。你承认这个事实吗？

金犯：我没见过汪精卫。您可以问在狱中的汪太太陈璧君。蒋主席有没有勾结汉奸他自己心里明白。今天他不是也出庭了吗？您去问他得了。

（法官四顾，不得其解，金乃用手指蒋介石的画像，法官才知受到耍弄。）

法官：住口！不许你蔑视法庭。不许污辱蒋主席。

金犯：是你法官问，我才说的。咱们今天当着蒋主席的面把话说清楚。他和汪精卫的事他最清楚，我不知道。您为什么每次过堂都要问我？您何必叫我这个"汉奸"来证明蒋主席没勾结汉奸呢？

律师辩护说：检察官起诉书所列罪状，令人遗憾，在法律上不能成立。因为，检察官既然提不出证据，就谈不上起诉，审判定案更无从谈起。

最后金犯说：日本投降后，友人劝我回日本去，我自认为一个中国人，就没回去。我没想到对我这样，照这样往后谁还敢爱国呀？假如日本人再打回来，我一定跟您一块儿跑到大后方去，临了还闹个抗战有功，多体面。……

总之，金璧辉在法庭上否认了所有对她的指控。

综上所述，似乎当局没有确凿的证据证明金璧辉是汉奸、特务，而局外人又提出一些旁证，证明金璧辉确曾从日本宪兵手中救出过一些中国人。那么，金璧辉到底是怎样一个人呢？

"金司令"的庐山真面目

根据一些曾接触过金璧辉的人提供的材料，可以说，无论她的国籍定为中国还是定为日本，不管她的主观动机是什么，她确实参与过危害中华民族利益的活动，而且这些活动是她一生主要的政治活动。

金璧辉最初最基本的政治抱负是复兴大清帝国，由于她所处的环境和日本对华的侵略野心，她的复辟活动又是和为日本帝国主义效劳、出卖中华民族利益密不可分的。

1931 年，川岛芳子在上海同日本陆军驻上海的特务机关长田中隆吉相识并姘居。这时正值"九一八"事变后，日本关东军的坂垣征四郎曾将田中召至长春，指示他："日本政府怕国际联盟指责干涉（按：指干涉中国内政），害胆小病，阻碍了关东军全盘计划的顺利进展。但无论如何明年春天必须使满洲独立。目前已派土肥原大佐到天津去，正着手把溥仪从天津弄出来。你的任务是制造一个特殊事件，借以分散国际方面的视线，促使满洲独立如期实现。"同时又命令田中放川岛芳子到东北领受新任务。

田中将领到的经费交给川岛芳子，令其收买中国流氓袭击日本僧侣。挑起事端后，早已得到田中指示的"日本青年同志会"立即发难，捣毁三友实业社，与中国警察发生冲突。之后，日军向十九路军大举炮击，终于酿成"一·二八"事变。

在此之后，坂垣派川岛芳子的哥哥宪立去上海把芳子接到大连，让她在溥仪脱身后把"皇后"婉容接到"满洲"。川岛芳子施计将婉容送到了大连。这两件事加重了川岛芳子在日本陆军眼中的分量。

川岛芳子从上海到东北后，拜后来成了伪满洲国军政部最高顾问的多田骏为"干爹"。多田骏、板垣征四郎、土肥原贤二与汉奸郑孝胥、熙洽、金璧东等人常到长春"满洲屋"旅馆商量伪满洲国的组成及人选。住在这家旅馆，并同多田骏有着不可告人关系的川岛芳子自然是参与其事的。所以，1932年3月"满洲国"正式成立后，川岛芳子俨然以开国元勋自居。

伪满洲国成立后，川岛芳子向多田骏要官做。多田便把"归顺"满洲国的张宗昌旧部几千人拨给她组织定国军，还委任她为定国军司令（金璧辉的名字就是这时起的）。从这时起金璧辉就经常穿着佩大将军衔的军服、马靴，要求别人称呼她"金司令"。这个名字传播甚广，一直到被捕，仍有许多人称她"金司令"。

当时有些张学良旧部和群众武装在东北自发地进行反满抗日活动，关东军司令部如芒在背，要求多田骏着速"解决"。多田一面出兵"扫荡"，一面组织汉奸"劝降"。金璧辉参加了对苏炳文的"劝降"活动，为了达到目的，她将苏的小女儿弄到自己家做人质，起名彼得，令其着男装，称金为"爸爸"。

伪满洲国的成立远远未达到日本帝国主义的侵略目的，关东军很快借口一名官吏失踪，出兵讨伐热河省，接着日本政府便发表声明，说"热河省为满洲国领土"。日军占领朝阳市后，金璧辉身着日军大将服，腰挎手枪出现在街市上，并拜访了日本占领军负责人，拿出定国军司令委任状和多田骏的亲笔信，要求拨款20万元作为"宣抚工作费"。她每到一地便用这种方式向当地驻军、商会征收军费，以弥补定国军军费的不足。

定国军的底子本是些散兵游勇土匪之流，纯系乌合之众，军纪极坏，毫无战斗力，完全不能起到日军组织它时期望的作用，被日军视为"马贼"。后来，定国军的部分人占山为王，不听日本人调遣，被日军驱散。金璧辉的"司令"也做不成了。可能就是从这时开始，金璧辉同日本军方之间有了嫌隙。那时，常有人向金送礼，求她保出被日本宪兵无故逮捕的中国人。金仗着自己的社会关系，蛮横地向宪兵队要人，还曾动手打过宪兵队的人，引起日本军方不满。1934 年，在与日本宪兵发生了一次较大的冲突之后，金璧辉被押回日本。1936 年，她潜回天津，住在日租界石山街的石公馆中。后来，她向别人透露，这次回国曾化名王梅，打算谋刺马占山将军，但未得手。"七七"事变后，金璧辉将天津的东兴楼饭庄攫为己有，当起经理来了。这时，她在北京也找了房子，来往于平津之间，与潘复、石友三等人合谋策划成立华北伪政权，并为日军收集情报。

抗日战争的前几年，金璧辉在华北可以说是很有势力的人物。日本驻华北派遣军司令多田骏、驻华中最高指挥官畑俊六、驻上海海军特务机关长儿玉誉志夫、关东军参谋长笠原竹雄等人都与她有来往。连素以严肃军人著称的冈村宁次到华北就任时，也马上给金璧辉打电话致意。当年华北最大的汉奸王克敏对她毕恭毕敬到可笑的程度，她去王那儿可以长驱直入，而王要见她时得事先通知，得允许方能前往。由于金璧辉的特殊地位，许多汉奸都投到她门下要官做。

关于金璧辉是否为日本间谍，到目前为止还未见到确凿证据。但有许多迹象说明，她确曾为日本收集过情报。据一位 1933 年做过金璧辉副官的人回忆，那时金有 40 多名"副官"，每人各有自己的任务。金的卧室里有面镜子正对房门，有人开门时，照相机即会自动摄下镜中的影像。她还有无声手枪、戒指照相机等当时罕见的特务专用品。还有人亲眼见她把经济情报交到日军手中。

曾经有一段时间，金璧辉在北平有多处房舍，来往的人员极多。北平花园饭店几乎成了她的私人招待所，经常在那里请客、开舞会，开支非常惊人。她哪里来的钱呢？据说主要来源有三：日寇侵华派遣军支给的机密费、日本飞机大王中岛知久平支给的补贴和汪精卫伪政权的经济顾问小仓正恒支给的特别费。没有某种条件或交换，日本人不会白白供养金璧辉的。

金璧辉的卧室里挂过一张白金框装镶的照片，上面一男一女，似一对年轻夫妇。其实"男"的就是金璧辉，女的是日本血统、日本籍的伪满映画协会的电影明星李香兰。李香兰是一名高级特务，专门在伪满上层人士和文艺界中活动，收集情报，了解动态，直接向关东军报导部汇报。日寇投降后，国民党装聋作哑，使李香兰得以以日本普通侨民身份遣返日本，成了"圣战"的"功臣"。

在现存敌伪档案中也有金璧辉接受日本军方指令进行活动的记录。如1936年，日军曾准备进攻北平，事先"急令金璧辉将前所联络之匪部秘密潜入北平暴动或焚毁日本洋行、击杀鲜人以便日本借口保侨戡乱进兵北平，如北平防范严密不得下手时可先由邻近各县发动"。金璧辉接受命令后向手下土匪布置任务，但土匪头子因代价太低当时未答应。

应说明一下，到目前为止，笔者所见到的这类资料均为1936年之前的。

金璧辉一生极好虚荣，爱出风头，生活糜烂，是报纸杂志上的新闻人物。不论政界、军界、文艺界、工商界，只要是名人，她都设法结交；不惜拜干爹、认干儿来扩大她的势力范围；甚至自己花钱订购贵重的礼物，题刻上"××将军（或××皇族）赠送金司令"的字样，借以抬高身价。逢到金璧辉或川岛浪速的生日，她都要邀请各界名流，开舞会、摆筵席、包戏院，闹它几天。总之一句话，金璧辉时刻不忘自己的"皇族血统"，时刻不忘炫耀自己的门第、势力、财富；哪怕在她已经没落了之后，仍以"炫耀"来保护自己。

无人庇护的可悲下场

从金璧辉的主要政治活动来看，她是伪满洲国的积极赞助者并参与部分活动，在日本帝国主义侵华的过程中，她也做了危害中华民族利益的事情。国民党政府有权审判她的罪行。但是人们不禁要问，为什么那些比金璧辉罪恶大得多的日本战犯，如冈村宁次、源泉福等都被无罪开释，成了国民党的座上客，与她同罪的李香兰也被悄悄送回日本，只有她被日本弃之不顾，国民党也单单选中她大肆公审宣判？这当然是有原因的。

金璧辉最初听从日本军方的指令，是为了复兴她的清帝国，及至满洲国建立之后，看清日本的真正意图后，她有些不满了，曾说过："我曾想，如果所有的满族人都能愉快地投入重建自己的国家时，那我就可以自杀，再没有什么愿望了。总算是建立了满洲国，好像是我的理想已经实现，其实它和我期待的相距太远。我一个人的力量又无可奈何。""什么满洲国，日本人说的似乎条条有理，但实际上却是日本的殖民地。""90%的满洲国民，对现在的所谓满洲国冷眼相看，怀有强烈的反感。一旦事件发生，满洲国一定要垮台。"

1934年，金璧辉在北平与日本宪兵发生冲突被押回日本。在日本期间，她把一个叫伊东米二的人留住在家里，两人时常到关西一带巡回讲演。他们具体干了些什么尚不清楚，但从后来伊东被捕，金也被限制在福冈、九州，不能进东京来看，他们的活动是有碍于日本政府的政策的。在日本的两年中，曾有人怀疑金璧辉是中国的间谍。

但是金璧辉毕竟是在日本长大的，与日本政治有着千丝万缕的联系，她一个人无力自拔，1936年又回中国来进行了特务活动。与此同时，她也应一些中国人的请求从日本宪兵手下救出过中国人。还有人说，她同军统、中统都有关系，也帮他们做过事。

金璧辉的一生，除了对祖国犯下的罪行历历在案以外，什么也没得到。她明白自己命运的可悲，曾向人说："社会舆论说我和东条英机、近卫文麿、松冈洋右等人关系密切，在建立汪精卫政权方面也立了一大功。其实，我的本心除了使满洲取得真正意义上的独立以外，再没有什么了……而我得到的又是什么呢？父亲肃亲王赍志而殁，我也是毫无成就。"后来，金璧辉一想到过去就陷入忧郁之中，有时甚至近于癫狂，终于染上吸毒的嗜好，胳膊、大腿上满是打吗啡的针眼。

日本人对于金璧辉的动向当然是了如指掌的，曾多次给以警告。大约是1940年，天津某报突然出了一张"号外"，说金璧辉被暴徒狙击，性命危笃。这无疑是更加严厉的警告。关系一度紧张至此，日本人也不再管她的死活，自是情理中的事。

对于国民党，金璧辉从来就没有好感。汪精卫在南京组织伪政权时，金璧东曾去谋官做。金璧辉对别人说："七哥真没骨气，居然跑到南京去见汪精卫求差事做。虽然王爷救过他（指汪精卫谋刺摄政王未遂被捕，肃亲王善耆力主将他放出的事），他应当报答救命之恩。可咱们决不能向他乞求差事。大清国就是他们这帮国民党给推倒的，咱们跟他们势不两立。我若是七哥，才不去呢！"所以，国民党对她颇不放心。抗战最后几年，金璧辉同日本人已无实质性往来，军统局仍派人打入她家做佣人，对她严密监视。这时，金常在家里大骂国民党把大好河山拱手送给日本人，这一点从金在法庭上的发言可以证实："蒋介石国民政府，抵挡不住日本的侵略，先逃跑到中国的大后方。……把抛弃人民逃跑的政治家当作国家栋梁，那么，将来一旦发生类似情况，我就抢先同蒋主席一起逃跑，让敌人看着我们的脊梁骨……当官的首先抛弃人民自己跑掉，把祖国的土地白白地送给敌人，等到战争结束后又乱哄哄地争先恐后从后方坐飞机回来……到处接收，侵吞国家财产，大发其财。……"在国民党看来，这样的言论，无异受了共产党的"煽动"，是绝对不能容忍的，这比金璧辉当初为"满洲国"奔忙，为日本人出力还要可恶。

其实，国民党政府也掌握着一部分证据，但是不敢全拿上公审法庭，因为他们同金璧辉之流本来就是你中有我，我中有你。万一撕破了口子，金璧辉不管不顾地什么都说出来，岂不就更麻烦了?!

替身之谜

1947年10月22日，金璧辉被判处死刑，于1948年3月25日执行。

金璧辉被处决后，出现了好几种流言，都说她没死，是别人替死的。国民党为此大伤脑筋，但流言出现的责任还应归咎于国民党当局。因为处决金璧辉时，河北省第一监狱不放中国记者进去，只准两名美国记者入内观看。中国记者们顿时大哗，吵得监狱当局无法收场，不得不在行刑后放大家进去。这时，金璧辉的尸体已装在一具薄木板匣子内，子弹从前额穿出，面部有血污，但仍能认出确是金璧辉。

记者们从第一监狱出来，到了中央通讯社。大家都很气愤当局对外国人卑躬屈节，表示：既不让我们看现场，就不发表法院公布的新闻，也不发金璧辉确死的消息。为统一口径，大家公推一位记者起草新闻稿。新闻稿揭露了监狱当局对中、美记者的不同态度，并说：记者曾参观金璧辉尸身，但该尸血肉模糊，不能辨识。中央社把这条新闻涉外部分几乎全删去了，但仍发了这篇新闻稿。这样，就在社会上引起了疑问。种种流言皆出于此。

此外，金璧辉的尸身是日本僧人古川大航认领去的。后来古川说："当尸体运到火葬场时，用酒精洗清血迹，确实认定是川岛芳子后才火化的。"看来，金璧辉确已死去。

旧中国最大的伪科学新闻

——"杨妹不食"神话的破灭

———

贺家宝

旧中国新闻媒体在报道形形色色的社会新闻时，出现一两条伪科学新闻是司空见惯的，反正信不信由你，不理会它也就算了。然而，1948年各地报纸、通讯社炒作的"杨妹九年不食，生活如常"的奇闻，涉及报纸之多、连续报道时间之长、给人留下印象之深都是空前的。在中国新闻史上，可以说是影响最大、最具典型意义的一则伪科学新闻了。

四川一杨姓农家女被谣传为"不食仙子"

杨妹，是四川省石柱县桥头坝村一位农家女。自幼家境贫寒，父母双亡，寄养在伯父家，为伯父割草、放羊。小时她和常人没有两样，是怎样变成一个"不食"怪人的呢？当地报纸是这样报道的：

十年前，杨妹曾患胸口痛，并不甚剧，彼仍能撑持日常工作，约二月之久，痛渐愈，但自此即不思饮食，不知饥饱为何事……家人及邻居等相与传趣，但久后习以为常亦不为人注意也。除此之外未患其他疾病，偶而喝水，但以天然矿泉最为合宜。

"杨妹不食"的故事在传播中又有人添枝加叶，把它说得神乎其神，并说她"九年不吃饭，照样活着"。1947年，石柱县有位白县长，听说后感到惊奇，把杨妹招至县府，观察三天，信以为真，认其为义女。贫苦的杨妹连个名字都没有，白县长给她起名叫"白生"。

这位"不食仙子"是怎样来到重庆的呢？原来杨妹的一位远房亲戚、时任重庆国立女子师范学院事务主任的卓松岱听说此事，十分惊异，就托人把杨妹接到他家居住。杨妹的远房婶妈杨佘德玉是石柱县参议员，曾和白县长一道观察过杨妹，还邀请了她的舅母张老太太一道观察。张老太太是卓松岱的岳母。卓松岱就凭着这种关系做了杨妹的监护人。卓松岱向外宣扬"杨妹不食"故事时还说："杨妹曾经与人订过两次婚，都因对方听说她不吃饭，把她视为奇人而退了婚。"这一细节，更易使人信其不食为真了。

上海《申报》炒作奇闻　粮荒声中引人注目

仅流传于西南一隅的这一奇闻是怎样轰动全国的呢？首先是上海行销全国颇具影响的《申报》，在1948年4月就披露了由记者魏雪珍写的"杨妹九年不食"的奇闻。还加了一个带有导向性的编者按。按语说：

这是一桩轰动山城的奇事，同时是一个值得研究的生理现象。记者魏雪珍先生所报道的只是一个不吃东西的证物，可并不是编造什么骗人的谎话。其中所提出的问题，必须让生理学家、医学家或科学家展开他们的研究。

这条消息发自国统区粮荒十分严重的时候，又出自一家大报，自然引人注目。那时国民党为了打内战，大量搜刮民财，闹得生产凋敝，又加贪官中饱私囊、奸商囤积居奇，以致物价像断了线的风筝直线上升。在这样的大背景下，《申报》炒作"不吃饭也能活着"的新闻，其影响不言而喻。正如《申报》副刊"自由谈"上一篇《注意杨妹》文章里得意扬扬地说的："如果人类都如杨妹一样终年不食，则土地改革或土地革命均将失其论据，农业农政将失其重要。"

卫生局局长很感兴趣观察研究"不食"问题

当时，重庆市卫生局局长李之郁对"人不吃饭能活着"的媒体炒作深感兴趣，竟然决定要对杨妹进行观察和研究。这在中外卫生事业史上可以说是绝无仅有的。各地报纸、通讯社、广播电台有了这一"新闻根据"，自然就更加广泛地连续报道起来。

重庆市卫生局从1948年5月10日到月底，对"杨妹不食"的三周视察，是媒体炒作这一伪科学新闻的最热闹的阶段。

卫生局长李之郁竭力表明这次视察是"科学的""合乎情理的""依法办事的"。据报载李之郁在向外界解释这件事时是这样说的：

最初见报载杨妹不食我们很不相信，以为有人借此招摇。后来调查，其监护人卓松岱是个很纯正的人，绝无任何意图。恰巧卓先生来局商洽视察，后来就签订了一个简单的合同。视察工作由卫生局、市民医院、中正医院负责办理。时间由5月10日到月底。我们的目的是要证明她究竟吃不吃，要确定了这一点才能说进一步研究。又因杨妹是一个有情感、有灵性的活人，不能用实验室那种办法来检验她。她有人权、有自由，未得她的同意，我们也不能做其他检查。她是一个乡下人，以为检查就是要剖肚皮，心里非常恐惧，所以我们的视察方法首先要由护士小姐与她联络感情，一切听其自由，她要到哪里玩就陪她到哪里玩，同时日夜暗暗监视她。

护士小姐昼夜陪伴　杨森市长视为"国宝"

护士小姐和杨妹住在一起，昼夜观察，并做记录。十天后又增加了夜班护士，每天日夜两班，做记录两次，然后送卫生局整理发表。到5月底由卫生局发布了一个长达万言的《杨妹不食观察记详》。

且看5月10日第一天的情况：

本局派员及监护人八时专车前往九龙坡卓松岱公馆迎接杨妹，十时许，随同杨妹及其监护人同车返卫生局，经双方签订公约后，即同午餐，杨妹亦同座，未吃任何饮食，并无饥饿表情。午后二时同杨妹及其监护人张老太太、佘太太、冉小姐步行到市民医院女职员宿舍，约半华里路程。杨妹双手各提布包一个，约计五磅。经检查内系日用换洗衣物，计：蓝色短线衣一件、蓝布衫一件、阴丹布衫一件、花粉布衣一件、汗衣二件、裤子二条、袜子三双、毛巾一条、牙刷一把、梳子一把、白线数十根、针一个，并无任何食物。身穿衣包内有法币七万元及顶针一个。五时乘车到杨市长公馆。杨妹一一答复市长各项问题。十余分钟后，乃乘车返舍。本日虽经途中往返辛苦，杨妹毫无疲劳状态，精神愉快，唯说话不多，大概环境不熟缘故。全日未进任何饮食，无大小便。9时入睡。与杨妹同寝室者共计四人：二位监护人，一位监视人。

被派到杨妹身边的护士小姐，渐渐和杨妹混熟了，在一起聊天，听收音机，还一道去看电影，到卓松岱家去玩；有时还到商场购物。护士小姐教杨妹识字，借着教杨妹量体温，量血压，记录下杨妹的体温、体重、血压、脉搏等最简单的数据，并把她的小便、痰液做了化验。

在视察期间，重庆市长杨森曾来看她。这位国民党政府的高级官员，也对杨妹甚感兴趣，并把她视为"国宝"。市长来时特意赠给杨妹一件漂亮的旗袍。加上他人所赠皮鞋、饰物等，一个原本布衣、草履的乡下姑娘，顿时成为一个摩登女郎。当然，媒体所关注的是每天的观察记录中，她是不是吃了东西。其记录白纸黑字，差不多每天都写着"今日未进饮食，无大便，精神如常"之类的。这就不能不吸引着记者们天天往卫生局了解杨妹情况，甚至杨妹撒泡尿、放个屁都成了某些报纸抢手的新闻。在三周的记录里，还记载着经卫生局特准前往拍摄新闻照片和拍摄新闻电影的。

中央社参与炒作 发通稿推波助澜

国民党官方通讯社中央社发出一条肯定的消息后，便把这一"杨妹不食"新闻的炒作推向高潮。且看中央社发出的消息：

（中央社 1948 年 5 月 31 日电）渝卫生局考验杨妹不食 22 天业已期满，于考验期中证实杨妹确能不食而生，并发表报告。卫生局考验方法为，派护士二人与其共同生活，日夜形影不离，努力增加相互间友谊，使杨妹自愿接受检查。同时，一切行动亦悉听所好。杨观电影则由当值护士陪伴，总之以不影响其身心健康为原则。考验至第十日并添夜班护士二人守坐，任何举动一一记录。考验自五月十日起，逐日有报告书。杨妹在考验期中，除喝少许生水外确属不食。一切记录，体温、脉搏、月经均与平常女人无异……

大学生向杨妹求婚　小学生向局长求救

"杨妹不食"引来各种各样的奇闻、趣闻，演绎出这样那样的悲剧和闹剧。例如中央社在一则综述中有这样一段话：

> ……蓉一大学生曾写信向杨妹求婚；上海14岁马姓小学生，亦曾函渝市卫生局局长李之郁，欲求其不食能生之方，以减轻其父之负担，否则将有辍学可能。

在贫困的旧中国许多人娶不起老婆就因养不起家，解决不了"糊口"的问题。大学生遂想到，既然杨妹不吃饭，娶其为妻不亦妙哉！

这里提到的小学生叫冯抱才，中央社误为马姓小学生。据上海《申报》1948年6月1日二版载，冯抱才家住上海中正西路，他看到重庆卫生局检验杨妹的消息后，发了一封航空信给李之郁。信中说：

> 我的爸爸是工厂里的工人，每月工钱很少，家里除母亲外，还有二弟、一姐、一妹。家里六口人吃饭，只有爸爸生产。我看到爸爸一天劳苦，从工厂里垂头丧气回家心里很难过。希望你告诉我杨妹研究的结果，是吃了什么东西才不需要吃食物。如果一个人不需要吃东西能照常做事，不是可减轻爸爸的千斤重担吗？这样我和弟妹们或可多读几年书。因为我很担忧，会随时叫我们停学。你如果把不食原因告我，非但我的兄弟姐妹感激你，全沪或全国的小学生都同样会感激你。至少我们这般贫苦爸爸的儿女们有这样的感觉。

外国猎奇者接踵而至　一洋博士说这不违背上帝意志

"杨妹九年不食"奇闻传到国外，也曾引起一些媒体的注意。一位英国女记者赶到重庆采访。还有美联社记者麦德生专程找杨妹监护人卓松岱密谈，商讨接杨妹到国外去研究的问题。四川官方已经把杨妹视为"国宝"，事先已找人告诉卓松岱，不能让杨妹出国。卓松岱也就拒绝了这位外国记者的要求。

关于外国人对"杨妹不食"的看法，有一个例子值得一提：卫生局局长李之郁接到美国"世界实业改进会及南北矿质研究会"负责人华脱日朗博士的信，信里说：

> 渠阐述此奇异事件，并不违背上帝意志。矿界也曾有不可思议的事发生，幸赖科学家不断研究。始一新耳目⋯⋯

报纸副刊乱侃　杨妹神怪传说陈渣泛起

"杨妹不食"的炒作，为一些报纸副刊增添了胡扯乱侃的材料，一些荒诞不经的神怪传说随之而来。

北平《世界晚报》1948年7月3日"夜光"版刊出《杨妹与老僧》一文，说台湾曾有一老僧20年不食，生活如常。上海《申报》1948年6月15日刊出医师公会主席宋国宾的一段话，认为类似杨妹这样的事，史有先例。并举出清道光年间举人莫友芝所著《邵亭遗文》中有古风一首，说的是"一三十余岁孀妇，夫死矢志绝粒，日惟饮水少许，如是者50年，寿至80余始卒。"

北平《新民报》"鼓楼版"1948年6月8日登出读者若志的来信，

标题为"古有辟谷之法，姑且志此待证"。若志说："晋惠帝永宁二年，黄门侍郎刘景先表奏：臣遇太白隐士传济饥辟谷仙方。臣家大小 70 余口，更不食别物。若不如斯，臣全家愿受刑戮。"同时列出辟谷仙方，请编辑先生设法试验。

还有一篇名为《古之杨妹》的文章，刊登在北平《新民报》1948 年 6 月 10 日"北海版"上。文中举出清乾隆年间一不食仙子：据清东轩主人所著《述异记》卷下记有辟谷妇一条云：新市镇沈后生，字玉容，德清县庠生也。其妻李氏，16 岁在室时饭患奇症，病愈绝粒，即终年不食，不见其饥……至今 50 余岁，面如少女……

"杨妹热"步步升温 "新杨妹"纷纷出笼

在粮荒严重，贫苦百姓饥寒交迫的日子里，"杨妹不食"实际上成为一则画饼充饥、愚弄群众的奇闻。各地报纸大肆炒作，甚至一些地方的"新杨妹"也纷纷出笼。

1948 年北平《新民报》刊出一篇综合各地杨妹新闻的通讯，题目是《杨妹热》，副题是"不食仙子偏多女性，不食纪录长至 20 年"。文中说：

自从四川发现了一个不吃饮食而能生活如常的姑娘杨妹之后，全国人士都以惊讶而又热望的心情期待这一事件的发展。一呼百应，跟着各地的"杨妹"相继出现。先是"上海杨妹"，接着是"无锡杨妹""西安杨妹""东北杨妹"，最近并有"华南杨妹"……所有创造这空前奇迹的都是女人。

文中对各地杨妹逐一作了介绍。"上海杨妹"张黛琳年轻漂亮，善于交际。她那不食消息和婀娜的照片一经传出，自然引起街谈巷议。由于她始终不让医政机关检查，只在家里接待记者采访，间或公布一些私人的检验报告，人们多认为这是一幕噱头！"西安杨妹"张贵卿的家访客盈门。西安卫生机关援重庆例组织检验委会，对她进行观察，但她并不配合，三天后即离开医院跑回了家，也就再无下文。"华南杨妹"姓韩，原来是位 78 岁高龄的老太太，据传已有 20 年不食历史。因她惧怕检验，躲藏起来，也就作罢。

卫生局局长检验杨妹骑虎难下《新民报》开座谈会挑战伪科学

李之郁组织大批医务人员观察杨妹三周，也很难道出它的究竟，继续对一个大活人进行"科学研究"又谈何容易。报纸对这一事件的评论是："卫生局长李之郁骑虎难下！"

1948 年 5 月 28 日，也就是观察杨妹快要结束的时候，重庆《新民报》召开了"杨妹不食问题座谈会"。到会的有医学家、科学家、教授等 20 余人，李之郁也来参加。《新民报》重庆社经理刘正华主持。

会上第一个发言的是重庆妇产科权威、医师韩明炬。他说："昨天西医师公会集会时讨论了杨妹的事，大家一致认为卫生局的观察方法不够科学与严密。科学的前提是不容许有丝毫漏洞的。从文献资料上看，绝食三四十天的人是有的。我在德国时亲眼看见过职业绝食家的广告宣传，绝食最高纪录是 74 天。我主张把杨妹的视察时间延长到 74 天以后，如那时真是不食才算奇迹。"

武汉疗养院院长黄曰聪发言。他说，从历史上绝食记录来看，绝食者大致有三类：一是为宗教的，一是为科学的，一是莫名其妙的，杨妹大概属第三类。当然，也有医学家主张用适当时间的绝食来治病的。

"杨妹不食"必须用科学的方法来进行研究，否则是徒劳的。

医师工会理事长安龙章医师提出三点建议：一、原定三周视察时间不够，应延长到三个月，以打破历史纪录；二、检验方法不够科学，应采取绝对科学的方法；三、应扩大视察机构，邀请更多人参加。

市民医院外科主任冉瑞图，除同意延长到三个月检验时间，并组织专门的研究委员会进行这一繁重的工作。

这次座谈会的最大收获是抓住了严格检验杨妹这个要害问题。卫生局不得不接受这些科学论证。事后与杨妹监护人修订并延长了视察合同，组织了专门的"白生研究委员会"，进行严格检验，并派人秘密监视。后来果真把这一重大的伪科学把戏给彻底揭穿了。

杨妹偷吃终被揭露　骗人闹剧黯然收场

当白生研究委员会派出的秘密监视人员发现杨妹偷食的记录整理出来，不得不对外公开发表时，报纸、电台不得不戛然停止炒作，这出闹剧也就灰溜溜地收场了。

且看中央社是怎样作出与前截然不同的报道的：

（中央社重庆 1948 年 7 月 15 日电）杨妹九年不食之谜，今因检验周密，得证明其非绝对不食者。记者亲自主持杨妹不食之白生研究委员会某医师处获阅检验杨妹经过之秘密记录。该记录中记有杨妹进食时间与数量。据该医师称，杨妹凭其聪明及极为敏活之手法窃取食物，使终日陪伴之护士小姐亦不易觉察。杨妹进食为该委员会秘密监视人员所发现。例如：7 月 12 日午后 2 时，检验人员特别烹调洋芋烧肉一碗，事前清点碗中共盛肥肉七块，洋芋七块，故意置于杨妹能见之处，陪伴护士即上床假寐。不久，秘密监视人员果见杨妹以极机警之动作将碗中之肥肉及洋芋放入口中。事后清点碗中只剩肥肉五块、洋芋五块……

这篇电讯还举出一些杨妹偷吃的例子：

6月30日上午9时吃稀饭约一碗；7月2日吃泡豇豆半碗；7月4日私开柜一次，事后检查白糖数量减少……

电讯中还谈到白生研究委员会检验杨妹身体之记录。内称：

7月5日对杨妹口腔检查，发现杨妹齿根上附有白色及绿色块状物二块。检查结果，一系淀粉，一系水果……

中央社电文中还有：

今天上午11时记者赴市民医院时，适逢杨妹由护士小姐陪同由外购物归来，其精神与表情均极为颓丧。某医师语记者：杨妹本人已悉其不食之秘密为人识破，自本月8日起，即显示性情暴躁，精神颓丧，坚求返回其监护人卓松岱所住之九龙坡女师学院休息，并出词恫吓，谓将自杀。医生指此亦为情虚之一证。

反对伪科学任务艰巨　报纸炒作容易收场难

面对着这一重大而奇特的社会新闻，数以百计的报纸、通讯社、电台几乎都做了连续报道。杨妹不食的大炒作，恰好是对各种媒体的一次考验。粗略分析，炒作"杨妹不食"的报纸，大致可分三类：一是始作俑者，包括在全国发行的《申报》，早在1948年4月就肯定"杨妹不食"是实。中央社发通稿"证实确属不食"。二是一般报纸,不得不跟着跑,来什么报道什么,有闻必录,这是多数。三是虽说也跟着跑,但持怀疑态度,甚至还不时发出否定这一伪科学的新闻。其中影响最大的有《大公报》《新民报》。

错误导向成笑柄　老牌《申报》真尴尬

上海《申报》在媒体炒作"杨妹不食"中起了导向作用。这家创刊于1872年的老牌报纸,一向是以报道社会新闻著称的。19世纪70年代连续报道的"杨乃武与小白菜"冤案,曾轰动全国,产生了较好的社会效果。为什么过了70年,报道"杨妹不食"栽了跟头?主要是在1948年物价飞涨,《申报》销数日减的情况下,它只考虑经济效益,忘却了一张报纸的社会责任。

本来在物价暴涨,电报费上涨5倍的情况下,《申报》曾指示其外埠记者"万勿多拍(电报),以免浪费",可是唯独当四川出现"杨妹不食"时有了例外,一再指示其驻重庆特派员欧阳醇"详细报道"。因而在两个多月时间里《申报》几乎每天都有"杨妹不食"的连续报道。"杨妹不食"被戳穿后,欧阳醇在向编辑部的汇报里就埋怨说:"……如果不是事先接奉编辑部的指示,我可能漏掉这条社会新闻。如果不是接奉总馆一个电报和编辑部的一封快信,我简直不敢天天拍发杨妹的电讯,也不会注意及促成杨妹的观察成为事实。"《申报》执意要炒作"杨妹不食"新闻不是很清楚了吗?

当重庆卫生局7月17日发表杨妹偷食的公报以后,《申报》立即陷入尴尬境地。直到7月19日它才不得不在第五版发表了它的"重庆17日电"。且看这则新闻吞吞吐吐的标题:

杨妹哑谜全盘揭穿

仅忍饥 21 天

数度偷吃证实

渝卫生局停止主动检查

故弄玄虚者实无可恕

电文说:

重庆卫生局 17 日正式发表杨妹偷食稀饭、盐豆、白糖、饭、糊豆、红烧肉、洋芋各情之公报。一般对此事件之后果,认为杨妹系一乡间女子,并无多大责任,但其监护人明知杨妹需食物而生,而故弄如此玄虚,实有不可宽恕之嫌。

一家堂堂大报,只在这里做一点文字游戏,把责任轻轻推在杨妹监护人身上,而把真正的"故弄玄虚"者掩护起来,不正说明自己处在尴尬境地吗!

老成持重《大公报》 慎重处理杨妹稿

创刊于 1902 年,在旧中国颇有影响的天津《大公报》,在遇到"杨妹不食"奇闻和《申报》跟着炒作时,它却不动声色,不予报道。直到重庆卫生局煞有介事地对杨妹进行观察以后,它才不得不于 1948 年 5 月 22 日至 23 日,登出一篇综合杨妹不食传统的报道。从标题上可以看出《大公报》对此事的质疑态度。正题是"访问'九年不食'的杨妹",副题是"一件与科学原理违背的故事"。

在中央社 5 月 30 日发出"重庆市卫生局经过 21 天检验,证实杨妹确实不食"的消息后，《大公报》就照登了"中央社讯"。这是运用了老报人在报纸上使用"来函照登""文责自负"的经验，处理了这条消息。

此后，几乎凡是轻率肯定"杨妹不食"的稿子，一律用通讯社的稿子，而持怀疑和否定态度的，多由自己记者发来各地专电。如一位台湾医务人员认为"杨妹不食为可能"的稿子，《大公报》就用了中央社的。

《大公报》的另一条否定"杨妹不食"的消息，就是自己记者采写的"本报北平通信"：

兹据北京大学医学院陈同庆教授谈称：普通工作成年人之新陈代谢，每日放热量约为3000千卡，假定其基础代谢之热量每日为1000千卡，约等于110公分油脂，或225公分蛋白质，或225公分糖分，经过生理燃烧后之发热量。假定杨妹之体重为75公斤，更假定其身体成分全为油质类，则其全体燃烧后的热总量为67.5万千卡，可维持675天。也就是说杨妹如675天不进膳食，则于基础代谢情形下（即躺卧、毫无工作情形下），则全体氧化成水及二氧化碳。而杨妹9年不食，自不合理。

还有，《大公报》刊登有关"杨妹不食"消息，从来不用大字标题，也不放在版面重要位置以哗众取宠。多半放在三版下方，用两栏标题。

由于冷静、客观应对了杨妹奇闻，《大公报》一直处于主动地位。

生动泼辣《新民报》 巧妙戳穿伪科学

《新民报》是20世纪三四十年代兴起的一个报业集团，它在南京、上海、北平、重庆、成都设有5个分社，出版日、晚报8种。它集中了旧中国一大批老报人和富有编报经验的报业精英。无论遇到什么奇闻怪事，总有一些应对办法。"杨妹不食"新闻出现后，一方面不得不跟着报道，同时采取了以下几种措施。

第一，和《大公报》一样，采取"文责自负"的办法。如北平《新民报》虽然在新闻发生地的重庆有自己的分社和记者，却在卫生局观察三周、中央社以肯定语气发布消息时，采用了中央社稿。在这以前，当《申报》开始炒作时，南京《新民晚报》也是转载《申报》的。

第二，虽然也报道一些"杨妹不食"消息，但不时穿插一些质疑和嘲讽这一奇闻的文字。如北平《新民报》就在"北海"副刊里刊出这样的打油诗：

> 一饿成名天下知，杨家有女费寻思；
> 果将辟谷良方授，遍野哀鸿仰泽施。
> 奔腾物价太惊人，海内争传亦有因；
> 不但治饿还益寿，管它消息假还真。

在7月中旬伪科学新闻收场的时候，北平《新民报》"北海"版登出一篇《杨妹歌》，步白居易《长恨歌》韵，读来饶有味道，发人深思。摘其首尾部分如下：

> 异端自古生中国，辟谷多年求不得。杨家有女初长成，养在川中人

未识。天生异质难自期，一朝选在医生侧。九载绝食事太奇，名流争往识颜色……只缘中土多饥馑，遂使芳名盛一时。惟恐讹传信仰摇，护士、女警伴终宵……接见贵宾无闲暇，记者追询日复夜。陪都佳丽多少人，众目睽睽及一身。缎被皮鞋并脂粉，十分装扮一分春。从兹不欲回乡土，冠盖车马充门户。遂使当时诸要人，不问苍生访此女。声名显赫上青云，杨妹仙名处处闻……美国博士欧西客，闻道不食动魂魄。彼妹如此不科学，营养原因耐寻觅。煌煌奇迹纷通电，海角天涯喧嚷遍。上海西安并广州，几多杨妹同相见。疑云忽遍落伽山，窃食纷传众口间，破绽应自医牙起，检出绿素纤维子……杨妹从此意徘徊，秘密谁知竟洞开。绝食忍饥原两事，阿侬非为博名来。却恨卓氏力保举……枕前泪和窗前雨……局长医生从此辞，饿名悔教世人知。此事权作黄粱梦，珍重黄粱梦醒时。天上既无绝食鸟，地下亦无离水鱼。劝君休作非非想，辟谷长生不可期！

第三，也是最重要的一招，重庆《新民报》面对这一似是而非难以揭穿的奇闻，召开了一次科学家、医学家讨论杨妹不食问题的座谈会。前面已经写过了，正是这个会上专家们严正指出，卫生局 21 天的观察不够严密，时间也不够，并要求延长三个月，组织更大的力量严密监视杨妹。这一点正打中问题的要害。卫生局不得不采纳这一做法，终于发现杨妹偷食，把一桩伪科学新闻彻底戳穿。在新闻报道中，开座谈会在当时可说是一种值得称道的创新性报道形式。这是真科学向着极其嚣张的伪科学进行反击的最好形式，也是结束这场闹剧的有力武器。《新民报》这一做法功不可没！

第四，面对那么多报社、通讯社大肆炒作的情况，《新民报》自己也写评论，揭露这一问题的实质，进行一定程度的抨击。例如，这年 6

月传出重庆市市长杨森把杨妹视为"国宝"，派女警对杨妹进行保护时，北平《新民报》就在 6 月 6 日发表短评《不吃饭亦非幸福》，比较尖锐、深刻地揭露了它的实质。现将此短评转抄如下，由于它的观点与笔者看法近似，姑且拿它作为本文的小结：

　　杨妹不吃饭能活的消息，引发许多人的羡慕，在这米珠薪桂的时候，这种羡慕本是一种哀感，无足深怪。

　　本来一切神仙故事所以能够引人，无非反证人世间的水深火热而已。如果地上天国出现，又何必向往上穷碧落、虚无缥缈的"天上天国"呢。乱世多怪，并非多怪，亦是人民心理希望以怪为寄意托情之物而已。所以我们每次看到杨妹消息，总是十分难过，十分伤怀。

　　有人且认为自己之所以不自由就是因为要吃饭。为了饭碗不能不处处低头，亦即俗语所谓"求人手软，吃人嘴短"。无可奈何，于是更崇拜杨妹，发起"杨妹热"来。

　　其实，杨妹何尝自由。可怜一个乡下老百姓不知被哪一口气堵住了心口，就被人包围起来，还要再三"考验"。今天消息尤为出奇，重庆市市长杨森派了女警员到九龙坡保护杨妹，怕有人偷宝，请问不吃饭能自由吗？

　　米荒声中，人人怕没有饭吃而活活饿死，单单有一个人不吃而能活，这真是对众人的一种奚落，一种隔岸观火的超然而可恶的姿态。杨妹真是无知，这种类似"苦肉计"的风头，何必出呢！

　　人世绝不容神仙存在，她之无自由，该！

京都第一案

——侦破张荫梧案件

朱振才

　　1949 年 1 月 31 日，北平宣告和平解放，傅作义将军的部队到指定的位置接受改编，北平国民党政府向我以叶剑英同志为主任的市军事管制委员会移交，北平警察局亦被我军事接管。根据长期侦察，党中央、市军管全认为，张荫梧组织的"华北敌后游击策动委员会"，实际上是企图阴谋暴动的组织。应迅速予以歼灭。2 月 15 日，在北平市公安局二处处长冯基平同志亲自组织、指挥下，迅速巧妙地将张荫梧及其同伙逮捕归案，此案乃是我人民解放军入城后侦破的第一个大案。

张荫梧其人

　　张荫梧，字桐轩，河北博野人。毕业于保定军官学校，后投靠晋军阎锡山。曾任山西教导团团长、师长。1928 年奉军张作霖沿平汉线北撤，阎锡山出娘子关截击，打头阵的是担任晋军师长的张荫梧。张作霖部溃不成军，张荫梧乘胜追击，直至北平。阎锡山任命张荫梧为北平市长、北平警备司令。冯玉祥、阎锡山联合反蒋时，张荫梧曾任第一路军总指挥。冯、阎在中原大战失败后，阎退回山西。张荫梧与阎锡山脱离了关系，之后回到河北省，在博野、蠡县、安国、安平等县搞乡村自治。

1929年，张荫梧在博野窃取了"四存小学"校长的职务。"四存小学"是在1920年徐世昌担任大总统时候建立的。当时为弘扬颜习斋的学术思想，在北平成立了一个"四存学会"，后改为"习斋学会"，第二年，又在北平府右街建立了一所"四存中学"，并在颜习斋的故里——河北省博野县杨村建立一所"四存小学"。张荫梧到博野后，便在"四存小学"的基础上，扩充了一所亦军亦农亦学的"四存中学"。所谓"四存"，乃是以颜习斋四部书，即《存性》《存人》《存学》《存治》而得名的。张荫梧非常崇拜封建思想家颜习斋、李恕谷的学说，并依此作为笼络人心的凭借。以后他控制了北平的整个"习斋学会"，并在各地普设分会，广召会员，还成立了若干个组织，为自己的反革命"总战略"服务。

抗日战争后，张荫梧退到了河南和山西的交界处林县、陵川一带，以"四存中学"的教员和学生为核心建立了"河北民军"。蒋介石任命张荫梧为保定行营民训处处长及河北民军总指挥。抗战初期，张荫梧打着抗日的旗号，与八路军有一定的联系，他请来共产党党员温健公任河北民军秘书长兼政治部主任。但张荫梧是一个野心家、投机分子，1938年夏，张荫梧在武汉受到陈诚（张与陈诚是保定军校的同学）召见时，陈即任命他为河北省三青团总干事及民政厅厅长。从此，张荫梧公开反共反八路军，千方百计地进行反共摩擦。

1938年12月，他发动住在博野的民军兵变，但他不知道博野民军是在共产党帮助下建立起来的，且民军的一些领导人中就有共产党员，因而兵变未成反被八路军收编。张荫梧又密令在冀中的一支土匪武装先投降日本，美其名曰"曲线救国"。1939 年 6 月，张荫梧在河北深县残酷地杀害了我八路军后方干部战士 400 余人，并恶狠狠地对他的部下说："捕了共产党，杀无赦。"

1939 年 6 月，我军发动了对张荫梧部的进攻，在河北省深县南部张骞寺村把张荫梧的部队团团围住，予以歼灭。张荫梧只带几个卫兵逃脱，跑到重庆向蒋介石告状。国民党企图利用张荫梧事件诬蔑八路军破坏抗战，还派人调查。深县八路军利用在战斗中缴获的张荫梧日记，揭露张荫梧策划部队投降日军、残害八路军后方留守人员的罪恶行径，白纸黑字，事实俱在，调查人员哑口无言。1940 年秋，第一战区司令长官程潜因河北民军与八路军闹摩擦，将张荫梧撤职。但蒋介石有意培植张荫梧成为一支反共力量，蒋让人捎信给张荫梧，安慰他说，第一战区程长官对他的处分，事前蒋不知道，要他忍耐，以后还要重用他的。

1941 年，蒋介石任命张荫梧为国民党中央军校第九分校主任，由于国民党的军政部和军训部的干涉，筹备很久，没有建成。这时，蒋介石一直把张荫梧留在重庆，每月给他优厚的待遇，供他享用。

1943 年春，张荫梧以河北支团代表的身份，参加了在重庆召开的三青团第一次全国代表大会，被选为主席团成员，并当选为中央干事会干事。1945 年 5 月，张荫梧以三青团的资格参加了国民党第六次全国代表大会。

张荫梧的阴谋

张荫梧有极强的"领袖欲"。蒋介石深知张荫梧的为人，为了反共的需要虽然极力扶植他，但蒋并没有交给张荫梧多大的兵权。解放战争时期，他在保定被任命为平汉路北段护路司令，实际上是个"空头支票"，无一兵一卒。张荫梧在保定又办了一个"四存中学"，1948年秋，保定被我人民解放军包围，"四存中学"搬到了北平，与北平的"四存中学"合并。张荫梧在北平被蒋介石任命为傅作义将军的上将参议，这也是个挂名的差事，没有实际的兵权。但是，由于张荫梧誓与人民为敌，不甘寂寞，千方百计地扩充自己的实力。他向傅将军申请了一些经费，成立了一个所谓的"华北民众自救会"。其"执行委员会"由20多人组成，是封建遗老、落魄军阀政客、青洪帮上层人物的集合体。"自救会"下设若干个组织，其中一个组织叫"华北敌后游击策动委员会"，张荫梧兼任主任委员。"策动委员会"成立四个区队，每个区队下设三个总队，总队下设大队，大队下设小队，自称已联络了9万人，实际上其联络的对象是国民党地方团队，这些以地主武装为主的乌合之众，在平津被我人民解放军包围的过程中，逐渐化为散兵游勇。

抗日战争时期和解放战争初期，因张荫梧部有不少共产党员，对张的情况比较好掌握。张来北平后，我平西情报站、冀东情报站、平北情报站的同志，侦知到不少关于张的情报。但是还需要物色一名得力的内线，把张在北平成立的各个组织及其阴谋活动搞清楚。北平市公安局二处处长冯基平与有关同志经过多次研究，积极着手物色人员打入张荫梧内部。

北平市公安局二处的关系王某，于1948年11月由锦州转北平做地下工作。在国民党的报纸上发现张荫梧成立了"华北民众自救会"，王遂以过去国民党新八军团长的身份报到，并谎称有一团的武装在山海关一带，经采用不同的手段进行拉拢，取得了张部第九纵队司令金明甫的信任，经金的推荐，张任命王某为第九纵队少将参谋长，参加多次秘密会议。鉴于王某曾当过国民党的营长、警察局科长等职，他的言行都适合敌人的口味；王在张荫梧内部又已取得了合法地位，作为内线是具备条件的。因此，二处派熟悉业务的负责干部安林与王联系，并指导王的工作。

根据王报告的情况，张荫梧的阴谋活动是随着时局的变化而变化的。

在我人民解放军围困北平之时，张荫梧曾说，傅作义没有很大的毅力和魄力，应付不了时局，他觉得，接替傅唯有他张荫梧才行，妄图取代傅在北平及华北的地位，与共产党顽抗到底。张还和美特分子张某秘密勾结，并炮制了1000多张《致杜鲁门呼吁书》，要求美国以"实际行动"援助他们。

张荫梧还向傅作义要了1000多套军服，申请了部分经费，把北平"四存中学"的学生组织起来，搞了一个"冬令营"，实际上是一次军事演习。共网罗了700多人，组成一个总队，张荫梧任总主任。张曾扬言："必要时，让青年学生参加守城战斗！"他公开对学生讲："不愿受共产党宰割的就参加我的工作。"另外，他秘密策划把队伍拉出去，上山打游击，妄图长期与我解放军进行周旋。他把"策动委员会"改编成适应战斗需要的总指挥部，自任总指挥，葛润琴为副总指挥（葛原是保定四存中学副校长），李云清为参谋长，崔建勋为秘书长，刘贵权任随从参谋。各纵队任命了司令、副司令、参谋长（实际上是空架子）。

1949年1月22日，张荫梧听到傅作义将军已接受我党提出的和平解放北平的条件，便慌了手脚，急急忙忙以书面通知各个"委员"称："因时局将变，策动委员会立即停止活动"。当天晚上，佟寿山将"策动委员会"的一切文件全部焚烧。1月25日，佟又以"民众自救会"的名义在报上声明：停止活动，立即解散。

1月31日，北平和平解放。张荫梧看到时局并没有按他的主观愿望发展，内心有了新的盘算，他认为，共产党搞不了大城市，把搞乡下的方法搬来搞北平这样的大城市是行不通的，他们没有人才，不能领导城市，将来必然要请他张荫梧出来干。如果共产党的政府不重视他，就以退为进，等待第三次世界大战的到来，依靠美国东山再起。市公安局二处曾多次利用内线敦促张荫梧交出全部武器，但张一直置若罔闻。

智擒张荫梧

市公安局二处接到上级的命令："应立即逮捕张荫梧。"如何逮捕张荫梧，在冯基平处长的主持下，二处召开了专门会议，进行了多次研究。鉴于张荫梧是国民党的高级军官，是"知名人士"，像张这样的高级军官，北平还不少，加之张的面目，一般人还不了解，连傅作义将军等人对张的有些情况也不甚清楚，考虑到公开逮捕张荫梧对稳定大局不利，决定于2月15日夜晚，实施秘密逮捕张荫梧的方案。

2月15日白天，曾打入敌人内部并与张荫梧有过联系的一位同志，和二处干部刘永和一起侦知：张荫梧在府右街四存中学的办公室内。晚7时许，二处全体同志行动起来，在冯基平的组织指挥下，以侦察科任远、刘景平，预审科吕岱、吴文藻，执行科长常真等同志为主，其他科室也都做了逮捕工作的准备。而后，冯基平派常真以北平市军管会主任叶剑英代表的身份，带领杨永暄驱车来到府右街"四存中学"门前。常真写了一个条子，自称是市军管会主任叶剑英的代表来访，让门房工友送给张荫梧。不一会儿，张从小楼上走了下来，他身穿长袍，头戴一圆帽，一副绅士打扮，很客气地接待了叶剑英主任的"代表"。常真自我介绍："我是市军管会叶剑英主任派来的，我军刚刚入城，对各方面的情况不太熟悉，今邀请张先生去谈谈教育界的情况，不知张先生今晚能不能同我一起去见见叶主任，有车子在外面等候。"张听了非常高兴，这是他朝思暮想的事情，心想这是共产党请他"出山"了，因常真的几句话与他当时的思想非常合拍，丝毫没有引起他的怀疑，便满口应允："可以，可以。"说完，又换了件衣服，同"代表"一起出来坐上了汽车。这时，司机因不了解情况问常真："咱们去哪儿?"常真当着张荫梧的面对司机说："去市军管会。"当汽车开出"四存中学"的大门后，常真悄悄地告诉司机："开到王佐胡同（二处所在地）。"汽车向王佐胡同的方向急驶而去。张觉察到汽车并未驶向市军管会所在地——东交民巷，知道情况有了变化，又见常真和杨永暄在他左右，怒目而视不说话，自知大势已去，便无可奈何地低下了头。

汽车开到王佐胡同的二处驻地之后，常等把张荫梧带到一间房子里，负责审讯他的吕岱、吴文藻已等候在这里。吕、吴二人开门见山、单刀直入地对张说："张荫梧，你的戏不要再演了，你放聪明点！不要执迷不悟，你在北平想干什么，你心里明白，我们也清楚。现在路只有一条，就是老老实实向人民低头认罪，彻底坦白交代，共产党的政策你是知道的，坦白从宽、抗拒从严，如果你不走我们指给你的路，那你将自作自受……"这时，张荫梧已六神无主，慌慌张张不知所措，他有气无力地说："我错了，你们该怎么办就怎么办吧！"随即，二处负责搜查的同志，把从"四存中学"地下室内搜出来的机枪、步枪、手枪和子弹，以及电台等罪证摆在张的面前，张荫梧见罢，叹了一口气说："我交代，我向人民低头。"接着，他交代了他们的行动计划及组织情况，并写出了书面口供。

二处根据原定的部署，为扩大战果，决定全线出击。当夜，由安林带领几名侦察员，以查户口、谈判等名义，逮捕了其他案犯。从15日晚至16日凌晨7时，张荫梧部纵队司令以上的主犯如佟寿山、张建侯、李国昌、金明甫、马希援、赵连庆等全部逮捕归案。逮捕时，这些要犯有的正策划于密室，有的已做好近日潜逃的准备。他们连做梦也没有想到，会这么快和他们的主子一起落入了人民的法网。

对市公安局二处没有费一枪一弹，成功地粉碎了张荫梧武装阴谋集团，北平各界人士无不拍手称快。此次共缴获了轻机枪 3 挺、卡宾枪 2 支、长枪 229 支、掷弹筒 1 个、手榴弹 2 箱和电台 1 部。

张荫梧入狱后不久，即发现其患有胃贲门部癌症，后保外就医，于当年 5 月 27 日病死。作为政治垃圾的张荫梧，就这样从历史舞台上灰飞烟灭了。

"太原五百完人自杀成仁"真相

———

刘存善

　　1949 年 4 月 24 日，太原解放后，阎锡山在广州对外界宣传说，太原被攻陷之时，他的部下以省政府代主席梁敦厚为首有五六百人自杀"成仁"，号称"太原五百完人"。1949 年 10 月，国民党"立法委员"吴延环等 36 人提出建立"太原五百完人成仁招魂冢"的提案，台湾"国民政府行政院"于 1950 年 3 月拨款新台币 20 万元，在台北市建立"太原五百完人招魂冢"。工程竣工后，于次年 2 月 19 日举行了落成典礼。蒋介石亲率军政各界首脑前往致祭，国民党许多要人题词写匾，大肆颂扬。国民党"行政院"还明令台北市政府对"招魂冢"维护管理，每年 4 月 24 日都要派员致祭。台湾教育当局亦将此事编入小学课本，对青少年进行教育。"太原五百完人"的影响可谓相当深远。

　　本文作者 1983 年见到台湾出版的《太原五百完人成仁三十周年纪念》专辑后，即在《山西文史资料》编辑部的协助下对此事进行调查，经过五年的走访调查、查阅档案资料以及会见仍健在人世的"完人"，访问部分"完人"的同学、同事和亲属，基本上澄清了这个问题。为使海峡两岸的人们了解这一历史事件的真相，特发此稿，以正视听。

阎锡山部下自杀的真相

1948年7月，晋中战役结束。10月，解放军对太原南郊小店镇的阎军发起攻击，从而揭开了太原战役的序幕。此后，阎锡山坚持反共立场，不止一次地要求他的部下"与太原共存亡，不成功，则成仁"，并且准备了数百瓶氰化钾，由太原绥靖公署副官处保存，要求他的政治组织同志会的基干及以上的高干和候补高干共500余人，在城破之时仰药殉职。1949年年初，他在招待几个外国记者的时候，指着摆在桌子上的氰化钾药瓶说："我决心死守太原，与城共存亡，太原如果失守，我就和这些小瓶同归于尽。"

1949年4月24日，太原解放。当时，阎锡山的部下确实有数十人自杀。人民公安人员立即会同自首的知情者，在自杀现场清理废墟，辨认尸体，先后清理出46具尸体。他们是：在太原绥靖公署钟楼下避弹室内自杀的山西省政府代主席、太原特种警宪指挥处处长梁敦厚，国大代表、阎锡山的五妹子阎慧卿2人；在柳巷派出所自杀的山西省会警察局局长师则程及其小老婆史爱英2人；在太原精营西边街45号太原绥靖公署特种警宪指挥处（以下简称特警处）处本部自杀的太原特警处代处长徐端及副处长兰风、李紫云等26人；在太原坝陵桥18号太原特警队队部自杀的太原特警队代主任王九如等11人；在太原东缉虎营2号自杀的太原特警处军政干部训练队主任范养德等4人；在旱西门附近一碉堡内拉手榴弹自杀的特务团营长赵连璧1人。在这46人中，有几人并未担任公职，是被胁迫或因其他原因与自杀者同归于尽的。例如，18岁的晋剧女演员王桂燕是被兰风胁迫于地下室的，王欲出，被兰击毙。特警处工作人员刘福之妻荆淑贞、王宝山之妻张桂云是在地下室内躲炮弹而与自杀者同归于尽的。

所以，在太原自杀的阎锡山部下并没有500人。《太原五百完人成仁三十周年纪念》一书刊载的《太原五百完人题名录》，其中只有18人是自杀的，并未全部列出上述自杀的46人，其余的有的虽死，但不是城破自杀，有的还健在人世，有的并无其人。可见所谓"太原五百完人"是根据确有自杀这一事件而捕风捉影、夸大事实编造出来的。下面介绍我们调查的结果。

并非自杀的"完人"

《太原五百完人题名录》上的500多人中，只有18人是真正在城破时自杀的，那么其他人的情况如何呢？我们通过调查，查到70人的下落。此外，由于时过40年，有的虽有其人，但未查出，其余大部分姓名则是虚构的，而《题名录》上所列职务，90%也都是虚构的。我们且在下面逐项分析：

（一）现仍健在的"完人"

任丽君 《题名录》的"完人"有任丽君，《纪念册》并为她立了传，说她"汾阳中学毕业，……日本投降后，和她的丈夫张君一同工作于太原别动队。……任丽君的丈夫，在和敌人作战时，先阵亡了。……她……积极从事对敌作战工作。她担任组织妇女、肃奸防谍工作，……太原城破，任丽君和特种警宪指挥处的300多名同志，在精营西边街凭院墙工事抵抗攻击的敌军。她持枪射击，也曾打死不少敌人，最后集体自杀，纵火焚楼……"

1987年7月，我们在太原访问了现在南郊区工商局狄村工商行政管理所担任管理员的任丽君女士，并让她看了《太原五百完人成仁三十周年纪念册》以及《纪念册》中她的传记。她初则惊讶，继而愤慨地说：

"这几乎全部是捏造！我不是汾阳人，也没有在汾阳中学毕业，我只在家乡平遥县香乐村上过三年小学。我的丈夫吴国英于1945年在汾阳被阎军独立二团（由伪军改编而成）以"伪装"嫌疑打死。我生活无着，辗转于1948年年初来到太原投亲，被一位熟人介绍到太原特种警宪指挥处情报科任临时服务员，只做过收发和抄写工作。我原来不知道这个单位是干什么的，等到有所了解时，已无法脱身了。我在太原没有结婚，没有所谓的丈夫张君，当然也没有张同"敌人"作战阵亡的事。太原解放的前几天，特务头子徐端等人把处内一些他们认为不稳定的分子陆续杀死。据说我也是对象之一，只是解放得快，他们没有来得及动手。解放时，我这个临时服务员正在楼上，楼房着了火，我从窗口跳下来，没有丧命。新中国成立后，我到太原市公安局登记，一面接受审查，一面帮助清理特务组织。以后，我在人民电影院售票，在街道搞妇女扫盲工作。1956年转为国家正式干部，在太原钢铁公司等单位担任文化教员；1965年调太原市郊区工作，曾任工商局会计、管理员；1970年下放劳动，1973年调回太原市南郊区工商局狄村工商管理所任管理员，现已超龄（1921年生），正办理退休手续。新中国成立后我再婚，丈夫姓高，是位针灸大夫，已经退休。我的女儿毕业于山西大学，现在一个教师进修学校任教。祖孙三辈，日子过得挺不错，说我自杀成仁，岂不是笑话。"

王子高　山西沁县人，1920年生，曾任山西省乡宁县、灵石县警察局局长，1948年任介休警察局训练员。介休和平解放以后，他在当地经商。1958年因历史罪恶，被判刑15年，1974年刑满释放，留太原西峪煤矿土建队就业，1975年宽释原国民党县团级以上人员时，又由就业工人转为正式工人，安置在西峪煤矿销售科担任检车任务，同年与郝庄一妇女结婚，直至现在仍在西峪煤矿工作。

张生兰 山西省灵石县人，1927 年生，太原解放时在太原绥靖公署特种警宪指挥处特招室工作，《题名录》说他担任工作员，实际无此职称。解放时张被俘，关押省监狱，审查 3 个月后释放，回原籍更名张炳焘，在小工庄、峪口、程家庄等村任小学教员 8 年。1958 年因他的历史问题被判刑 2 年，服刑半年后特赦出狱，在西峪煤矿就业，现为六级钢筋工。

孙宽荣 山西曲沃县杨谈乡杨谈坡人，生于 1930 年，原在太原特警处特宪队先后任组员、副组长、组长等职。新中国成立后，他被判刑 6 年，刑满后在西峪煤矿就业，任五级电工；1970 年 2 月返乡当电工，现在曲沃县麦沟村选矿厂负责烧结铁矿焦的任务。他全家 6 口人，三世同堂，老伴健在，孙子孙女绕膝，农业收入食用有余，此外还有 1000 余元的矿业收入，生活幸福美满。

程敬堂 河北灵寿县人（《题名录》误为陈敬棠，河北永年人），1913 年生，曾任平遥县爱乡团团长、太原东区淖马据点司令、保安第七团第一大队大队长，1948 年冬调任卧虎山要塞司令。1949 年 4 月 21 日夜，他率部起义。新中国成立后，他一度自谋生活，1964 年任太原锅炉厂六级合同工，1982 年转为正式工人，分得有暖气的住房，1987 年领到起义证。杨锡九去访问他时，他说："我颐养天年，生活愉快，台湾说我早已自杀了，真是活见鬼！"

李 武 太原市河西呼延村人，1924 年生，高小毕业。1946 年在阳曲县东河村担任小学教师，在协助征粮时，强征暴敛，伤害了群众利益。新中国成立后，他任阳曲县圪垛村小学教师，1951 年因征粮问题被判刑 7 年，1958 年刑满后在太原西峪煤矿担任七级电焊工，1986 年 12 月办理了退休手续，因工作需要仍留原岗位传授技术。

任永昌 《题名录》列的任永昌为兴县人，经兴县县志办查询，任永昌为兴县黑峪口任明玉之子，曾任阎军连级干部，后参加中国人民志愿军，在抗美援朝中阵亡。我们认为，《题名录》所说的任永昌不是此人，而是下面蒲县的任永昌。

任永昌　山西蒲县西关人，1917年生，本县二年制师范毕业。1936年他在晋绥军第二〇三旅入伍，抗日战争爆发后，曾参加应县茹越口战斗，后住民大一分校（高中部），又转入民族革命青年军官教导团第一期学习，毕业后留校任分队长。以后他历任第七十师少校参谋，军务处中校处员，第六十九师第二〇七团机炮连建委，第二十三军暂编第四十师第三团第三营中校营长；上党战役被俘，受训后被释放回太原，曾任侍从参谋、军事通讯室中校副主任；旋因当过俘虏，被送返部干部训练团审查。他备受凌辱，悔恨交加，身染重病，回家休养直至太原解放。新中国成立后，任永昌在临汾县经商谋生，社会主义改造中实行公私合营，任临汾县（后改市）百货公司棉布第四门市部主任，"文革"中改任营业员，1983年12月退休，现回原籍领取退休金在家养老。

（二）在太原解放前已战死的"完人"

陈子文　山西绛县人，抗战期间曾任绛县敌工团县团长。"十二月事变"后，阎锡山命令驻在垣曲县峪子村的宪兵二支校教育长傅海云成立敌工团第三、第五、第七区办事处，收容敌工干部，陈子文亦在其中。翟大昌于1940年11月任敌工团第三、五、七区办事处专任主任，1941年奉命将陈子文拘禁。陈与看守人员串通，逃回绛县，搞起一支武装，在绛县建立起政权，又被阎委任为县长。日本投降后，陈以县长名义接收了绛县政权。1946年5月，解放军解放绛县，陈率部竭力抵抗，受伤后弃城而逃，死于东吴村沟内。据说，他与一伙溃兵逃跑，溃兵们持枪从一土崖上跳下，他随后跳下，正好跌在士兵手持的步枪刺刀上，当即穿胸毙命。

赵翰珍　山西闻喜县人，曾任第四十三军军部少校参谋，后调任某部少校营长。抗日战争胜利后，他随军开赴中阳、离石一带，曾在柳林附近给当时在太原警备司令部任中校参谋的杨锡九写信，谈及与解放军作战的情形。不久，传来消息说，赵翰珍阵亡。他的妻子是炮兵司令胡三余的养女。

范　融　山西应县人，1947年夏任暂编第四十九师第二团第一营营长。一次在由寿阳县石河村一带向上下王村"开展"时，他腹部中弹，在抬送太原途中毙命。时任第二营营长的杨锡九曾在《阵中日报》上著文悼念。

冯效异　（《题名录》误为冯效义）山西运城县人，"民大"二分校第七中队学员，1947年任第七十二师某部营长，在文水一带与解放军作战阵亡。

卢鸿恩　（卢鸿恩字雁如，《题名录》误为卢晏儒）山西灵丘县人，卢为北方军校第二期毕业生，1948年任暂编第四十六师师长，晋中战役中在太谷县小常村附近阵亡。

郭长兴　山西崞县大营村人，原名郭长龄，因借其兄毕业证书于1936年考入晋绥陆军军官教导团学兵队第二期，以后即用其兄郭长兴之名。1941年任"民大"总队长，由他告密破坏了民大学生拟由吉县五龙宫南下到汾南，转赴晋东南解放区的起义行动。抗战胜利后他任阎军暂编第四十四师第三团团长，1948年7月在晋中战役中阵亡于榆次南庄村。

关其华　河北人，亲训师第一团团长。1948年6月亲训师由师长陈震东率领开赴晋中作战，在平遥张兰镇被解放军全部歼灭。关其华阵亡。

何　焜　（《题名录》误为何昆）山西崞县人，1942年在净化战役中投降日军，任伪军团长。日本投降后，伪军被改编为省防军，何任省防第三军第七师师长。1946 年部队整编，何任第三十三军第七十一师第二一三团团长。

孙子麒 名希麟，山西怀仁县人，北方军校毕业，抗战期间任第五游击纵队（后改编为暂编第四十四师）经理特派员，后调建军会工作，1948 年任第三十三军第七十一师第二一三团团附。

1948 年 6 月，晋中战役开始后，第七十一师随赵承绶转战于祁县、太谷，最后被围于太谷县小常村。7 月 16 日下午 2 时许，第七十一师奉命突围，第二一三团为右纵队。在突围中遭到解放军堵击，何焜与孙希麟相继阵亡于小常村北。

杨向山 （杨西峰字向山，《题名录》误为向三）山西应县人，北方军校毕业。1948 年 6 月晋中战役时任第三十三军军务处处长。7 月 16 日，他与山西野战军副司令日本人原泉福由太谷西范村撤到小常村赵承绶指挥部院外，正坐下喘息时，被炮弹击中，当场毙命。原泉福受伤，令其参谋水野将自己击毙。

韩玉成 山西黎城县人，抗战期间为第二战区政治部政治大队队员，1948 年 5 月任驻文水的保安第三十一团连长，8 月撤回太原，驻防双塔寺，在战斗中阵亡。

杨振旅 山西应县小石口人，1948 年任暂编独立第九总队第三团团长。7 月，第九总队由晋中撤回后，曾据守太原外围山头要塞。山头解放后，第九总队于 1948 年 12 月改称坚贞师，总队长郭熙春改称师长，杨振旅升为副师长。1949 年 4 月 19 日该师由西山撤回，布防于太原城内水西门至西南城角。24 日解放军攻入城内，杨在战斗中阵亡。

刘云程 刘鹏翔字云程，河北永年县人，北方军校第三期毕业，抗日战争胜利后任暂编第三十九师师长，活动于五台、定襄、忻县一带。

1948 年 7 月由忻县撤出，刘率残部转移于阳曲县风格梁、丈子头一带作战。1949 年 4 月解放军总攻太原开始后，刘在风格梁以南、皇后园以东李家山附近之水沟村指挥作战，20 日受伤后自杀。因非城陷后自杀，故未列入前述之自杀人员中。

贾召棠 山西崞县人，字子文，北方军校毕业，抗战期间曾任营长、团长等职。抗战胜利后，贾任暂编第三十九师副师长。1948 年 7 月，该师在解放军猛攻下由忻县撤出，行至豆罗村附近，遭到围击，贾与专员朱理相继阵亡。

武鸿英 山西晋城县人，续如楫第五专署保安第五团团长，1945 年 10 月在上党战役中阵亡。

白文耀 山西五台县人，晋绥陆军军官教导团学兵队第二期毕业，曾任第二战区长官部随营军政干部总校（以下简称随总校）教务处上尉副官，该校于 1939 年年底由宜川移驻韩城改称军政干部总校（以下简称干总校），白任第一大队大队附，后调任第七十三师第二一八团建军委员，一次在同日本侵略军战斗时阵亡。其妻改嫁干总校第一大队大队长五寨人荣守真。

杨毅克 山西稷山县人，1947 年任特警处特招室少校副主任，1948 年夏调任特警处忻定区别动队中校主任。7 月，忻县解放，杨在撤退途中被击毙。

尚日超 山西浑源县人，又名尚日财，出生于 1907 年前后，北方军校第三期步科毕业。1937 年，尚任第二〇九旅第四三二团第一营机枪连连长，在忻口战役中受伤，伤愈后调任旅部上尉参谋，后任军政干校第三分校大队长、第六集团军中校参谋、第七十二师副团长、暂编第四十八师第三团团长及副师长等职。抗战胜利后，部队整编，尚任暂编第四十四师第二团副团长，旋调暂编第四十师参谋主任、代参谋长。1948

年夏，该师在晋中战役中由平遥县北营村突围，尚死于乱军之中。

（三）被人民法庭处死或判刑的"完人"

王存旺　山西襄垣县南里信人，1942 年在吉县任第十四专署秘书处译电干事。1947 年乡宁县解放后，第九专署专员刘汉森被俘，缪玉青在吉县受任组织第九专署，王存旺任专署政卫营指导员，解放吉县时，王为缪的突围颇为效力。吉县解放后，被判死刑。

游大成　山西交城县大游底村人，抗战胜利后曾任交城县第三区区长兼复仇队队长，1947 年 3 月 1 日，随阎军作战失败被俘，不久，被判处死刑，在东社村枪决。

游九贵　山西交城县大游底村人，抗战期间投靠日军，当便衣，作恶多端，1951 年被判处死刑，执行枪决。

张国桢　太原市河西呼延村人，系阎军旅长段树华的内弟，抗战前曾随段任师或旅的军需处处长。抗战开始后，张在宜川与阎淑慧结婚，后赴西安。阎淑慧之姐阎希珍嫁杨爱源后，张由西安回到吉县克难坡，杨将张安置在山西省经济管理局任名义上的上校监察委员。抗战胜利后，张回太原，由阎希珍推荐任山西警察生产合作社经理。新中国成立后，张被判刑，阎淑慧与之离婚，刑满后回村劳动，不久病故。

杨明圣　山西垣曲县人，第七十二师军士训练队毕业。抗日战争期间，杨曾在第六十一军任副团长、团长等职。解放战争时期杨任亲训师第三团团长，该团于 1948 年 6 月在平遥张兰镇被歼，杨被俘后曾在河北永年受训。太原解放后，杨因进行反革命活动，于 1950 年 5 月被判处死刑。

张宝寅　山西曲沃县人，中学文化程度。抗日战争初期，张参加牺盟会，"十二月事变"后被民族革命同志会流动工作队（太原特种警宪指挥处前身）逮捕，张变节任流工队组训科科员。1946 年流工队改组为太原特警处时，张仍为组训科科员，主办特工人员的升降调补，并兼管特务核心组织——特工会会务。太原解放后，因他有血债，于1950年被判处死刑。

陈凤歧　山西文水县人，太原特警处联络科副科长，太原解放后被捕，1950年被判处死刑。

解正旺　应为解兴旺，他的职务不是特警处别动队副队长，而是特警处平（遥）介（休）区办事处主任，1950年被判处死刑，在平遥执行。

（四）被阎的有关部门处死的"完人"

孟　华　又名孟子中，1925年生于汾西县佃坪乡圪台头村，进山中学东校学生。1947年因思想进步，孟被特警处扣捕，由当时该处秘书主任范养德审理。据说孟曾为特警处做过工作，后被秘密杀害，没有担任过特警处科长等职务。

汤守庭　（《题名录》误为唐守亭）河南人，他的职务不是特警队的副队长，而是特警处的特务连副连长。汤守庭没有集中到地下室等候自杀，而是在本部院内指挥该连进行警戒和抵抗。4月24日8时许，他发现解放军已进抵特警处附近时，即到地下室向徐端报告。报告完毕后，被特宪队队长曹树声用手枪击毙，因此，他不属于自杀范围。

刘永旺　山西应县人，1948年任第十九军暂编第四十师第三团代团长。当年冬，刘与太原铁路医院 史处护士结婚，杨爱源的秘书赵光明等曾去参加婚礼。不久，在太原东山淖马要塞防守战中，他因放弃阵地被王靖国下令枪决。

（五）因其他原因死去的"完人"

杨茂山　西天镇县人，1939年曾任绥署政治部事务科科长，抗战胜利后回太原绥署民事处工作，家住三桥街。1947年，杨因生活困难，又兼家庭不和，乃服安眠药自杀。

杜锦生 字春波，山西绛县城内焦家巷人，北方军校毕业，1947 年任太原绥署军官服务队上校队员，太原解放时全家三口在一避弹坑内，与其子被炮弹炸死。他的遗孀后来同晋中战役时的阎军炮兵司令高斌结了婚。

程登献 山西赵城县人，1936 年毕业于晋绥陆军军官教导团学兵队炮兵科，1946 年任暂编第四十师参谋，1948 年在晋中战役中被俘，经教育释放回原籍。他因妻子儿女均在太原，又于 1949 年年初回到太原。他一进入太原防线，即被扣捕；解放太原时被炮弹打死。

张仲平 名玉枢，山西沁县上官村人，山西商业专门学校毕业，曾任省财政厅秘书、左云县县长、正太铁路禁烟稽查总队总队长等职。抗战开始后回乡，当地抗日政府以开明士绅对待。1944 年迁居太原山右巷，未任公职。1949 年 4 月总攻太原开始后，张仲平在家中被炮弹炸断一条腿，救治无效而亡，时年 59 岁。他的子孙现仍住山右巷和上马街。

樊润德 山西崞县人，北方军校第三期毕业，曾任营长、支队长等职，太原解放前任兵站第八分监部参谋长，家住西肖墙。1949 年 4 月 23 日晚到附近商务印书馆躲炮弹（因该馆房屋坚固），该馆被炮弹击中，樊被塌下来的房梁压死。其妻、子等现住太原天地坛。

王德明 山西新绛县阳王乡裴社村人，抗战前在第七十一师第四二八团当兵，1936 年，被保送到晋绥陆军军官教导团学兵队第二期学习，1938 年在彭毓斌的教导二师任连长。1939 年，王德明一人单独骑自行车回家，途中被黑枪打死。王妻未嫁，招婿入门，如今已是儿孙满堂。

孟杰亭 刘德成 孟杰亭，山东人，1948 年任第四十三军第七十师第二一〇团团长，杨锡九任团附。刘德成，山西黎城县人，任该团第一营营长。1948 年 12 月 9 日，《阵中日报》记者张维到西山阵地进行战地采访，由孟杰亭、刘德成二人陪同，行至马头水据点附近，刘德成误踩地雷，引起爆炸。刘德成与张维当场毙命，孟杰亭在抬往医院途中断气。《阵中日报》曾报道此事，登了第七十师师长郑汶河写的讣告、杨锡九写的祭文，以后由杨锡九继任团长。

（六）新中国成立前后病逝的"完人"

张文玉　山西省大宁县东南堡人，抗战胜利后曾任平遥县政府会计，1948 年调任阳曲县政府会计。太原解放后，张到西安经商，1960 年返回大宁农村，从事农业生产劳动，1978 年患膀胱癌逝世。

王敬中　山西交城县义望村人，1917 年生，抗战初期曾任山西省第八专署干事，后在日伪交城县新民会任科长。抗战胜利后，王曾任交城东关村公所指导员、县议会议长等职。1947 年，王到太原任进山中学秘书，新中国成立后任进山中学（一度改称太原六中）语文教师，1973 年 1 月病逝。

魏日公　（《题名录》误为魏日公）山西寿阳县人，青军团第一期炮科毕业，曾任机甲队装甲排少校排长。1948 年，魏在晋中战役中被俘，后放回太原，未任职。新中国成立后，魏曾在山西新华印刷厂等单位任教师，1960 年回原籍，1979 年因脑溢血病逝。

任永庆　山西沁县人，抗战胜利后回到太原，任省会警察局内四分局（精营中横街）局长，1946 年夏病逝。

宋子征　宋献文字子征，山西静乐县人，山西大学义学院毕业，在山西一直做交际工作，历任第二战区和太原绥靖公署交际处课长、副处长、处长等职。1948 年年初妻子因病去世，女儿于夏天到北平，他一人留居太原，于 7 月 28 日突患脑出血，救治无效而亡，终年 48 岁。宋病故后，其长女冠英回太原料理丧事，将他寄埋敦化坊，新中国成立后移葬原籍。

陈子华　山西榆次具人，小学毕业，抗战前为太原兵工厂工人。抗日战争爆发后，陈参加太原工人武装自卫队，"十二月事变"时未能转移，留任石楼县国民兵团团部事务员、自卫队第三中队副队长，1942年调任中阳县国民兵团常备队司务长。抗日战争胜利后，陈任西北化学厂行政科办事员。太原解放后，陈在鼓楼街道办事处做裱糊粉刷等工作，家住太原估衣街，1972年病逝。

强林瑞　山西静乐县人，1917年生，新中国成立前在太原开肉铺，被特警处太原特警队发展为义务情报员，太原解放后病逝。

（七）死过两次的"完人"

赵敬斋　《题名录》上的赵敬斋不是别人，正是阎军第六十一军军长赵恭，敬斋是他的别号。赵恭，山西应县人，北方军校第二期毕业，1947年任第六十一军军长。《纪念册》在《太原五百完人题名录》之后列了两个死于解放太原战役中的军长，一个是戴炳南，一个是赵恭。《六十一军军长赵恭将军传》说："二十一日拂晓敌再配合四面猛攻，向我小王、小井峪一带进攻，赵军长前线督战，于汾河桥附近阵亡。"据现在太原第四中学传达室工作、赵恭的副官詹荣说："赵恭于1948年7月率部由文水撤回太原，驻防河西大王村一带。1949年4月19日中午乘汽车前往大南门种畜场，过汾河桥后被解放军伏击，赵胸部中弹而亡，同时被打死的还有赵的副官长王奠日和卫士数人。"赵在战场被打死，现在太原的许多旧军政人员都可证实，海峡两岸说法亦同，只是时间稍有差异，即按《纪念册》所说的21日来讲，赵也不可能在24日城破之后仰药自杀。

许子久　《题名录》上的许子久就是许有恒，子久是他的别号。《纪念册》为他立了传，但没有写他的最重要的职务。因为他最后担任梁系特工会的武装部部长和特警处别动总队政治委员，杀人无算，自知难逃法网，才同徐端一起自杀的。《题名录》上既有许有恒，又有许子久，不过是为了凑数而已。

张凤鸣　张凤鸣不是别人，正是特警处组训科科长张剑。他原名张士洲，山西交城县人，凤鸣是他的化名。此人是共产党的一个叛徒，由于其恶毒地残害共产党员、进步人士和无辜群众，被梁敦厚和徐端很快提拔到重要的特务岗位上。4月24日在特警处地下室自杀。

（八）确有其人但未查清下落的"完人"

有些所谓的"完人"是确有其人的，他们的同乡、同事和同学，仍可说出当年所知的一些情况，也知道他们并非于太原城破之时服毒而死，但是40年后的今天，未能提出准确的下落和地址，因此无法进一步调查。姑列其名并有关情况，欢迎知情者继续提供资料。

宋移风　白志沂的"抗战夫人"。1948年秋冬之际，白的大夫人刘慕舟与白母一同去了北平。宋移风留太原，新中国成立后到了绥远，另行嫁人。

宋子珍　山西应县人，与岳寿椿同为青军团第一期炮科学员，曾任太原绥靖公署参谋处参谋，新中国成立后曾在太原市卫生队工作，后返乡。

袁　楹　河北省人，1937年曾任国民兵军官教导团第四团上尉连长。

王嘉深　山西忻县人，1939年曾任教导二师某团少校营长。

盖　海　河北省人，1941年在吉县克难坡第二战区长官部军官服务队任服务官。

李玉书　太原市人，国民党阳曲县党部一个区的负责人，新中国成立后曾被判刑数年。阳曲县国民党的书记长，抗战胜利后为郑怀孝，1947年由太原市党部委员兼宣传部部长崔豫澂兼任，李玉书没有担任过书记长。

张善斋　河北省人，抗战期间在薄毓相（右丞）领导的第二一五旅工作，后在进步社（青帮）工作。

赵振亚 似为晋南人，曾任暂编第四十六师上尉副官，新中国成立后，曾在太原街头做临时工。

何成家 似为晋南人，抗战期间任魏纯美第十五专署秘书，1941 年曾代表该专署参加行政参观团，到各县、区参观三个月。

张子骞 （《题名录》错为张子蓦）山西盂县人，原名张振汉，曾任民大八分校校务主任、暂编第三十九师政治主任、第八集团军政治部上校督导员，1945 年任某师政治主任，在上党战役中失踪，其妻王若萍（河南人）哭寻无着，后适他人。

另一张子骞为山西临县人，抗战期间在孝义县任村政指导员，胜利后在大同地区任区长。新中国成立后，他在太原新南门外民众市场做小买卖，1961 年回乡。

夏九成 山西神池县人，1940 年曾任第一九六旅政治部第二科科长。

李思远 山西沁水县人，青军团第一期毕业。

刘怀德 山西五寨县人（《题名录》错为朔县人），原任阎军兵站总监部科员，新中国成立后在太原某印刷厂担任会计，据说已退休。

葛吉寿 山西赵城县人，1939 年曾在民大二分校学习。

张永年 山西夏县人，青军团第一期毕业。

姜传忠 山西沁县故县镇人，曾在政治突击团任组员，新中国成立前在太原市市政府工作，新中国成立后曾在沁县县政府工作，据说已退休还乡。

（九）并无其人的"完人"

为了查清"太原五百完人"真正的下落，我们根据"完人"的籍贯，函请有关县的县志编纂办公室代为查询。朔县、芮城、垣曲、阳高、五寨、夏县、兴县、孝义、石楼、中阳、吉县、永和、乡宁等县县志办复信说，他们访问了部分曾在旧社会任职的人，有的还在公安局查了档案，都说他们县并无《题名录》上所列的人。

新中国成立前，太原都有各县的同乡会，凡在军政部门任职的人，都和同乡会有联系，同乡之间也多有来往；特别是一些山区小县，人口不过两三万，有的只有万余人，知识分子很少，大专毕业的不过数人，因而在太原工作的人不多，他们彼此间来往更为亲密。于是，我们又向几个山区县新中国成立前在太原工作过的人进行了解。他们的回答也是并无其人。兹将了解的情况介绍如下：

永和县 《题名录》上永和县籍的"完人"有李南、王全平、彭保泰、高振汉四人，经询问永和县籍原任太原绥靖公署粮食储管处上校科长的李克温（山大法学院毕业）、原任离石县统委会专任委员兼东山办事处主任的杨文英、原任太原实物准备库干事的毛和亭，都说永和县没有这些人。永和县志办派人到本县王家坪村向曾在特警处工作的冯伸明了解，冯也说无此四人。

吉 县 《题名录》上吉县籍的"完人"有陈吉庆、张长龄、罗效干、申衡斌、郝文焕、吕子恭、李克强、赵玉峰、冯昌焕、晋树德10人。吉县县志办查询后，回信说吉县没有这些人。当时既任军政职务，即应是有些文化的人，而吉县当时没有中学，即使有中学也须先上高小，因此我们又函询抗战期间吉县民族革命两级小学校前后两任校长王成章和刘学海，他们回信说，他们的学生中没有这些人，他们的同学中也没有这些人。

吉县"完人"中的吕子恭，疑为吕存恭之错排。因为阎锡山曾给吕存恭发过"种地状元"的奖状，有人就以为共产党必杀吕存恭。为此，我们委托吉县县志办主任石全正进行调查。石复信说："吕存恭系山东人，民国初年来到吉县五龙宫当长工，后租种三岚沟地主刘惟信的土地。抗日战争期间因负担奇重，刘将南山土地百亩左右卖给吕存恭。吕从此成为自耕农，并半种刘家川地六七十亩，雇用羊倌一人，农忙时再临时雇用一些短工。1942年，第二战区军粮困难，驻吉县的山西第十四专署专员李景阳下山征粮，路经五龙宫时，看到吕存恭地里的庄稼长得特别好，他赞不绝口，乃将所见报告阎锡山。阎亲笔写了"种地状元"奖状，奖给吕存恭，并在朝会上讲话表扬。当时的《阵中日报》也大肆宣扬，在晋西各县掀起学习吕存恭的热潮。新中国成立后，吕存恭被定为富农，虽属"四类分子"，但他种地精耕细作，饲养集体耕牛均膘肥体壮，因此仍为干部所称许。1974年春，吕存恭因病逝世，终年65岁。

乡宁县　《题名录》上乡宁县籍的"完人"有李发根、王万邦、朱嘉谋、冯文明、张月斌五人。乡宁县志办查询后，回信说乡宁县没有这些人。我们又委托原浮山县县长、战斗动员工作团视导室视导员王炳章向当时在太原的乡宁县同乡查询，他问了原在省训团分任科长和干事的阎家熙和阎承燮，他们也都说乡宁县没有这些人。

大宁县　《题名录》上大宁县籍的"完人"有李祖荣、赵承全、陈德修、刘贯一、张文玉、李凤六人。经函询大宁县籍的原战动四分团主任秘书郭崇智，原隰县县长、战动四分团十队主任李同洙和同志会干委许光成，他们来信说，大宁县并没有李祖荣、赵承全、陈德修、刘贯一、李凤五人。张文玉确有此人，是1978年因病逝世的（张文玉已在前面作了介绍）。

石楼县　《题名录》上石楼县籍的"完人"有原永全、柳农兴二人。我们委托原任进山中学军训队队长、石楼县的刘天德查询，他询问了当时在太原市地籍整理处工作的郑怀信和在暂编第四十五师任中尉军需的郑登云二人，都说石楼没有这两个人。

　　侍卫队　《题名录》列了太原绥靖公署侍卫队分队长柳汝鸣，副队长王维新、刘鸿儒，副官牛保山、杨自保、刘之森，排长刘贤子、张兆环、张松茂、万有福等10人。我们访问了给阎锡山当生活副官20多年的孔庆祥和给阎当卫士15年的许有德，他们说：阎的副官和卫士中根本没有这些人，太原解放时，阎的副官和贴身卫士也无一人自杀。

　　警察局　《题名录》列了山西省会警察局33人（消防队未计在内）。我们访问了原内二分局局长刘清和原外二分局局长李鑫，他们说：科长、巡官，他们都是认识的，但没有一个是名单上的名字，局内四个科，一科科长宋新三，二科科长张仲甫，三科科长徐××，四科（肃伪）科长郭继宗（新中国成立后被判处死刑），根本没有申承福和郑永锡其人。

　　消防队　《题名录》上列了消防队队附李耀先、分队长王进丰、队员李高信、卫世明、高明亮、凌保善、王子云、高耀三、杜永中、方克元、张仁进、马有福、宋子明、宋铭等14人。我们访问了原在消防队工作的王新科和太原解放后接管消防队的魏守贞。他们说：1949年4月24日，柳巷被炮弹击中起火，消防队即奉命出动救火。解放军入城后，接管人员到消防队接管，队内只有一个炊事员。一问才知队员都到柳巷救火去了，于是赶到救火现场进行接管并命令继续救火。起火共四五十处，救了四五天才停止工作。当时自来水中断，所谓救火并没有水，而是炸掉火点周围房屋，以防火势蔓延。当时全队共二十二三人，没有一个自杀的，而《题名录》上的那14个人，消防队内一个也没有。

编造的单位和姓名

　　《题名录》上的500多人，只有40多人是逐个列出单位、职务和姓名的。这些人我们查到了近一半，其中有些职务是正确的，如梁敦厚、徐端、兰风等；有些职务是错的，如张剑为特警处组训科长，而不是秘书，曹树声是特宪队队长，而不是特警队副队长，李紫云已由太原特警队主任升为特警处副处长等；有的名字是错的，如孙木斌应为孙沫冰，吴源应为吴兆庆等。但大体说来，这 40 多人的单位还是存在的。而《题名录》上的大多数人是太原总体战行动委员会的军事工作队、政治工作队、经济工作队和宣传工作队的队员、工作员。据调查，太原总体战行动委下设五个分团，分团下设队、组，根本没有上述的专业工作队。太原特种警宪指挥处别动队是一个武装特务组织，它的成员是士兵，根本没有工作员，而《题名录》上却列了数十名工作员。所以《题名录》上的姓名，即使真有其人，职务也是错的。前面列举的并未自杀的"完人"的职务，才是他们的实际职务。

结束语

以上调查证明，"太原五百完人"是夸大事实编造出来的。这一点，当时的山西籍"立法委员"都是清楚的，所以没有人提出此案，也没有人在提案上联署。提案人吴延环在《我为什么提议建立太原五百完人招魂冢》（见《太原五百完人成仁三十周年纪念》）一文中说："我对太原成仁的五百完人除对梁敦厚只有一面之缘外，其余的一个也不认识。当时因为认识的山西委员还少，联署好像一个山西委员也没有。"这也可以证明其虚假性，因为如果是真的，山西籍"立法委员"就应当"义不容辞"地首先提出提案了。

吴延环为什么要这样做呢？他说："在正气低落到极点的时候，人多麻木不仁，设不大加表扬，仍旧不能振聋起聩。"原来他是为了达到某种政治目的！

半个世纪过去了，海峡两岸人民正为实现祖国的统一而努力，过去编造的一些虚假的故事应该按照其历史的真实面貌记述和研究了。

国民党运钞专机坠毁之谜

———

刘秋果

1949 年初始，人民解放军向国民党军队展开强大攻势。蒋介石为了挽救即将崩溃的政权，电令国民党军死守西南、西北等地，妄图负隅顽抗。就在此时，一架涂着国民党"青天白日"徽号的美制军用飞机飞临湘西上空，打破了湘西边陲苗乡的宁静……

飞机不屙炸弹却屙白花花的银圆

1949 年 5 月 24 日下午，湘西凤凰县维新乡（今两头羊乡）上空响起一阵由远而近的"嗡嗡"飞机引擎声……突然，伴着一声尖厉刺耳的呼啸，一架美制军用飞机抖着双翅，尾部冒着火光，拖着滚滚浓烟，顺着山涧迅速下滑。猛然间，飞机的右翼折断坠落在一块刚插了一半秧苗的水田里，连着左翼的机身像一只无头苍蝇，歪歪斜斜地向大山峡谷滑去，从未见过飞机的苗民们吓得纷纷四处躲藏。不一会儿，传来"轰隆"一声震天动地的巨响，峡谷里顿时腾起一股冲天的浓烟。待苗民们从惊恐中清醒过来，才纷纷奔向飞机坠落的地方看个究竟。

飞机坠落在两壁陡峭的峪谷涧里，残骸仍在燃烧，发出噼噼啪啪的响声。飞机残骸周围的树杈上、灌木中挂着几只血肉模糊的断肢、躯干和一绺绺女人头发，地上散落着一些破损或完整的木箱，木箱上依稀印有"中央银行"字样，从破损的木箱里散落出来的是一片白莹莹的东西。一个胆大的后生凑到近前拾起一块圆形物，仔细一看，竟是一块光灿灿的银圆！他兴奋得高声喊叫起来："好多光洋啊！快捡光洋啊！"茫然中醒悟过来的苗民们听到喊声蜂拥而至，纷纷捡拾地上的银圆，短短几个小时即捡走八九万块。苗民们捡得多的上千元，少的上百元。胆大有心计的苗民一捡到银圆，有的星夜转移到远方亲戚家去了，有的移转到大山深处、悬崖山洞，有的干脆埋藏到自家祖上的坟冢里。

翌日清晨，维新乡的地方武装头目欧文章闻讯率部赶到现场，将坠机现场团团封锁，不准老百姓进入。兴德乡乡长吴有凤闻讯也率领十余人枪来到现场，因没有欧的枪多势众，被欧喝令走开，只好悻悻地走了。吴有凤被欧文章赶走后，不甘心到口的肥肉让欧文章一个人独吞，他忿然将此事报告给凤凰县"防剿委员会"。第三天，凤凰县城防大队长余子坤率领百余武装将现场团团封锁，收缴欧文章等捡得的数千块银圆，并令欧文章撤离现场。尔后，余子坤在维新、兴德两乡雇民工二三十人，以每人每天发5块银圆作为工钱，挖掘陷在泥土里的银圆，大约四五天便挖得银圆万余块。至此，机上撒落的银圆几乎拾掇殆尽。

飞机负有神秘使命为收编土匪运送军饷

究竟此架飞机担负着什么使命？由哪里来？飞往哪里去？在当时，众说纷纭，莫衷一是。1949年5月25日，驻在广州的国民党中央财务署获知运钞专机在湖南西部坠落的消息，财务署长吴嵩庆打电报给湖南省主席程潜，请求派兵协助追回丢失的银圆。人们这才知此飞机是国民党中央财务署租用美国陈纳德航空大队的军用运输机，载运的是国民党财务署运往芷江的 50 箱共 10 万块银圆。

原来，蒋介石为了在西南等地建立反共基地，不惜重金拉拢收买活动在湘西的土匪武装，欲将这些土匪收编为国民党正规军队，以与人民解放军对抗。这飞机是为湘西土匪武装运送军饷的，原拟在芷江机场着陆，不料飞机坠落，10 万银圆散失。蒋介石遂急令财务署重调一架飞机加运 10 万银圆至湘西芷江机场，并电令白崇禧亲自携银圆和数份国民党中央委任状及大批美式武器装备，亲临湘西分别委任各路大小匪首为司令、军长、师长等职，收编湘西土匪。

飞机意外坠毁却原来事出有因

这次运钞专机意外坠毁，当时主要有三种说法：一是由于飞机汽油质量不好，导致飞机引擎发生故障坠落；二是飞机上武装押运的官兵，趁飞机飞在人烟稀少、林深山高的湘西上空，企图侵吞这笔巨款，开枪射杀财务署押运官员，导致子弹头进撞溅出火星，引起引擎汽油油路燃烧起火而坠毁；三是该飞机在湘西神秘坠毁，是湘西神鬼的魔力所致，因昔日的湘西有"赶尸"神奇现象之说。

蒋介石闻知飞机失事后，大为恼火，下令军统局派出一行四人调查小组对坠机事件进行调查。根据调查分析，这次事件是由于机上人员内讧开枪引起飞机失控、汽油燃烧而坠毁的，当时机上有正副驾驶员、财务署押运官员及家属、押运官兵等共七人，全部遇难。遇难者的尸体本来准备就地掩埋，美国飞行员尸体拟交还美国方面，但由于战事吃紧，战争局势发展太快，来不及处理此次坠机事件的后事，仅是督促地方政权和武装追查丢失的银圆而草草收场。

　　湖南省主席程潜收到吴嵩庆的电报，随即命令驻扎在乾城（今吉首市乾州镇）的湘鄂边区绥靖副司令、沅陵行署主任陈渠珍（号称"湘西王"）追查散失银圆，陈遂命凤凰县"防剿委员会"城防大队长余子坤火速率部赶往出事地点。5 月 26 日凌晨，当维新乡和兴德乡的苗民们还沉浸在意外发财的睡梦之中时，余子坤已率领 100 余人包围了几个村子，挨家挨户进行搜查，对苗民严刑拷打，逼苗民们交出捡到的银圆。一些胆小怕事的苗民交出了捡到的银圆，一些没有捡到银圆的苗民因经不住酷刑逼供，将原本是自己家里的银圆也交了出来，无端地被夺走了。一时间，山乡苗寨鸡飞狗叫，苗民心惊肉跳，人人自危。经过凤凰县"防剿委员会"城防大队十余天的搜查，共计收缴 7 万余块银圆，余子坤这才率部抬着银圆返回凤凰县城。

　　尽管国民党政府和湖南省主席程潜多次致电催问巨款追回情况，但陈渠珍、余子坤均以正在清查为由搪塞敷衍。一直拖了月余，国民党政府因人民解放军以横扫千军之势迅速南下而忙于撤退，已无暇顾及此事。因此，湘西的地方官员、武装头目、土匪恶霸趁兵荒马乱之机，便私吞了这笔巨款。

新上海惩腐第一案

———

钱丽君

这是上海半个多世纪前曾经震动一时的一起案件。

1949 年 8 月 15 日，新生的上海革命政权只有 80 天，就在这一天的《解放日报》上，出现一栏十分醒目的标题："知法犯法、罪在不赦"，"玷辱军誉，破坏纪律，欧震被处死刑。"

被处决者既不是负隅顽抗的国民党匪特，也不是扰乱社会秩序的散兵游勇，更不是蓄意破坏捣乱的现行反革命分子，而是曾经佩戴着上海军管会的臂章，参与接管工作的军代表！事情完全出人意料，人们震惊了！

欧震何许人也？他究竟犯了何等弥天大罪，竟被处以极刑？

这个欧震，时年 25 岁，江苏人，年纪虽然很轻，但经历并不那么简单，薄薄几张发黄的案卷中记载着他的履历。他在蒋介石国民党军队二〇二师一旅二团一营二连当过上等兵，在浙江省台州当过保安队排长，在江苏省南汇县警察局当过警察，在蒋军岭霆部队当过连长、警察，并加入三民主义青年团。1948 年 12 月，在淮海战役的战场上，他成了人民解放军的俘虏，经教育释放。欧震不甘心回乡当农民，就在他东奔西走谋求出路时，恰值山东省人民政府济南警官学校招生，他报考入学，进入济南警官学校，成了革命队伍中的一员。

此后，欧震随着南下大军，渡过长江，解放上海，经受了革命斗争的洗礼。当上海人民扭着秧歌、高唱着"解放区的天是明朗的天，解放区的人民好喜欢"迎接解放军进城的时候，他也曾毫无例外地享受了这份殊荣。进城后，他成为新生革命政权接管上海大军中的一员。他被上海市军管会公安部委派为上海市人民政府公安局榆林分局的接收干部。他穿着人民解放军的军装，戴着上海军管会的臂章，昂首挺胸走在上海的马路上，迎着人们朝他投来的那种敬慕的目光时，欧震深信自己是"时运转来"了，于是，潜在的私欲就在这份得意中悄然膨胀了。

1949 年 6 月 8 日，欧震奉命协同公安部参加查处蒋空军司令部第廿一电台台长毕晓辉藏匿非法武器案件。欧震陪同公安部办案人员来到坐落在榆林区的毕家，不料，毕晓辉早已随蒋军南逃，家中留下一妻一妾。公安部办案人员在毕家查获了藏匿的武器之后，考虑到毕晓辉的妻妾年轻无知，又属初犯，且能知罪服法，故对她们作了宽大处理，不予拘捕，此案便就此了结了。

欧震呢，人离了毕家，心却留在了毕之妻朱氏身上。朱氏 20 岁刚出头，眉清目秀，皮肤白皙细洁，适中的身材加上入时的打扮，举手投足，处处显露出大城市妇女绰约的风韵。从老区来的欧震，不禁为之目眩，他突然萌发一个念头：一定要把她搞到手。

就在当天晚上，欧震置军管会纪律于不顾，趁外出执行任务之机，突然踅进了毕家。惊魂甫定的朱氏，见军管会的人再次上门，又惊又怕，不知所措。

"你很不老实，没有彻底把问题交代清楚。"欧震先来了个下马威，见朱氏不作声，又说，"要不是我可怜你，为你疏通，早就把你抓起来了。不过——事情并没有完，以后怎么样，还很难说。你是聪明人，不会不知道怎么办？"

朱氏毕竟是国民党军官的老婆，不是一点没有见过世面的人，她听出了欧震的弦外之音，一转身在抽屉里摸索出四枚银圆，双手递给欧震。"只要你肯帮忙，以后我一定设法重重谢你。"

欧震接过银圆，在手中掂了掂，装出一副不经意的样子，随后便放入了口袋。

朱氏以为可以把他打发走了。谁知欧震拉过一把椅子，干脆坐了下来，说道："你知道我是军管会的干部，如果你肯跟我，什么事情不好办？"

朱氏是过来人，如何会看不出欧震对她的贪恋之情呢？嘴上不说，心里却暗暗盘算着：如今是共产党的天下，自己是反动军官的妻子，反革命家属，今后哪会有好日子过！毕晓辉这一走，不知何年何月才能相聚？即使回来，他要是倒霉，自己还不是跟着倒霉，他要是顺当，还能想着自己？倒不如趁着年轻找个有依靠的男人。

欧震见朱氏心里有点活动，更加胆大，一把握住她的手说："你放心，我绝不会亏待你。"

朱氏半推半就，扭捏了一会儿，终于答应了。欧震喜不自禁，随即把她带到外面，找了个僻静的住处过了一夜。

有了开头，欧震欲罢不能。为了达到与朱氏长期同居的目的，他偷偷地通过榆林分局一个留用旧警，在外面找了一间房子，在那里和朱氏明目张胆地过起夫妻生活来了，对同事则谎称自己的未婚妻从乡下来了。

抑或是过于容易将一个女人搞到手的缘故，欧震有点儿得意忘形，他居然在办公室里把玩赃物——即从朱氏那里得来的四枚银圆。就在他将银圆放回办公室抽屉内的一刹那，凑巧被刚进来的同事撞见。尽管银圆只有四枚，但对当时生活条件还十分艰苦、享受供给制待遇的我军将士来说，却是十分稀罕之物，欧震手中何以有银圆呢？

榆林分局局长刘永祥听到汇报后，顿时拧紧了双眉，他在分局领导碰头会上严肃地指出：抗日战争结束时，国民党的接收大员们在上海"五子登科"，争相抢夺金子、房子、车子、票子、女子，国民党接收大员的行径，使饱受沦陷之苦的上海人民大失所望，上海人民好不容易盼到抗战胜利、盼到上海收复，没想到"盼中央、想中央，中央来了更遭殃！"得民心者得天下，失民心者失天下。曾几何时，国民党反动派在人民一片反对声中溃败了。前车之鉴，历历在目，我们共产党绝不能重蹈历史的覆辙！

刘局长又提到了上海解放前夕，也就是 1949 年 5 月 10 日，陈毅同志在丹阳集训南下干部会上，给公安队伍所作的城市政策重要性的报告，其中有段意味深长、发人深省的话：

"我们是解放上海、改造上海的呢？还是被上海人撵走？叫上海人改造了我们呢？我们是红的大染缸，要把上海染红，不要我们红的进去，黑的出来。"

刘局长又反复强调了华东军区司令部规定的解放军《入城纪律》。《入城纪律》要求一切部队从军政后勤干部直到战士，一切接管机关从党、政、军、民、财经、文教干部直到勤杂人员，必须坚决遵守入城纪律。《入城纪律》明文规定：一切机关及部队人员应保持艰苦朴素的作风，不准私受馈赠、私取公物、反对贪污腐化堕落的行为。并明确规定：对违反城市政策者必须彻底追究，并依情节轻重依法处理。

欧震万万没有想到这么快就"东窗事发"。他深知共产党执行铁的纪律，自己这事非同小可，不由得暗暗吃惊。于是，当组织上追问他银圆来历时，他故作镇静，编织了一个又一个的谎话。然而，假的毕竟是假的，纸是无论如何包不住火的。"马脚"就在不能自圆其说的谎话中露了出来。此时，欧震仍然是"不到黄河不死心"，他百般狡赖，死不认账，抱定：只要不开口，神仙难下手。直到朱氏被带来与他当面对质，欧震尽管胆大妄为，毕竟做贼心虚，一见到朱氏，硬撑着的心理防线彻底土崩瓦解，只见他脸色苍白，大汗淋漓，双腿一软，瘫倒在地。

欧震被逮捕后，榆林公安分局迅速将此案逐级上报，各级领导十分重视，认为欧震的犯罪行为，就是"五子登科"的行为，尤其因为，欧震的犯罪行为发生在上海解放还不到半个月的时间里，倘若不严肃处理，势必助长此风，此风若长，后患无穷。市公安局局长李士英、副局长杨帆立即批示：欧震敲诈勒索，诱奸妇女，目无法纪，应予枪毙，以维纪律。华东军区淞沪警备司令部司令员宋时轮、政委郭化若批示：执行枪决。分管政法工作的副市长潘汉年批示：此犯（指欧震）自应枪决。7月14日，李士英、杨帆亲自起草文稿、判决书，呈报陈毅市长核示，陈市长挥笔批了四个大字：同意枪毙。

1949年8月14日下午，淞沪警备司令部军法处执法人员怀着沉重的心情扣响了手枪的扳机，一声震耳惊心的枪声划过苍穹，上海解放后第一起惩治腐败分子的案件至此画上了句号。

欧震被处决后，淞沪警备司令部军法处张榜公布了欧震的罪状，现摘录一节如下：

……查欧震原系蒋匪军警人员，三青团分子，人民解放军本胁从不问之宽大政策，予以教育释放，人民政府本与人为善之方针，予以改造培养，并给以随军南下协助接收为人民服务之机会，乃该犯口是心非，旧习复发，竟敢利用军管会接收人员之身份，敲诈勒索，诱拐逃亡人员家属，既已知法犯法，又图文过饰非，违反政策，玷辱军誉，破坏纪律，触犯刑章，实属罪在不赦。兹经上海市军事管制委员会批准，处以死刑，以昭炯戒。此布。

布告一出，消息不胫而走，街头巷尾，议论纷纷。"共产党就是认真，解放军纪律真是严明。"老百姓如是说。榆林公安分局一位留用旧警郑重其事地告诫同事："共产党说到做到，办事一点不含糊，大家一定要谨慎小心，千万不能胡来啊！"

当然，也有人认为，对欧震的处理似乎偏重了一点。8 月 15 日，《解放日报》专门发表了一则小评，对欧震为什么被诛作了颇为透彻的解答，其中一段是这样说的：

这件事，说明共产党领导的人民解放军与人民政府有高度的纪律性，这个纪律性不因革命在全国范围内已基本上取得胜利而松弛；相反地更加严肃自己的纪律，以保持革命队伍的纯洁。国民党反动派"劫收"上海及其他各城市时大搞"五子登科"，我们则不允许革命队伍中有任何一个人腐化堕落，破坏纪律。欧震的行为，就是"五子登科"的行为！这，一方面损害了人民解放军与人民政府在人民群众中的威信，同时，也在革命队伍里起着一定毒菌的作用，为了保持革命队伍的健康，对于这种腐化堕落、违反政策、破坏纪律的分子，加以制裁，是完全必要的。

破获国民党特务潜伏电台

杜济生

1949 年 4 月，邯郸地、市公安机关破获的国民党国防部保密局（原军统局）特务潜伏电台案，是当时我冀南区内的重要大案，是对国民党保密局特务机关的一个重大打击。当时，我在邯郸专署公安处任侦察科长，是破获这个案子的专案办公室负责人，自始至终参加了侦破此案的工作。

张网以待

1948 年，我人民解放军经过英勇奋战，已由战略防御转入战略进攻，迫使蒋军全线溃退。蒋介石和国民党反动派为了垂死挣扎，一面命令其部队固守顽抗，一面又指示保密局长毛人凤向我邯郸和解放区其他重要地方派遣特务，潜伏电台，建立情报机构，刺探解放区的军事、政治、经济情报，并组织"行动组"，妄图炸我桥梁，毁我交通、仓库、工厂等重要设施，暗杀我各级领导干部，以此挽救其灭亡的命运。在此期间，我们地区曾发生了峰峰煤矿高车被炸毁，邯郸县七里桥被炸，河沙镇被服厂破坏未遂等事件。这时，我们接到晋冀鲁豫中央局社会部的指示，接待了从国民党统治区来邯郸的剑豪（化名）。剑豪是黄埔军校毕业生，大革命时期加入我党，后脱党，在国民党军队中担任中级军官，日本投降后与我建立了联系。这次经过周密研究，我们作出了依靠剑豪建立关系，打入敌人内部，把敌人的电台和保密局派往邯郸、大名情报组的特务人员一并引诱至邯郸，尔后一网打尽的部署。

当我们获悉敌人将向我区派遣特务潜伏电台后，我们即着手准备，组织力量，严阵以待。华北局社会部（这时晋冀鲁豫中央局撤销）对破获敌台案件十分重视，冀南区党委社会部覃应机部长亲自坐阵，指示成立了以邯郸地、市委书记和公安局（处）长参加的领导委员会。在市公安局设立专案组，以地区公安处李文彪处长为总指挥，市公安局吴福祥和武冬负责侦察工作，杜济生为专案办公室负责人。侦察人员除地、市公安局（处）侦察科全力以赴外，冀南社会部还派员参加并带来侦察电台，随时配合地面侦察。另外，还从各县公安局调来一些同志配合作战。华北局社会部杨奇清部长指示：为了配合我大军渡江南下，争取把敌台早日引诱进来，及时掌握南京国民党政府的动态。

为了适应案情的发展和工作需要，领导决定扩大原来的职业摊点——太记商行，增拨资金，增加人员。当时，太记商行经营了大批药材，货物堆积如山，是当时邯郸数一数二的大商行，经理钟志（化名）即是市公安局业务侦察员。敌台进来后，计划就安置在太记商行。这个地方不但我们感到安全保险，尤其要使敌人感到安全、保险。为了万无一失地进行工作，我们还抽派魏县公安局局长张俊杰（化名）以钟志内弟的名义到太记商行当伙计，准备接近敌台；市公安局侦察科刘××以商行伙计的身份为掩护，担任情报交通；在太记商行对面又开办了一个小商店，由市公安局一科侦察员李×任经理，作监视敌人的岗哨，又可作为侦察员跟踪守候的落脚点；为及时掌握敌人动态，控制敌人的一切行动，发现与扩大线索，还派曲周县的侦察股长邢×在土山街卖小米，派永年县的侦察股长李××在邯山路市场卖估衣作掩护。同时对即将潜来的特务情报人员的居住地址等都进行了周密部署和准备，均有专人监视和守候。

敌特部署

解放战争进入 1948 年，在我晋冀鲁豫解放区范围内，黄河以北敌人据点基本被清除，唯新乡、安阳尚在敌军手中，孤悬在平汉线上。尤其是安阳，深入我解放区前沿，解放区逃亡的一些敌伪人员、恶霸地主、还乡团、土匪头子等多麇集在这里，与我负隅顽抗。国民党保密局冀南情报站即设在安阳。他们利用逃亡人员，或直接派遣特务，刺探我方情报，不断对解放区进行捣乱破坏活动。

敌冀南情报站站长为苗现吾，成员有崔爱国等。下设五个情报组：邯郸组，组长崔爱国（邯郸县人）；邢台组，组长张直辰（永年人）；黎城组，组长剑豪（化名、邯郸县人）；南宫组，组长米佑民。

苗现吾等为了向上邀功请赏，还虚报成立了一个曲周情报组，组长杨敬心，其实并无此人。

苗现吾和崔爱国之间，因争权夺势而相为水火。苗为压倒对方，拉张直辰为膀臂，张也久有觊觎邯郸活动点的野心，积极在苗面前卖好，并为苗拉势力，与张元喜（敌台台长）、剑豪、钟志结为四盟。崔爱国也不示弱，与译电员来荣庆和特务分子郭梦印、于文生、李魁元等结为五盟。两派之间你争我夺，闹得乌烟瘴气。

此时，特务分子张直辰、张元喜、贺述增、来荣庆、米佑民等已潜入我解放区，以经商为名，经常在解放区和安阳间来往。他们活动的区域有：

邯郸市，先后有张直辰、张元喜等四人潜入。据点是太记商行、××医院、××堂药店、××照相馆、孔××鞋店等地方。

临洺关，南宫组组长米佑民和电台译电员来荣庆等五人潜入，主要联系一些旧人员和土匪。

南线，由郭梦印、李魁元、于文生等人，组成邯郸—临漳—安阳一线的主要联络点和交通线。

其他，在临漳、成安、永年、沙河、隆尧、南宫等地，这些特务分子都进行过活动。

潜伏特务人员多用化名，如张直辰化名老头、张臣民，代号1610；活动地名也多用人名代之，如邯郸组称谓卢梦九，邢台组称许荣元。

他们的来往信件多用化学方法书写（纸张是草纸、毛头纸）。在来往信件上没有真实姓名，署名均是化名、代号，并以什么兄、弟、仁兄、仁弟相称。内容均用暗语，诸如：来货（指信）收到，发货（指电信）没有收到，这里每夜9点收货（指安阳9点收听）等。

这些潜伏特务分子多受过高级特务训练或专门训练。对于化装、刺探情报、化学技术通信、爆破、暗杀等都能熟练掌握。而且来邯前在物资准备上也很充分，诸如电台、海洛因（毒品）、鸦片、金条、银圆、货币以及暗杀、爆破的各种枪支弹药、炸药、雷管、导火线和通信器材等，应有尽有。这些特务一旦潜伏到解放区站稳脚跟后，既可熟练使用带来的爆破暗杀器材，又可就地购买器械部件自行装配。对此我们是有高度警觉和思想准备的。

打入敌特内部

1948 年 7 月 5 日，我关系剑豪由蒋管区郑州来邯郸接受打入敌特冀南情报站的任务。

10 月 13 日，剑豪由安阳返邯汇报说，已打入敌人内部，经崔爱国举荐，冀南情报站站长苗现吾已委任他为黎城情报组组长。崔爱国给剑豪布置了三件任务：一、找妥潜伏电台地址；二、建立自己隐蔽掩护职业；三、了解黎城县、区长姓名。我们针对崔对剑豪的布置向剑豪明确指示：全面与重点相结合，了解敌情必须掌握一部电台。剑豪即于 10 月 20 日返回安阳。嗣后不久，经敌特邢台组组长张直辰活动，由苗现吾批准，剑豪被张拉进邢台组任内勤。

剑豪的打入工作是有领导、有计划、有布置进行的。郑州、洛阳相继解放后，安阳孤立。在我军节节胜利的形势下，苗现吾计划把电台抛出去，安阳丢失后，亦能为他们继续工作。我们掌握了敌人急于将电台抛出去的心理，为了及早把敌台引诱进来，根据上级指示，经过详细研究，决定再派由剑豪、钟志和王××三人一起前去安阳诱敌。国民党国防部保密局冀南情报站站长苗现吾接见了剑豪。剑豪将随身携带的一份所谓绝密文件及公安局的出境证交出，取得了苗现吾的信任。尔后，苗又第二次接见了我们派去的剑豪等三人，经过详细询问后，苗表示可派电台潜伏邯郸，还商谈了如何把电台和特务情报人员潜伏到邯的细节。

保密局为了保证电台和潜伏人员安全到邯，可谓挖空心思，费尽心机。特务头子苗现吾改派他的得力助手张直辰任邯郸情报组组长。让剑豪和敌台台长张元喜先到邯郸，准备安设电台地点，然后，由张直辰作好运送电台的准备。数日后，张直辰由我们内线王××陪同一起来邯。张直辰到邯郸后，剑豪将钟志以自己盟弟的身份介绍给张直辰，并骗取了张直辰的信任，打入了特务组织内部，经张直辰请示安阳的苗现吾，批准钟志为他们的基本成员。我们把张直辰安置在太记商行居住，张认为此地很保险，感到满意。张为了电台的安全，来邯时知我军布防严密不易通过，于是便从安阳唯一的一个外围据点——槐桥绕道东行，将电台放在中途临漳县杜村集，来邯后复于 11 月 23 日返回临漳县杜村集取电台。敌人为把电台安全地运到邯郸，在安阳就把电台和密码焊在五个棉油桶底下（二层假底），上面装满油，敌人以油贩的身份，担着油担，绕道而行。为不使敌人因过分顺利而起疑心，我们预先布置了公安人员和武装民兵对他们进行盘查，但适可而止，既不让敌人产生错觉，又确保了电台顺利运到邯郸。

12 月 7 日晚已运到邯郸电台一部，附有方电二筒，圆电四筒，小电90 筒，电报密码十余本。待此台与南京通报后，敌人尚拟再运来电台四部，通过邯郸为桥梁分设临清、石门（石家庄）、邢台等地。电台运来后，安放在我们早已准备好的太记商行里，均交给我业务侦察员钟志保存。随着敌台的到来，敌特人员亦相继而来，对这批潜伏的特务，我们根据他们的职务、身份及社会关系，进行适当的安置，把主要分子安在太记商行居住，对一般的特务人员则分别安置其他地方居住。故这些特务完全处于被我掌握控制之中。

敌台来邯后，张元喜用一天的时间就安装上了。为怕引人怀疑，放一台收音机装上天线，以此伪装，白天看来是收音机天线，到深夜就成了敌台天线。不管敌人多么诡计多端，电台和密电码保存在钟志——我们自己的同志手中，敌台的一切活动，均在我控制之下。按照规定，如与敌特电台通电，必须经中央批准。所以我们就设法制造了种种障碍，一直拖延半月时间，经中央批准后才让这个台与敌台（安阳、南京）发报通电。等发报机一切准备就续后（包括我们的监视电台），规定了与敌人通电时间是每晚 12 点钟以后，后来敌台规定每天早 6 点，晚 9 点。经过呼号，先和安阳的敌台联系上了，后又陆续和南京、上海、重庆、西安等地的敌台也取得了联系，因此每至深夜敌台活动频繁。随着特务情报人员的增多，我们的侦察力量也充实和加强了，敌人出去都有我侦察人员跟踪、监视和守候、盯梢。特务分子所到之处，时间、地点、和谁接头、到谁家去都被记录下来。特务情报员不论在市内或去永年、成安、临漳、沙河、隆尧、南宫等县，均在我视线控制之内。敌人所得到的真实情报全部被我扣押，而后由我们编造假情报，交敌译员，再交台长发出。敌后的密码被我们窃取抄录，敌人发走的情报被我侦察台一字不漏地收到。经我们编造的假情报每发往南京政府后，都受到了奖赏。敌特联系频繁，尽管发出的是编造的假情报，但有时我们也漏控，但对我们有影响、有危害的情报绝不让他们发出。其方法是：公安干部化装成警察或民兵，以普查户口为名，迷惑敌人，造成错觉，敌人见此情况迅速把电台藏起来，拖延了时间，使漏控情报失去作用。这办法虽土，但非常有效。在此以后，敌人在解放区的一切行动预谋，均被我掌握，一些大的破坏活动，亦均被我有力地控制。

跟踪追迹

这批潜伏来邯的特务分子，有的受过高级训练，狡猾异常。他们住在太记商行，外出活动时，走出街门并不东张西望，而是大大方方，目标本来在南，但出门后却先向北走出一二百米，看是否有人跟踪，窥测无人时，扭头再往南扬长而去。在市内活动时多走小巷和背道，到达目的地时总是绕几个弯子，遇同伙时说话声音很低，几个人同行时都不一起走，而是在半路碰头。敌人的活动规律，已被我掌握。我们采取机动灵活的战略战术，用兵对兵、将对将的方法。敌我力量对比是一比二、二比三，甚至数倍于敌。敌人每走一步，都被我侦察员紧紧跟上，这些特务分子的行动，尽管异常狡猾、鬼祟，但他们的一切活动全都被我们控制和掌握。

有一次，潜伏特务去远距邯市 30 公里的成安县城，武××等两名同志负责跟踪，当时我国家机关实行供给制，每人每月只有 2 元钱的津贴费。武××等因走得急身上分文没有，从早晨出发一直到深夜 2 点多才返回邯郸市，就这样，两名同志忍饥挨饿圆满地完成了任务。

还有一次，敌特去临漳，刚出市就急蹬自行车快速驶去，我侦察员也随之加快蹬车速度紧紧咬住。由于我侦察员骑的是破烂不堪的旧车子，在紧追过程中，三蹬两蹬把自行车链条蹬断了，眼见敌人远远而去，怎么办？正在这紧急时刻，我第二个侦察员火速跟上。断链子的侦察员以最快的速度修好链条后又急追上来。始终紧紧盯住敌人，没有断线。

为了监视和守候敌特行动，及时发现线索、掌握控制敌人，我曲周县公安局侦察股长邢×在土山摆摊卖小米，永年县公安局侦察股长李××在邯山路商场摆摊卖估衣。当时正值严冬，天寒地冻，顶风冒雪，吃够苦头。但这两位同志坚守岗位，认真监视敌人的活动，很好地完成了任务。与此同时，对敌人居住的××堂等也都部署了相应的摊点。这对侦察、监视敌人都发挥了重要作用，这些同志都作出了成绩。

深入核心

为了深入敌特内部，严密监视和控制敌人，我们继剑豪、钟志之后，又派了张俊杰（化名）等四个同志打入敌特内部，并逐渐接近和掌握了敌特电台、资料、交通等机密。特别是控制电台，是打入工作最重要的一环。为此，我们选派魏县公安局局长张俊杰打入敌人核心。在张打入前，先由钟志在敌台台长张元喜面前多次表示为其找可靠人员帮忙，然后由张俊杰持钟志写给其岳母的一封假信（内容是：岳母大人，我在邯郸做生意很忙，如弟俊杰在家没事，可来邯帮我经商）来到太记商行，以钟经理内弟的关系当了内守柜，逐渐接近张元喜，取得信任，当了张元喜的勤务员。平时帮助张元喜架电台，每日三顿端饭，铺床叠被，点烟送水，抹桌子扫地，还要侍候好张元喜的小老婆，照顾得他们无微不至，使之对张俊杰更加信任，故让张俊杰随台训练，掌握电台机密。

为了取得敌人的绝对信任，钟志多次向张直辰和张元喜表示：为了朋友，我全家四口人的性命都不要了。张直辰、张元喜为了表达对朋友的信任，提出与钟结拜为弟兄，钟慨然答应，从此钟即与"二张"兄弟相称。

窃取密码

要想真正控制敌台，必须切实掌握敌台密码。我们先由内线钟志将密码窃出，然后组织得力干部突击抄写，我们共抽调了八名干部，原计划三夜把密码抄写完毕，结果经过八夜紧张奋战才得以完成。原因是：受时间限制，因为抄写只能待敌睡后窃出密码方能进行；敌台特务密码号数多，公开电码是四个数号为一个字，而特务密码是六个数号为一个字。例如：246872 为"中"字，324597 为"国"字，12 个数字才译成"中国"两字，所以既费时又费力。尽管如此，我们晚上熬夜，白天还要坚持正常工作。为抄写这些密码，杜济生还累病了。

全面掌握了敌台密码，我们就能全面控制敌台的一切活动，使我空中侦察和地面有机配合。

敌台密码非常机密，达十多种，许多密码都是专用密码，例如邯郸组与安阳站，南京保密局通用与专用密码等。这些电码均被我全部无一遗漏地窃抄完毕。

窃抄了密码，我们首先学会了使用，又很快学会了翻译。敌人所有一切情报材料，包括电报密码，均由我内线保存。因此，敌人所发电报，都是先由我们审阅批准（发报经我核稿）后，方能发出。

敌台与安阳敌人联系上后，进而又与南京、上海、西安、福建联系上了。我很快获取了敌人几件战备性的重要机密电报。我们还通过空中侦察，获取了地面侦察所得不到的重要情报，如进一步证实特务组织和特务活动情况，某潜伏特务的职务、提拔等。

敌电台自被我严密控制和掌握后，自1949年1月23日至3月11日的一个月零18天中，我共译出来往电报108份。其中，获敌重要情报56份，我台侦听52份。如1949年1月26日，正当我军淮海大捷和进行平津战役之时，安阳敌台转国民党保密局电令说（大意）：

1. 中央保密局迁移上海、台湾等地分散办公，并电示邯郸情报组。

2. 今后所有军事、策反、行动、侦防、心理作战、特种大事等情报，从1月15日起向广州发电，邮文件寄广州绥靖公署处郑××转局。

3. 今后所有秘密单位，布置人事，电讯业务等向福州发电，邮件寄台北市×××号信箱。

一网打尽

1949年4月21日，当我人民解放军以雷霆万钧之势浩浩荡荡地渡过长江，向国民党的老巢——南京挺进的胜利时刻，我公安干警奉命破获敌特电台！在上级党委的领导下，地区公安处李文彪亲自指挥，经过事前充分准备，邯郸市及全区有关各县采取统一行动，经过一夜时间的紧张战斗，敌台及其特务组织全部被我破获，人员无一漏网。逮捕了特务台长、情报组长，译报员及各县一大批特务人员。缴获敌台收、发报机各一部，绝密电报密码十余本，爆破器材、炸药、雷管、导火线、枪支子弹等一大批特务活动器材。敌电台一案的破获，是邯郸地、市公安工作解放以来在隐蔽战线斗争中取得的一次重大胜利。

敌台破获之后，为继续迷惑敌人，收集敌人情报，经上级批准，把这部敌台安在我机关内，利用特务台长、报务员、译电员为我们工作。在此之前，我们曾对抓获的敌特进行突审，并向他们一再阐明我党的政策，介绍全国大好的军事、政治形势，说明辽沈、淮海、平津战役已胜利结束，我解放军已渡江南下，全国解放指日可待。指出其前途，使其认清形势戴罪立功。经教育后敌台长发誓说：我一定为政府服务，立功赎罪，争取从宽处理。于是我们就带着他来到我公安机关看了他的电台，也让他看了我们的侦察台，确定让他重新上台负责与敌台联系（因为电键按得轻一点重一点都会引起对方怀疑，以防暴露），并郑重地一再告诫他：服务工作一如既往，绝不能暴露任何蛛丝马迹，如有意暴露电台或不按时发报与敌人联系，将处以严刑。经过上述工作，效果很好。第二天敌台长就与南京、重庆的敌台联系上了，继续与敌台通电约一个月之久，没有发生任何事故。直到后来奉命撤销了这部电台，才停止了和敌人发报联系。

侦破保密局北平技术纵队特务案

————

凌　辉

　　1949 年 1 月，历史掀开了新的一页。古都北平欢声雷动，隆重庆祝
北平和平解放。

　　在胜利的欢呼声中，时任中共中央军委公安部副部长（后任军委总
政治部保卫部长、中华人民共和国公安部副部长兼政治保卫局局长、公
安部党委副书记）的杨奇清，领着公安干警进城后，来不及找个落脚睡
觉的地方，绑腿也没有松一松，就投入了侦破暗藏的敌特的极其尖锐复
杂的战斗。

　　北平和平解放不和平。国民党保密局在这里早就下了很大的赌注，
潜伏了大批特务。他们乔装打扮，鱼目混珠，千方百计打入我党政军机
关，窃取情报，谋害高级干部，放毒、暗杀，炸毁工厂、桥梁，中断交
通，甚至组织暴动，骇人听闻的案件时有发生。面对这种极其复杂的情
况，杨奇清副部长和全体公安人员只有一个想法：争分抢秒，深挖潜伏
的敌特，为中华人民共和国建都北京，为保卫党中央和首都人民的安全
消除隐患。

杨奇清亲自部署，并委派经验丰富的李广祥带队率领得力干部，到北平市公安局参加肃清敌特的斗争。为便于工作，任命李广祥担任北平市公安局二处副处长兼二科科长。协助北平市公安局统一组织领导各路隐蔽力量，对敌特展开凌厉攻势。

"钻进材料堆里"

杨奇清对北平市公安局二处内勤股长、公安工作的老手曹纯之首先布置任务："情况明，决心才大，你当前最主要的任务就是迅速集中敌情资料，钻进材料堆里，厘清线索，把那里潜在塘底的沉塘鱼给我找出来！"

曹纯之听后笑了："部长大人，你的嘴馋了，想吃大鱼？我这就给您去撒网！"

"不！麻老弟，我现在不是要你撒网，是叫你织网！织网，你知道吗？不是你一个人织，而要发动群众，大家都来织，都来捕鱼！"

曹纯之立正行了个军礼："好的！我这就行动！"

俗话说："七麻八怪。"曹纯之这位因小时生天花而长了一脸麻子的老侦察员，使出全身解数，带领内勤组全体人员，坚持连续作战，在有关部门的支持和配合下，很快从成堆的材料中理出重要的敌特组织情况。他追根究底，多方查找，终于查到了国民党保密局北平技术纵队的名单。就像哥伦布发现了新大陆，全组人员别说有多高兴了。杨奇清听到曹纯之汇报情况后，拍了拍曹纯之的肩膀说："目标虽已找到，可击中目标还得花更大的气力！"

但曹纯之却感到更大的难题在后头：保密局北平技术纵队在全国共有两个队，一队在南京，二队在北平，其所有敌特均经中美合作所训练，不但熟练地掌握了射击、爆破、投毒、暗杀等技能，还善于化装应变，秘密通讯联络。这些武装到牙齿的潜伏特务，改名换姓，分散隐蔽在数亿人群中，到哪里去找呀？而且侦察人员又少……曹纯之急得额上青筋直跳。

杨奇清望着曹纯之沉思了一会儿，胸有成竹地说："别愁眉皱嘴的！你一是找李广祥想办法去，他有路子；二是与部队联系，地方与部队协同作战。"几句话把老曹满脸的愁云吹散了。

曹纯之找到李广祥，紧握着这位英武高大而又干练的汉子之手，说明来意后，李广祥当即决定让他们住到阎塘的摊子上，并说："成润之在那里，有外勤力量借用，就好开展工作了。"

曹纯之说："到时候您还得亲自出马啊！"

"你放心，杨副部长都亲自挂帅了，我能不动吗？"李广祥回答道。

当即，他们又详细研究了案情……

大海捞针

从国民党留下的绝密档案里，虽然查到了北平技术纵队的一纸名单，但每人就只有一个姓名，那么两三个字，别的什么都没有。显然，在留下档案时，早就做了手脚。

怎么突破呢？曹纯之正在冥思苦想之中。电话铃响了。曹纯之拿起听筒，传来杨奇清洪亮的声音："纯之，案子进展如何？"

"正在大海捞针哩！"曹纯之回答。

"你准备怎么个捞法？"杨奇清问。

"还在思考呢！"曹纯之声音里透着恳求，"杨副部长，您给提示一下吧！"

"我又不是神仙，提示个啥呀？"杨奇清哈哈笑道。

"您思路开阔，就别为难我了！"曹纯之说。

沉默，听筒里听不到一丁点儿声音。曹纯之知道，有门儿了，部长在默神哩。果然，不一会儿杨奇清回话了："你把侦查的范围扩大些，把眼光放远点。不要吊死在死档案上，还要查一般文书档案。比如说，这些人大都进过军校，进过特种训练班，特别是中美特种训练班，早些年风行同学录，你到那里面去找找，兴许还能找出一些线索。"

"哦，是啦！"曹纯之一拍脑袋，欣喜地带着侦察员兵分两路，一路查同学录、户口等名录，一路做社会调查、找活资料。

不长时间，从那些同学录和户籍资料中，查出了保密局北平技术纵队大部分特务成员的籍贯、出身。侦查组顺藤摸瓜，发动当地群众检举揭发，特别是做好知情人的工作，反复交代党的"坦白从宽，抗拒从严，立功赎罪"的政策，并为举报人保密。

这天晚上，夜深人静。在西城区白塔寺大水车胡同里，有人悄悄向挂在墙垛上的举报箱投进了一叠材料纸。

看到这叠由知情人王雨田写的揭发材料，曹纯之如获至宝，他们连夜突审一个"活口"，综合从各方面侦察的情况，得知保密局北平技术纵队早在我军进驻北平之前，有大约一半人改名换姓，编入国民党军队，北平和平解放后，改编成人民解放军，摇身一变，成了"投诚起义人员"；还有一半散在社会上潜伏下来。

按照杨奇清的指示，曹纯之拿着经过核实的材料去到××军保卫部。保卫部的领导很支持，当即议妥：潜入军队的敌特，由军保卫部门缉拿，散在地方的敌特，则由地方负责搜捕。随时互通情报，军队与地方紧密配合，协同作战。

于是，一场在汪洋大海中捕捞鲨鱼的战斗迅速打响了！

先天妙道

一座红墙青瓦的大院里，正房的大炕上，摆着一只长炕桌，桌上中间放一檀香炉，后面一溜儿摆了五个葫芦，葫芦后放一尊特大的观音菩萨瓷像。炕沿挂一白绫，上绣海水荷花。香烟缭绕，蜡烛高烧。一声锣响，先天妙道开坛，信徒们个个虔诚礼拜。一老者身着黑色袈裟，双眼眯缝，双手合掌，口中念念有词："南无一梦断，西域九莲开，翻身旧净土，合掌见如来……"

那老者念过之后，咳嗽一声，开始讲道："咱们的宗旨是孝敬父母、和睦乡邻、戒烟戒赌，吃亏便是便宜，有便宜来不到咱家，如有大灾大难之时，找无人之处，出言念'观世音菩萨'五字真言三声，圣佛闻声，必有搭救……"

这就是漫布古城北平和冀、豫、皖等省广大城乡的宗教迷信组织——先天妙道。这老者就是这个组织的领导人江洪涛。人称他声望显赫，佛法无边，拜谒者络绎不绝。

这个组织有无国民党特务在暗中活动呢？杨奇清指示曹纯之选派得力侦察员化装打入该组织。几次虔诚参禅之后，获得了江洪涛的信任，当上了小头目，一时间并没有发现江有什么不轨行为，侦察员想收兵回营，杨奇清不允，要他们耐着性子多做几天信徒。并指派曹纯之以地方官员的身份，直接与江接触，摸摸江的底子。

江洪涛热情地接待了曹纯之，并自我表白说，他对救民于水火的共产党早就怀着无限敬仰之情，他创建的先天妙道曾巧妙地掩护了共产党的地下工作，救过共产党员。

深谙欲擒故纵之道的曹纯之，便对江洪涛说："洪老先生，现在可不是对功绩保密的时候了，请您告诉我您创建的先天妙道都掩护过什么人？救过哪些共产党员，我好向上级给您请功呀！"

"不必，不必！佛家以慈悲为怀，但求普度众生，怎望记功请赏呢！"

"那除暴安良，扶正祛邪不也是贵会所提倡的吗？"曹纯之鼓励道。

"是，是！敝会与邪恶势力誓不两立。"

曹纯之说："您见多识广，社会接触面宽，能否给我们提供一些潜伏特务的线索？"

"可以。"江洪涛一摸光秃秃的脑壳，小声地说出了三个特务的姓名和住址。

曹纯之当即和两名侦察员按照江洪涛提供的特务名单进行实地调查。在西城区，了解到特务蔡××和张××的如下情况——

蔡、张两人当时都是打零工的失业人员，身上衣衫褴褛，床上缺铺少盖，一床旧芦席，一块破烂巾，家境十分贫寒，勉强维持日常生活。他们所居住的贫民窟，常有共产党地下工作人员出入，开展秘密革命活动，保密局特务和宪兵、警察即死死盯着这个地方，却屡屡扑空。这天，蔡××的一个住在天津的表哥来找他，叙谈之后，见其生活困难，便慷慨解囊相助，递给他500元钱。蔡××坚决不受。他表哥说，一家人咋这样生分？这样吧，算是表哥借给你的。蔡××只好收下，说以后有了钱一定还你。此后，表哥隔不了多久，常来找表弟扯谈，问他见什么陌生人来过没有？胡同里有什么新鲜事？还说你失业在家也不是长久之计，准备介绍他出去谋点差事。表哥来多了，便跟蔡的好友张××也混熟了，也答应给他谋事。有一天，此人把他俩约到一所洋房里，拿出一张表，要他俩在上面签字画押。他俩一看，这是保密局调查员登记表，心想这不是特务组织吗？两人便说自己没文化干不了。表哥瞪起眼说："不碍事，又不是要你们写文章！你们还是当你们的老百姓，只要把眼睛睁大一点，有共党活动给我透个信。我这里按月给你们发薪水。"蔡××、张××知道要硬顶是顶不住的，便敷衍着应付过去了。此后，并没给通风报信。不久，北平和平解放了。

其他的调查情况也同样表明，江洪涛提供的潜伏特务名单，其实都是过去上了敌特的当而早已不为他们所用的人。

曹纯之发现江洪涛并不是一般宗教会道门的首领，而是保密局北平宗教组织负责人。根据杨奇清的指示，他们采取了又一策略。

将计就计

一天，曹纯之用小车将江洪涛接到自己的办公室内，寒暄过后，曹纯之和他天南地北拉起了家常（后来得知他们是同乡）。谈到高兴处，曹纯之让江洪涛评论保密局的特务，哪些人可能洗手不干，哪些人可能潜伏下来。江洪涛说："你这么信赖我，我就给你当个参谋吧。不过，我说的可不一定准，是水板上的字，不对你就抹掉吧！"

曹纯之说："哪里，哪里，会长你德高望重，了如指掌，咱又是老乡，难道您还会骗我吗？"

江洪涛说："不会，不会。'言必信，行必果'，这可是敝人立身之本。敝人一生以忠信待朋友。"接着便说出了一大串洗手不干的特务名单，也谈到一些人有潜伏下来的可能。

对江洪涛提供的情况，我公安部门及时与外线联系，深入调查侦查。结果发现他提供的那一大串洗手不干的特务，绝大部分是隐蔽下来，以职业为掩护，正在窃取情报，或暗中煽风点火，挑起民族纠纷，制造社会混乱，图谋颠覆新生政权的敌特骨干；而他提供的那些有可能潜伏下来的人，却大都已向当地政府和公安机关自首登记，成了老实守法的公民。

江洪涛的险恶用心又一次被我识破。但他一计不成，又生一计。

某日晚上，江洪涛主动上门向我公安机关汇报了一个极其机密的情况：据一个道友反映，过去被称为少帅的吴佩孚的儿子家中暗藏武器，准备组织暴动。

情况很快报告到杨奇清那里。吴佩孚的儿子搞暴乱，这案件非同一般。但侦破力量有限，是暂时停止对保密局北平技术纵队特务案的侦破，转过手来侦破暴动案吗？当曹纯之向杨奇清请示时，杨奇清说："不！不能暂时停止，力量不够，我马上给你抽调十名得力侦察干部。暴动案也一起由你们去侦破！"停了一下，他又说："也许这是敌特在丢车保帅，转移我们的视线。我们兵分两路，来个将计就计。"

二处处长和一名侦察员去到家住西城铁炉胡同的吴佩孚儿子家里。正碰上他一家人在吃晚饭，见桌上精美的瓷盘里盛着黄州特产"鳊鱼"，吴佩孚的儿子"少帅"正在美滋滋地吃着。处长笑指此鱼说："吴先生，你这吃的不正是苏东坡在赤壁赋中所称'巨口细鳞，似松江之鲈'鱼吗？"

"正是，处长你俩也来尝口鲜吧？"吴先生笑眯眯地回话，他们早就相识了。

"吃过饭了，肚子里饱着呢。"处长说。

"那请先在书房稍坐，我就来。"说着将二人引进书房。

书房里挂着一幅古香古色的条幅，处长扫了一眼，只见上面写道：

民国军人皆紫袍，

为何不与民分劳？！

玉杯饮尽千家血，

红烛烧残万姓膏。

天泪落时人泪落，

歌声高处哭声高。

逢人都道民生苦，

苦寒生灵是尔曹。

吴佩孚丁卯春

读着这诗，只觉意境萧索，如泣如诉，然亦不无愧悔待罪之情。这时，主人进来了，他说："这是家父1927年2月被张作霖军赶出郑州退至巩县，时值54岁寿辰，有感而作。"

处长单刀直入地问："令尊于1939年12月逝世后，家中尚存军火吗？"

吴佩孚的儿子见问，哈哈笑道："当时蒋介石对我父亲表面上弃嫌修好，其实口蜜腹剑，阴险万分。家父死后，我家屡遭特务军警洗劫，武器早已荡然无存矣。"

处长说："我已调查过了，国民党特务军警是已几次查抄过你家。但近日我们接到举报，说你家还藏有武器军火。"

"谁人举报的？"吴佩孚的儿子惊问。

"这个你就不用问了。"处长回说。

"你不说我也知道。"吴佩孚的儿子气愤地说，"肯定是那个不要良心的妖道江洪涛！"

"他找过你？"

"岂止找过，还威胁我说，不参加他们的组织，不把军火交给他们，就到人民政府去告我，说我'私藏军火，准备暴动'。"

"你怎么回答他的？"

"我说我与蒋介石有不共戴天之仇，怎能助纣为虐加入你们的组织！

要诬告我，随你的便！我身正不怕影子歪！江洪涛就说：'你身正？你是军阀的儿子，看共产党不把你剁成肉饼才怪呢！'说罢悻悻走了。"

"你相信他的话？"处长反问。

吴佩孚的儿子手一摊："我不相信。共产党连傅作义都容下了，还能容不下我这破败的平民百姓！但是你们如今却找上门来了！"

"查对事实嘛！"处长说，"我们不会听一面之词。共产党历来讲的就是实事求是，你有什么事就直说吧！我们不会为难你的。"

吴佩孚的儿子沉思了一下说："我家是有几十条长短枪，那是我父亲遗留下来的，埋在地下 20 多年了，一直没取出来。我怕取出来反倒自找麻烦。你们来了，我就带你们去挖吧！"说罢，便领他们来到后花园假山里的一个秘密地下坑道。好不容易揭开盖板，取出枪支一看，无论长短枪支，全是锈迹斑斑，枪栓、机头都拉不动了，简直是一堆废铁。再看那几箱子弹，颗颗结满了绿霉黄锈，经过逐一检验，全报废了……

处长和侦察员又进一步作了调查，结果表明：吴佩孚的儿子所述情况属实，他对蒋介石一直不满，但为人胆小怕事，埋下的枪支弹药几十年没去触动，更不存在如今准备组织暴动。

至此，真相大白：有人想借刀杀人，转移视线。

孟大夫的私人诊所

在江洪涛提供的"早已洗手不干的一般特务人员"名单中，有个姓马的药商，却异常活跃。他与纠察总队挂上了钩，以协助进行社情调查为名，在北城进行半公开活动，暗中联络国民党遗留下的军宪警特，其秘密接头地点就是在外城牛街孟大夫的私人诊所。

经过侦察获悉，马××就是北平技术纵队西城区地下司令，他的公开身份是药商，以买卖西药为名，经常出入于孟大夫的私人诊所。

孟大夫又是何许人？

这天深夜零点，"咚、咚、咚"的敲门声不紧不缓地敲响了牛街孟大夫的私人诊所。

躺在床上还未合眼的孟大夫听到敲门声忙问："什么事？"门外答道："有一重危病人请大夫瞧瞧！"

孟大夫和气地说："好的，我就起来，请等等。"开了门只见一个人，扶着一个脸色蜡黄的青年男子。

"你哪里不好？"孟大夫问。

"我肚子疼得厉害。"病人上气不接下气地回答。

孟大夫从没有加锁的办公桌的左边抽屉里取出诊疗器，让病人解开衣服，给他检查。

趁这当儿，那扶病人的中年人，早已暗暗盯着孟大夫刚才拉开的办公桌的抽屉，发现那抽屉底面糊了一层牛皮纸。

孟大夫看完病，便去拉开右边的抽屉，拿出处方单，给病人开处方。那中年人的眼角也瞟了右边抽屉一眼，发现同样糊着牛皮纸。

原来，那扶着病人的中年人就是侦察队队长老曹。他经过多方侦察，掌握到这名孟大夫是特务组织的参谋长，藏有特务组织的秘密成员名单。但究竟藏在哪里呢？他扶着一个确实患病的侦察员，来光顾孟大夫的诊所。当晚，看过病之后，他们买了药，连连道谢着告辞出门。连夜，老曹将侦察情况向侦察处作了汇报，并请示杨奇清下一步的做法。杨奇清指示说："要稳住孟大夫，赶快查获他藏的敌特秘密组织名单。那两个不上锁，随便拉开的抽屉里那牛皮纸下面可能有名堂。要严密监视，并立即实施秘密检查。"

终于，从孟大夫的办公桌的抽屉里，那糊着牛皮纸的底面，查出了保密局北平地下工作队的秘密名单。那名单写在另一张牛皮纸的背面，反贴在抽屉底面。

又一个宁静而不寻常的夜晚，一场抓捕特务的战斗以迅雷不及掩耳之势展开了。在杨奇清等人的指挥下，公安人员分头出动。侦察队长老曹首先率领侦察组到马宗元家实行突击检查，从他家的房架上搜出了北京解放前保密局委任马宗元为保密局北平地下工作队少校队长的委任状。

随后，在纠察总队临时指挥所，在荷枪实弹的公安战士严密监视下，马宗元等一个个与人民为敌的特务乖乖举手缴械，押上了囚车，送到炮局子监狱。

文明手杖·钢笔枪

持续作战的曹纯之，此时已累得精疲力竭了。他躺倒在长沙发上想喘口气。刚躺下，猛听得轻轻的推纱门声。他当即从沙发上弹起来。这时，江洪涛已推门进来了。他身着浅米色纺绸裤褂，手持文明杖，头戴遮阳礼帽式细草帽。老曹一见，迎了上去，将滑到身后侧的左轮手枪迅速转到腰带右前侧。对他拱了拱手说："江先生请坐。"

江洪涛坐下后，毕恭毕敬地说："听说曹先生破了大案，特来祝贺。"

老曹答："案是破了一个，但这是人民公安战士的职责，用不着祝贺！"他抬手向西墙挂图上一指，说："你看，保密局北平地下工作队全部落网了！"

江洪涛皮笑肉不笑地说："是呀，你们干得真漂亮！"他说着一只手举起文明杖，另一只手往口袋里掏东西，"我给您送点微薄礼物！"

刹那间，江洪涛的文明手杖和博士金笔双双举起来了，一贯和善的笑面先生，现出了狰狞的面目。

就在这千钧一发之时，老曹早已举起左轮手枪猛地对准了江洪涛的心窝，老曹大喝一声："不许动！"唰的一下夺下了江洪涛的文明杖，随手缴了他的钢笔枪。江洪涛顿时满头大汗，从单人沙发上滑了下来，像堆烂泥似的瘫倒在地毯上。事到临头，他还不甘心认输，指着文明手杖和博士金笔喃喃地说："这是我给曹先生送来的！"老曹鄙笑道："不必客气了！这次破案，名单上没有你，实际上有你，案情就是从你身上发现的，能少你吗？你几个月来，什么时候也没带钢笔手枪、拐杖手枪来见我呀！这是送礼吗？"老曹盯着他继续说："姓江的，实话告诉你吧，抗日战争时期，我们对你搞的先天妙道早有研究，我常在先天妙道佛堂里走动。你和我们文斗、武斗都不是对手，你的戏唱到这里就算结束了！"老曹正说着，屋外响起了脚步声，老曹喊了一声："来人，把江洪涛押下去！"

江洪涛面如土色，低着头走出去，嘴里连说："厉害！厉害！"

至此，保密局北平技术纵队特务全部落网。

侦破"万能潜伏台"

———

凌　辉

一份署名 0409 的密码电报

1950 年年初,毛泽东主席准备访问苏联,与斯大林举行两国首脑会谈,签订《中苏友好同盟互助条约》。毛主席临行前,国民党保密局北平潜伏台向台北保密局发了密码电报,急报了这个政治战略情报。我军委三部监听台收到了这个电报,并准确地破译出其内容。毛主席接到报告后,指示公安部迅速侦破,在他回国前,一定要镇压这些反革命。当时公安部部长罗瑞卿在青岛疗养,杨奇清副部长(兼政治保卫局局长)亲自领导公安部和北京市公安局的同志,全力协作,侦破此案。

当时,我们掌握的材料极为缺乏。只有敌电译文和署名 0409,猜译可能是"郭、国、顾、巩"四字之一,此外没有其他任何线索。找了好些天,找不到敌特踪迹。杨奇清很焦虑,他召集紧急会议,对北京市局主管侦察工作的领导干部提出了严格要求和批评。并想到正在养病的侦察科科长曹纯之，便派警卫员去叫他来。曹纯之来后当即表示，保证按限期提前破案。杨奇清加重语气说："你说话可算数？"曹纯之回答道："敢立军令状！"杨奇清这才笑着对大家说："干我们这一行，要有这种气魄！好吧，就这么定：部里的侦察力量和市局的侦察力量，统一由曹纯之指挥使用，曹纯之每天晚上要到我家汇报当天侦察工作的进展情况和相应措施，大家都要给我当参谋，天天晚上也到我家听取曹纯之的汇报。我要亲自抓此案的侦破工作。"他还说："告诉宋德贵，后勤要跟上，曹纯之要什么，不要我批，保证供应！"

大海捞针

曹纯之到北京市公安局第一侦察队召开干部会，讲了侦破此案的政治意义。大家一个个摩拳擦掌，决心早日破案。但冷静地一想，破案难度很大。有人提出："大海捞针，从何处下手呀？"曹纯之向杨奇清汇报，杨奇清指示动用公安部的电讯侦察，缩小范围。

通过电讯侦察等办法，获得了台湾保密局同北平潜伏电台汇款、联系的几个情报。杨奇清亲自研究了情报材料，决定先找到特务经费的接收人计小姐，从她那里打开缺口，顺藤摸瓜。然而，北京、天津这样两个几百万人口的大城市，茫茫人海到哪里去找呢？杨奇清鼓励大家献计献策。曹纯之苦苦思索后，想出了从北京办理汇兑的银行、邮局的汇款单据中寻找收款人计小姐的办法。这个想法立即得到杨奇清的支持，他高兴地说："思路一开，就看到胜利的希望了。"他提示查汇要仔细、慎重、绝对保密。

经过两天的查对，大家把北京当时所有的收汇名单查遍了，可是没有发现计小姐。汇报的时候，同志们情绪都很沉闷。杨奇清却爽朗地说："北京没查到，到天津去查嘛！"他的话重新又在大家思想上点燃了希望之火。

天津市公安局二处负责人亲自布置这次查汇，果然从天津的电讯局和中国银行查到 1949 年 10 月 21 日、11 月 10 日两次由香港汇给计爱琳各 1500 元港币，收款地址是北京和平门外梁家园东大院沈宅转，两次取款均盖有计爱琳的私章。这个神秘莫测的计小姐终于呼之欲出了。

揭开"沈宅"之谜

当杨奇清得知查出了收汇的人名和地址以后，高兴地说："有事干了，要动用最精干的侦察力量，集中从计小姐这里把工作展开。"一场揭开"沈宅"之谜的侦破调查展开了。从户口册上，查到和平门外梁家园东大院甲七号沈宅的户主叫沈德乾，是个商人，1946 年即在此居住。经有关人员证实，沈德乾与国家合营周口店中华煤矿公司。沈德乾的妻子计歧玫当过妓女，日本投降后与国民党高级官员往来密切。与沈德乾同住的有岳母计赵氏及妻妹计采南，计采南的丈夫解放前逃往海外。

沈宅中究竟谁是"计小姐"？从外线侦察中发现计采南的姘夫孟广鑫是北京惠群企业公司的董事兼秘书。曹纯之当即派侦察员小冯（大学毕业生）按该公司的规章入了个能在公司安置工作的大股。小冯年轻、标致、善辞令，他一拜会公司董事长司徒美堂，就得到司徒美堂的赏识和重用，安排他当交际秘书。小冯利用这有利条件，很快了解到计采南是该公司的股东之一，她入有两股：一股是她自己的名字；另一股是用她母亲计赵氏的化名计爱琳。这样，便把特务经费收取人的地址和真实姓名找到了。

在侦察过程中，许多群众成为我们的"千里眼""顺风耳"。沈德乾的一个弟媳妇，就经常给侦察员反映沈家的动向。一次，她听到计歧玫催沈德乾归还挪用计采南的钱，沈被逼得急了就说："你们哪里来的钱，我还不知道，我给你们报告了，谁也别活了。"根据各方面的情况分析，各种疑点聚集到了计采南的身上，特务经费的收取人计小姐很可能就是计采南。杨奇清明确指出：要把计采南作为侦破重点，从她那里有可能发现潜伏电台。

抓住狐狸尾巴

经过对计采南的周密调查，在她曾住过的二龙坑的户籍上记载着有一个弟弟叫计兆祥，迁到南池子九道湾××号。曹纯之从在保定缴获的国民党的刑警学校"同学录"上，查出计兆祥是北平特警学校最后一期学生。曾在国防部二厅北平绥靖总队一大队当过中尉报务员。接着又通过曾在该大队任过报务员的叶××和宫××处了解到，北京解放前夕，计兆祥曾向他们透露过：1948年年底，他接受绥靖总队陈恭澍布置的潜伏任务。1949年年初改受保密局领导，电台潜伏在王府井一带。同年3月，叶××还见到计兆祥带其妻到市立第二医院检查过胎位。根据这些情况，杨奇清和侦察员一道分析，认为计兆祥可能与我们要找的潜伏台有关，便立即布置了查找计兆祥的工作。

与此同时，加强了电讯侦测。杨奇清调集了四台测向机和三部搜索机展开搜索，并把一架电台移到自己家里，他亲自侦测，测得潜伏台的位置在南河沿磁器库南岔道一带。

从户口调查中发现南岔道七号住户计旭有几个可疑点：第一，计旭是1949年年底迁居现址，与潜伏台向保密局报告的迁居时间相近；第二，他的小孩出生年月与叶××反映的计兆祥妻怀孕的时间差不多；第三，计旭所报职业是周口店中华煤矿公司职员，又与沈宅发生了联系，经过进一步的侦察，发现了与计旭有关的重要情况。一个侦察员在天津、香港商业来往电报中查到，1月初香港来电要求天津富贵大街五十八号天源行义记："交吴光宇饧（糖）二吨。"1月中旬情报获悉，保密局告北平潜伏台："发兄黄金廿两已与商家洽妥，希照前办法以吴光宇名义洽领。"与此同时，我派遣到惠群企业公司的侦察员小冯发现计采南的姘夫孟××要赴津，杨奇清让曹纯之立刻组织一个外线小组负责跟踪孟××，又调侦察摄影组随曹纯之事先赴津，经市公安局协助，在黑龙江路银行前面实地设置好了侦察摄影，按预定要求，拍摄下了孟××去取这年特务经费的一整套照片。

从电话监听资料中得知计采南与李超山关系暧昧，便派惠群企业公司的交际秘书小冯与李超山搭上关系，曹纯之以公司董事名义，与小冯同去李超山家谈生意。正碰上计采南给李超山来电话，李超山接连打了几个电话，通知×月×日，到漪澜堂聚餐。李超山的电话在南墙吊挂着，他拨电话号码时，曹纯之侧身抽烟，正好看见，便用心记下了。李超山打完电话，曹纯之便告辞出来。上车时他赶紧写下了电话号码。通过去漪澜堂等处侦察，发现计旭参加了这次漪澜堂会餐聚会，得到了不少一手资料。

随后又发现，计旭用吴光宇名义给天津天源行王××打电话，要求抓紧办香港拨汇黄金的事。如果能够证实计旭就是计兆祥，潜伏电台的情况就明朗了，为弄清这个问题，杨奇清指示侦察人员从敌伪档案中找到了计兆祥的照片，同计旭一核对，果然计旭就是计兆祥。这个狡猾的狐狸的尾巴终于被抓住了。

牡丹花图

负责具体指挥本案侦察工作的李广祥、苏宇涵等都到了第一线。他俩亲自布置了一个住在磁器库南岔道七号院内的民警，监视计旭的活动，特别注意他室内灯光明暗的时间和规律。民警观察的情况与侦测台测到的潜台收发报时间吻合。苏宇涵带领搜索机搜索结果，证明潜台确实在南岔道七号院内。潜台很可能设在计旭家里。但是做侦察工作的人员不允许按照大致不差去下结论，必须一步一个脚印，准确无误。这个院内住有十户人家，如何确定潜台就在计家，靠当时简陋的技术装备解决不了。但是参加此案的指战员运用他们的经验和智慧，终于想出了一个绝妙的办法。即在计旭屋子外面的电线上悄悄装了一个电闸。在潜台平常发报的时间内，突然一拉闸，马上又推上，造成电源瞬间的中断。我们的侦测台测到了计旭发报过程中电源中断的反映，准确地确定潜伏电台就架在计旭家。第二天上午逮捕了计旭。

计旭百般抵赖。在他家中当时也没有搜出电台。曹纯之急速赶赴现场，他仔细扫视了一遍，坐到沙发上，点着香烟悠然自得地吸烟。仰头一眼看到房中天花板上贴着一张牡丹花图。凭着他多年做侦察工作的经验，他用手一指，对旁边的侦察员说："上去，把电台取下来！"

牡丹花图被揭开，果然看到上面有一块活动天花板，推开活动的天花板，取下了美国制造的收发报机一部、密电码四本、美制二号左轮手枪一支及电报底稿、图章等一批犯罪证据。

为了扩大破案影响，给台北保密局精神上以沉重打击，以北京市公安局内二分局十四派出所的名义，命令计兆祥最后给保密局发去一个电报。通知他们北平潜伏台已被破获，敦促保密局的特务们认清形势，翻然悔悟。

计兆祥潜伏台是美蒋称之为"万能台"的一种新的组建潜台的形式。全台只有一个人，即负责情报和收发、译电任务。这种要求谍报人员高度精干的组织形式，很便于隐蔽、转移；暴露的可能也有所减少。它的活动是颇为嚣张的，建台不到一年，通报竟达 2 万多次。发出的情报大部分是报纸上公布的和社会上听来的，机密情报极少。为了奖赏这个特务分子，在前几天，保密局晋升计兆祥为少校，并决定发给奖金银圆 300 元。计兆祥正陶醉在升官发财的美梦中，万万没有想到却落入了人民的法网。苦心经营的"北平潜伏台"最后发出的一份电报，竟是人民公安派出所向他们宣布潜伏台已被破获和敦促他们投降的通知。

这个万能潜伏台的破获，为城市侦察工作积累了经验，沉重打击了敌人的嚣张气焰，保卫了毛泽东主席出访苏联的重要政治活动。

军统特务"赛狸猫"落网记

———

少　吾

1950 年 8 月，我们接到公安部一件敌情通知，内称："保密局特务段云鹏，负责北京行动工作，解放后曾潜入北京活动，现准备再次潜京。"侦察科王兴华科长随即批交我侦破此案。当年我曾与这个著名"飞贼"打过交道，但对段竟敢前来北京进行暗杀破坏活动，仍然感到十分震惊！为保卫毛主席和党中央的安全，我满怀信心地投入了这场战斗。

平津飞贼　老牌特务

段云鹏，又名段万里，1904 年生于河北省冀县。早年在旧军队中当兵，练得一身武功，并有一套攀高上房的本领，因而被提升为训练新兵的教官。1928 年离开旧军队后，在北平流落为惯窃，成了一个专门夜间入户盗窃的"黑钱"。他曾夜入北平瑞蚨祥绸布店和德国驻华使馆以及一些阔商、富户住宅内盗窃，在平津一带作案多起，被捕入狱多次，成为国民党刑警队和看守所的"常客"。久之，他便与看守员勾结，白天在牢内睡觉，夜晚外出进行盗窃，销赃后共分。由此传说段是个能"飞檐走壁、窜房越脊"的飞贼，绰号"赛狸猫"。

日本投降后，段云鹏被军统局北平站行动组上校组长江洪涛吸收为中尉组员，并受到北平站站长马汉三的重用。马汉三曾布置段和崔铎（行动组中尉组员）等特务昼夜监视军调部的中共代表叶剑英和滕代远的行动。段一人曾在夜间越墙潜入叶、滕住处内，阴谋行刺和盗窃文件，被警卫发觉鸣枪后逃跑。1947年9月，段利用上房技术，破获了中共北平地下电台一部，曾导致中共在北平、天津、上海、西安、沈阳等地的地下电台遭到破坏，地下工作人员数百人被捕入狱。为此，蒋介石亲飞北平，重奖有功人员。1949年1月中旬，蒋介石密令，要秘密处死正在奔走和平解放北平的原北平市市长何思源，以威胁傅作义。保密局局长毛人凤派行动处处长叶翔之飞赴北平指挥，段云鹏、崔铎等人夜入何宅，将四枚定时炸弹安放在房顶上，炸伤了何，炸死了何的二女儿，还炸伤了何妻和其他子女5人。随后，段、崔等特务乘机逃沪转台。

对于段云鹏，我早有所知。早在1946年夏，我在北平做地下工作时，即利用地下关系赵某了解段云鹏、崔铎、吴庆阔一伙特务的活动情况。通过赵的介绍，我与吴、崔先后相识，并去过他们家。1947年4月，我回冀中解放区向中共华北局城工部部长刘仁汇报工作时，曾谈到段云鹏一伙特务活动情况，立即引起刘仁的重视，他详细询问了情况，并指示我继续下力量靠近了解。我回到北平后，便遵照刘仁的指示，继续了解掌握段的活动情况，直到北平解放后，知悉段云鹏已逃往台湾。

占领阵地　严密防范

根据敌情通报和掌握的段云鹏的基本情况，我们制定了侦破方案。

针对段在京津地区交往广泛，在伪军警宪特、地痞流氓、窝赃犯、销赃犯、毒品犯中狐朋狗友甚多，社会关系复杂的特点，我们迅速开展调查，力争摸清段的社会基础，并在他的社会关系中，选择突破口，以发现其组织活动和段的行踪。

鉴于段云鹏和崔铎两人私交甚好，以前经常在一起活动，为防止他们互相勾结利用，我们也把崔铎列入此案，同时开展工作。

北京解放初期，公安任务繁重，干部少，开始侦破此案时只有我一人。另外，我手中还有其他案件。在此情况下，为了迅速侦破，经过请示，我们召开了有关业务处和公安分局侦察科长会议，布置了行动方案。不久，即查出了段在京分布在城近郊区的关系 100 余名，崔的关系也有 30 多名。

为加紧了解有关情况，并重点深入开展特情工作，我首先对段的徒弟、军统"运用员"杨某，采取正面接触的方法，与其拉扯周旋，经过几次交往，套取到段的一些情况。但是发觉他油头滑脑，不大可靠，不宜利用，遂予打掉（后来得悉，段潜京后，曾几次找他，因其搬家几次，段未找到）。其次，查出段的至友张某（贩卖毒品发家，在京开设旅馆），刚去香港，其家属居住北京。进而了解张因贩毒曾与中共察北禁烟局有过联系。该局一位同志与张熟识，解放后在中山公园当主任。于是，由王兴华科长同我一起与其洽谈，随后经他介绍由我与张的小老婆相识，开始接触。当时认为张在香港与段云鹏会有往来，争取张为我们工作，在港可以了解掌握段的活动情况，进而创造条件捕获段云鹏。

主动出击　突破缺口

经过一个多月的紧张工作，到了 1950 年 10 月，全国已开展了大规模的镇反运动。我们对段云鹏和崔铎的在京关系逐个予以监控，初步张开了罗网。但是，段是否曾潜入北京？是否有潜伏组织？显然，仅有面上的控制是难以发现的，并且缺乏捕段的条件。

按照原定侦破方案，在基本掌握了段的社会关系后，我们逮捕了几名有历史罪恶的与段有关系的人。但是捕后，他们均未供出解放后见过段。

第一次出击未打中目标，说明未选准对象，由此分析，可能是段对有反动历史的关系未敢联系，怕引起暴露。

根据这个启示，我又重新筛选，逐个分析，继续确定突破口。

1951 年 2 月，我们把与段关系密切、当过伪警的秘静轩逮捕，关押在草岚子预审科内突讯。我向吕岱科长汇报了案情，吕科长指定由得力的预审员汲潮同志突讯，并让我上场一同审讯。我与老汲详细研究，要从秘身上突破缺口。

秘静轩是个小矮个，留平头，腰板挺直。审讯时，两只小眼睛掩盖不住他内心的慌恐，而答话时显得很恭敬。我们没费几句话，秘就交代了历史罪行："日伪时期在北京当过伪警，日本投降后在天津当过护路警察，抓过八路军的侦察员。"接着秘就表白没有其他问题。

在预审工作中敌特一上来就交代问题，往往是为了掩盖更大的罪行。看来秘犯就使用了这一招，企图滑过去。

我们随即采取了政策攻心，强调坦白从宽，抗拒从严，晓以利害，指明前途，进行追讯。这时秘看出我们掌握一定材料，被迫又交代出他给军统局北平站行动组组长江洪涛搜集过共产党的情报。秘交代至此又闭口不谈了。显然，秘不愿交代出段云鹏是他的直接领导人。

于是，我们揪住秘犯口供的破绽，紧追不舍，逼问他们的直接领导人是谁？秘犯很不情愿地交代出是段云鹏："日伪时期我在北平警察局看守所当看守员，段被捕在押时相识。我们勾着，到晚上把段放出去偷东西，卖出后共分。日降后我在天津当路警，段已是军统局的特务，他和江洪涛组长到天津，发展我为情报员，负责搜集铁路沿线两侧解放军的情报。"秘犯又供出："1948 年初，我在国民党文安县自卫团当司务长，大队长张兰亭是我妻兄，段布置张搜集解放军和共产党的情报。我介绍段与张的姨表妹结了婚。"审讯至此，已到翌日拂晓，暂时停审。

我和老汲分析研究了秘犯供出的情况，认为秘原是段的情报员，段的老婆是他介绍的，并是亲戚，两人关系非同一般，段如潜京，很可能找秘。

第二天，我和老汲又开始审讯。我们又反复阐明政策，指出他避重就轻，表明我们已掌握了情况，要他交代解放后的问题。经过几个回合，秘犯供出了解放后接受了段云鹏的潜伏活动任务：

1950 年 6 月某日傍晚，秘下工回家，进门后秘妻便说："段大哥又回来了，真行，挺神的。听段大哥说，他前天在朝阳门外看见了我大哥张兰亭推车卖劈柴，就暗中悄悄跟踪张回家，记下住址门牌后，到今天中午才去张家中，又碰上了我弟弟张熙亭，随后让熙亭领着段到咱家来的，段留下话，说今天晚上来家找你。"正说着，段云鹏来了。段留了两撇八字胡，身穿灰布中山服，手提毛巾缝的布包，上面还绣着"为人民服务"四个红字。段说他是从香港来的，还在军统局做事。1949 年来过北京未能找到秘。这次来主要是搜集共产党中央领导人的情报，然后暗杀。搞到中央领导人的住址后台湾给黄金。段还说他几个月来一次，让秘搞到情报后直接交给他。这样，秘就接受了段的活动任务。段临走时，留下了一个香港通信处。段还向秘透露，曾到朝外大街一元堂药店找过杨玉芬。随后，秘发展了在一起挖河的临时工陶天林参加了潜伏组织。秘还听其妻兄张兰亭说，段曾约张去天津与段商议购买枪支搞武装活动。但去津后因无钱买枪，段让张到乡下组织武装活动。张已去河北省香河县城子村，住张的部下勾振华家，化名张香圃。

审完秘静轩，我同老汲向吕岱科长和邢相生处长汇报，当即决定逮捕张兰亭、陶天林，拘传张熙亭、勾振华和杨玉芬。

张兰亭，日伪时期当过文安县保安团大队长，配合日军进攻抗日根据地，搞过"三光"大屠杀，日降后被列为汉奸。他通过段云鹏认识了军统局北平站站长马汉三。他用请客送礼行贿之法，不仅撤销了对他的通缉令，而且又让他当上了文安县自卫团的大队长。从此，他勾结军统局，捕杀共产党的干部，武装袭击解放区，残杀群众，血债累累。当把他押送到审讯室后，他自知罪恶深重，抵赖不过，很快交代了与段云鹏的活动。

张犯交代："1950 年 6 月，段云鹏到京后找我，约好在天津黄家花园内见面。是时，我带二弟原自卫团中队长张振仲和原伪专署特务队长王惠民两人，到津见到了段，商谈购买枪支搞武装和破坏活动，因没钱购枪。段让我们搜集情报和下乡搞武装组织。段自称是军统局派到平津地区的负责人，命令他们三人组成情报、暗杀小组。分手后，我以卖劈柴为掩护到南苑机场附近，刺探观察飞机和工作人员情况；王惠民专程到天津八里台，观察了机场情况。我们正在准备联络原来的部下人员时被捕。"

据张熙亭交代，段见到他时曾说是刚从通县来。但不知到通县找谁。

另据一元堂药店的女东家杨玉芬说，1950 年 6 月，段云鹏找她要过雄黄，说是配制炸弹搞爆破。

其他案犯王惠民、勾振华和陶天林等人，均落入了我们的法网，交代了各自的活动罪行。

继续追击 突破防线

段云鹏潜京后,是从其社会关系中发展组织,采取短时潜入活动的方式,搞暗杀爆破活动。

捕获了八名案犯,防止了张兰亭一伙搞破坏活动,但线索却又中断了。段云鹏是否还在京津?在哪?他的潜伏组织还有谁?怎样去捕捉?一系列问题,使我陷入了深思。

经过详细分析,我们作出了如下的判断:段云鹏确曾潜入京津活动,还会前来。京津通县定有他的潜伏组织,根据是:段已搞到配制炸药的雄黄,没有交给秘静轩和张兰亭,必然将雄黄交给更为得力的潜伏人员。而且我们还未发现段在京津的落脚点。另外,段约张兰亭去天津会面,说明段在津会有活动;张熙亭供出段曾去过通县,段在该地也有潜伏人员。还有段在京津的关系可以利用的还很多,不会只有我们抓到的这点人马。

于是我们经过分类排队,逐个分析,再次深入调查,提出了两名拘捕对象:魏金山、赵友三。魏金山在京开设茶庄,另同胡某伙营一个煤铺。他贩卖过毒品,是段的至友。胡的女婿因贩毒被稽查所抓去,魏托段说情把人放出。新中国成立前夕,段将自己的衣物存于魏处。魏没有反动身份,段潜回后很可能找他。同时,也是我们可以考虑的使用对象。赵友三,新中国成立前买赃卖赃发了财,在京开了个中西旅馆,段常住宿其处,吃喝嫖赌,有专设的房间。赵还当过伪宪兵十九团特高组织的"运用员",赵具备段发展利用的条件。

1951年3月17日,我们分别拘捕了赵友三和魏金山。

我和老汲又开始了彻夜战斗。赵友三,身高体瘦,大长脸,露出两颗门牙,面黄,像个大烟鬼。进入审讯室,他便同我们低头哈腰,露出奸猾阴险的模样，并很快交代了解放前当过特务腿子和欺压老百姓的罪行，却闭口不谈和段云鹏的关系。当我们追问解放前有哪些特务常住其旅馆时，赵才承认有段云鹏。继续追问他与段的往来时，赵只承认认识，没有什么往来，解放后更没有见过段。我们看到赵非常狡猾，不会轻易缴械，便不再多审，暂时放下。转向突讯弱点较多、准备使用的魏金山。

魏金山，40 岁，中等个，身材微胖，穿一件长大褂，胡子刮得精光，商人模样。当警卫将其押进审讯室后，他站着不动。但是细心观察，我们发现他两腿微微发抖，面露慌恐神态，回答无力。开始时，魏承认过去贩卖过毒品，表示愿受政府惩处。我们反复强调坦白从宽，检举别人立功赎罪的政策，向他指出应考虑到个人、家庭和茶庄的切身利害。魏是个商人，听了我们这些话击中了其要害，思想被瓦解，他用颤抖的声音问："老实讲了，能否得到宽大？"我们表示了明确态度。这时，魏将头上刚刚出现的汗水用手抹掉，说："段云鹏来京找过我，我接受他的活动任务。"接着，魏交代了以下经过情况：

魏是段云鹏的多年至友，魏曾因做生意亏本，段随即借给魏黄金二两，使魏感恩不尽，认为段讲义气，够朋友。北京围城时，段将衣物存于魏处，段南逃时魏资助路费。1949 年 10 月某日夜，魏已入睡，突然被人捅醒，睁眼一看，大吃一惊，是段云鹏站在床前。段说是翻墙进入的，以防被人发现。段称是从台湾来的，在台时，保密局局长毛人凤带他面见了蒋介石，提升为上校，负责京津的特务活动。这次来的任务是搞政府领导人和著名民主人士的情报，然后暗杀。搞到情报后台湾给钱。魏当即接受了段布置的活动任务。段教魏活动方法，发现中央首长汽车后，记清车型、车号、顺着行车路线逐段跟踪，跟至住处即可。段还布置魏发展组织。

过了几天，段又在夜间找魏，魏介绍混入民航局当炉工的李万成与段见面。段说回台后给魏上报为组长，李是组员。规定魏化名魏玉峰，李化名赵芝圃。另规定今后由天津的曹玉静来京与魏联系。段又留下了香港一个通信处，可写李馨斋收。段还透露从南方带来了一位秘书王小姐。1950 年 1 月，段用李馨斋化名给魏来一信，以询问古玩行情方式，了解魏的活动情况。魏看后将信烧掉。4 月，段又寄给魏一信，约魏去津会面。这是段第二次由台潜入。魏按时到津，出车站口曹玉静在等候，领魏到二道沟于振江家中见到了段。段询问魏的活动情况，正说着一个姓郭的进来，拿出一包白色药面，将药面撒在火柴盒上有沙粒的一面，郭用手一划，呼的一声着了。段看后说这药好，嘱郭快去买。魏问这是干什么用的。段说这是做炸药搞暗杀用的。段催魏同李万成赶快活动。魏当日回京，把去津见段的情况转告了李万成。过了 20 多天，段来京找魏，令魏把李万成找来，段用口述，让李给北京靳某写了一封恐吓信。段说靳家在北洋政府时当过大官，很有钱，最近买了一座楼房，咱们敲诈他一下，以解决活动经费不足。信中进行威胁，如不给钱当心性命。规定了交钱办法。过了几天，段派其兄段云彪去找魏，约魏到石雀胡同段云彪家中与段见面，段又向魏借钱，魏于第二天将钱送去。此后，魏再未与段云鹏见面。6 月底，曹玉静从天津来京找魏，说段已回香港，让其到京与魏联系，了解有无活动情况。随后，魏接到段由港来一信，仍旧是了解魏的近况，催促魏活动。魏未敢回信。7 月间，李万成给魏送来一张字条，上写有五位中央领导人的住址。李说是从民航局一名司机口中套出的。8 月某日，曹玉静又来找魏，魏随将李万成写的字条交给曹看后把姓名、住址记住，又将条子退回，曹说不能带着，你们搞到的有的和姓程的调查出的一样，到时候会有人去暗杀。9 月、11 月间，曹先后又找魏，了解情况。是时镇反运动开展，魏心中害怕，又见国民党反攻大陆没有动静，不想再干，遂向曹表示，茶庄柜台上有伙计，容易出事，今后少来为好。此后，曹未再找魏。段几次夜晚翻墙潜入魏住处（茶庄后院）后，嘱咐魏不许有人外出，段采取了预防措施，怕有人外出告密。

突讯魏金山成功，又发现了段云鹏在京津的重要潜特。这时已至翌日午夜，我和老汲急奔吕岱科长办公室。我们每次审讯此案的罪犯时，他都十分重视，认为这类行动性案件，一刻也不能耽误，总在办公室内沙发上半睡状态等待我们汇报。这次他听完审讯魏金山供出的情况后，立即向邢相生处长挂了电话，约定上午向邢汇报；同时，由我列出了应捕李万成、王小姐和段云彪的名单，交给执行股做好准备。待请示邢处长决定后执行。

这次向邢处长汇报的，除吕、汲和我以外，二科王兴华科长也参加了，先由老汲汇报了审讯秘静轩、张兰亭等犯供出的情况，谈了对案情的分析和下步工作意见。我们认为，在侦审密切结合下，挖出了段云鹏在北京等地十几名行动特务，证实段先后两次潜入京津活动，已经试制了炸弹，任务是搞暗杀中央首长和进行爆破活动。看来段坐镇天津指挥，短时来京，由天津曹玉静担任交通，经常往来京津间联系潜特，包括我们尚未发现的程某。情况极其严峻，拟立即呈捕李万成、王小姐和段云彪，扩大线索，一网打尽。对坦白交代较好的魏金山，拟按原定计划予以控制使用，为捕段创造条件。发现天津的线索拟向天津市局介绍，以便协同作战。

邢处长严肃认真地听取汇报，边听边记，并询问了某些重要情节，最后表示，这个行动性的案件，犯罪分子较多，也很凶狠，有些是亡命徒，是我们目前遇到最危险的特大案件，直接威胁着中央首长和首都的安全，尤其是这个有特技的飞贼，危害最大。要全力以赴，不惜任何代价，设法捕住段，绝不能让敌人在北京打响。因此决定立即向市局、市委和公安部报告。

我连夜写出报告和呈请逮捕表。市委、公安部的领导不到一天即作了批示。彭真同志批示："所有行动犯，应即逮捕。"罗瑞卿部长批示："照所拟办理。"速度之快，效率之高，反映了上级领导对此案的高度重视。

根据魏金山供出的地址，我们追查到王小姐。她叫王忆南，是个妓女，解放前和军统特务孙某姘居，现在刚与西城沈某结婚。她被带进审讯室时，完全是新婚的装束，油头粉面，新式发型。她起初喊冤，又装作上当，经我们教育和点出一些情况，她才被迫作了交代：

1949 年 8 月，王去上海寻找孙某，住在军统特务张允福家中，张已逃台，其妻住沪。这时，段云鹏从台湾到上海去张家串门相遇，才互相认识。经过和段交谈后，王向段表示，愿意跟随段一起活动。由此，她同段乘火车北上，段到天津下车，让王先回北京听风声，五天后，再到天津南马路二道沟 29 号于振江家与段会面。王这时到津后还认识了曹玉静，曹住在于家，是段的总交通。

紧接着，我和老汲又审讯了钻进民航局的李万成。李犯除供认曾向段云鹏提供了中央五位领导人的住址和代写过敲诈信外，还供出 1949 年 10 月到天津药王庙 9 号李妙真家与段会面的情况。

我插空对魏金山进行了教育，规定了严格纪律和联络方法，并拟定好如何弥补失踪数日不被别人怀疑的应付办法，遂予释放。此后，我与他秘密接头联系，继续进行教育和引导他立功赎罪，设法捕段，同时，对他不断考察。他一再表示，对政府的宽大感恩不尽，确有悔过自新和立功的愿望。

遵照邢处长的指示，派我到天津市公安局，向侦察科赵师文科长详细地介绍了案情和天津的线索，明确了要密切协作，互通情况，共同作战。津局由此展开了侦破。

为了查证段云鹏是否已敲诈了靳某，并可从中发现线索，我们查到了靳某，靳当即把接到的两封敲诈信交给我们。他没有按信中规定给钱。我们遂将两信进行技术鉴定，两信都是北京寄发的，其中一信证实确是李万成所写，信中内容与李犯供出的相同，但是另一信，却不知是谁写的，经从十几名在押案犯对证笔迹，均予否定。此信说明，段云鹏在北京还有潜特。是谁？是否曹玉静所说的程某？从何处去查找？线索又暂时中断，使我们焦虑不安，陷入了苦思冥想之中。

京津潜特　一网打尽

正在此时，天津市公安局逮捕了曹玉静、于振江和王国庆等十余名案犯。接到津局的电话后，我和老汲立即赶赴津局。赵科长亲自向我们介绍了破案情况：据初步审讯证实，解放后段云鹏曾先后三次潜入京津，第一次是1949年秋天，在津发展了解放前为段窝赃、销赃的于振江和曹玉静。于、曹两人又发展了天津车站的王国庆，王就是被魏金山误听成姓郭的人。段把这三人封为保密局华北行动组天津特别小组核心成员，布置他们发展组织，破坏工厂企业和公共设施，调查政府领导人和外国驻华使节情况，准备暗杀。1950年5月，段第二次潜入，组织他们大量购买硝酸钾，教给他们制造炸弹和燃烧弹。于振江又发展了八名特务，其中一名还是天津市公安局消防队队员。这伙人用自制的小炸弹试炸过有轨电车道，因药力小，未造成破坏。他们还多次策划炸工厂、电影院和公安局的宿舍，曾几次到现场勘查，因遇上巡逻的或来往人多而未敢下手。1950年9月，段又第三次潜津，收到了北京潜特送来的中南海内首长住处位置图和其他重要情报，密写后由段带回台湾。曹玉静是段的总交通，时常往来京津，掌握了解重要线索。

1951 年 4 月 29 日，我和老汲于当日连夜把曹玉静押解北京，至翌日凌晨 3 点，我俩毫无倦意，到草岚子监狱后立即突讯。曹 40 岁，身穿中式衣裤，从外表看似农村妇女，说话是地道的天津卫腔调。她自知组织已被我们破获，无法抵赖，当即供认了除几次来京和魏金山联系外，还先后五次和一个叫程立云的联系，向程传达段云鹏的指示，给程送来制造炸弹的原料。曹亲眼看见程自制的炸弹，并见到程在天津交给段云鹏中央首长在中南海内住处图和其他重要情报。程说手下还有一伙人很能干，曹到程家时，看到程的小老婆跟着一块活动。

我们终于发现了程特，而且又是一伙，这使我们精神上处于高度兴奋状态，驱散了一昼夜连续战斗的疲倦。但是，焦虑不安的心情仍然占据着主导地位，程特及其一伙尚未抓到手，他们拥有自制的炸弹，明天就是"五一"国际劳动节，毛主席和中央领导人要在天安门上检阅首都几十万名群众游行，如他们搞破坏，后果何等严重。

我们急速地向科、处领导汇报了情况，邢处长指示，立即行动，把程犯及其一伙全部捕获，确保节日期间中央首长和群众的安全。

在汇报中我们的调查员已从有关派出所了解了情况，新开路二号是个独院，住户叫程沛然，有两个老婆，小的叫夏华媛，还是街道的"积极分子"，搞联欢时唱京剧。情况与曹玉静供出的一致，确定无疑。

这时已至 4 月 30 日下午，摸清程沛然在家时，我们立即把程、夏两犯抓捕，并留下几名干警进行搜查。

我和老汲对程开始了审讯。程犯 30 多岁，身材稍高，留分头，穿件大褂，白净的脸，外表像个文人。他交代说："我是日本汉奸，在河南开封当过日伪新民会的股长、科长和宣传室主任，在开封和附近几个县开会讲演，在伪报上写过文章，歌颂中日亲善，进行奴化教育，帮助日寇训练汉奸；组织人搜集过铜铁，为日军提供军火原料；我还带领汉奸下乡，为日寇征粮征款；参加过对新四军的进攻，组织人对解放区实行经济封锁。日本投降后有人介绍我到热河自卫军当中校法官，我因病未到职。别的问题没有了。"

经过几次追问，程犯只交代历史问题不交代现行罪行，看来他已做了准备。这时已是晚上8点，距离"五一"节只有十几个小时了。我和老汲心急如焚，决定单刀直入，猛烈进攻，把脸一板疾声追问："交代你和段云鹏的问题！"

话音刚落，只见程犯身躯突然颤抖，面部也起了变化，略露出痛苦的表情，他低头沉思一下说："他是个有名的飞贼，是我的老朋友，我常买他的赃物，为这事被当时的政府判过刑。日降后他成了国民党的大特务，解放前逃往台湾了，自此再无往来。"

程犯仍负隅顽抗。

我们当即戳穿他玩弄只交代历史不谈现行活动的伎俩。着重讲明政策，晓以利害，指明前途。又经过几次较量，程犯被迫作了如下交代：

1950年6月，段云鹏由台来京，先找到赵友三，由赵约程一起去天津见到了段。段自称是保密局华北地区的上校负责人，当面任命程、赵为北平行动组正副组长，任务是发展组织，搜集中央领导人和著名人士的住址、车号等情报，伺机暗杀，对工厂、企业和公共设施进行爆破。段还决定，原由段发展的通县刘珍夫妇及刘的徒弟张久起三人归程、赵领导。段又规定，由天津曹玉静和他们联络。程、赵两犯回京后，积极发展组织。程先后发展了自己的小老婆夏华媛、妹夫闰泽普。赵友三发展了外甥苑景芳、朋友宋林森。程又去通县和刘珍等取得了联系。八九月间，为了解决活动经费，程、赵伙同刘珍、张文起四人，先后六次夜入六个民宅内进行抢劫，抢走了大量金银首饰和贵重衣物。程还按照段的布置，给北京靳某写过一封敲诈信。在此期间，他们还积极搜集、刺探情报活动。苑景芳了解了人民机器厂干部枪支配备情况；闫泽普调查了天坛粮库的储粮和警卫情况；程沛然通过曾在中南海内修房工人，打听到周总理等中央领导人的办公、住处情况，然后绘制成图。10月初，段又由台潜入天津，程沛然接到曹玉静的通知去津与段会面。段称保密局已批准程为少校组长。程向段汇报了小组活动情况，并把绘制的中南海内首长位置图交给了段。段看后大加赞赏，令程赶快行动，并说台湾有规定，刺杀一名中央领导人给黄金十条。不久，段回到香港后给程汇来港币800元活动费。曹玉静按照段云鹏的布置从天津带来配制炸药用的原料硝酸钾三磅，交给了程。程、赵两犯按照段云鹏教给的方法制成了炸弹，由刘珍带到通县一个河套内试爆，因配制方法不对未能成功。他们还几次去长安戏院进行观察，策划当中央领导人出入时爆炸暗杀。由于配制的炸弹不灵，因而推迟了行动。到了1951年3月，程犯在家中试制炸弹时，得悉赵友三被捕，程犯怕罪行暴露，立即让其小老婆夏华媛把炸弹原料、工具扔进住家附近的什刹海里。

审讯至此，已是5月1日凌晨1时。我和老汲直奔吕科长办公室。他正在等着我们的审讯情况。汇报后，吕立刻用电话向邢处长报告，邢指示连夜行动，抓住有关案犯。

我们分兵几路，在凌晨5点前相继捕获了案犯苑景芳、宋林森、刘珍和张文起等。

我的任务是抓捕刘珍，而此时刘因盗窃问题已被刑警队抓获，押于警法科看守所内。原来不久前，一位被抢劫的女事主，在小市的摊儿上偶然发现了自己被抢走的皮箱，当即报案，经查证是刘珍干的，刘被抓获。于是，我迅即从警法科将刘押解到草岚子监狱，并案处理。

当我回到审讯室，见老汲刚刚提审那个无赖赵友三。赵犯仍然低头哈腰，拍胸脯说："我已坦白交代了，解放后确实没有见过段云鹏。如见过，可枪毙我。"这时，我们突然站起，单刀直入地追问："你和姓程的是怎么回事？交代清楚！"赵犯一听吓呆了，知道罪行已经败露，无法抵赖，立即"咕咚"一声跪在地下求饶，边哭边说："我家中上有老下有小，饶了我吧！我坦白交代。"赵犯这才如实供认了活动罪行，同程犯交代的一致。

接着，我们提审了刘珍。经过一番较量，他知道我们已掌握了证据，遂交代了罪行：1949 年 10 月和 1950 年 6 月，段云鹏先后两次到通县，在刘珍开设的和平小店里会面，段发展了他和他老婆以及伙计张文起，指定归北京程沛然领导。由此，刘、张两犯加强练习上房技术，准备搞暗杀、爆破活动。刘对参加抢劫、试验炸弹等活动也作了交代。

至此，已旭日东升，听到街上锣鼓喧天，歌声嘹亮，成千上万的群众列队涌向天安门广场，接受毛主席和中央领导人的检阅。

作为首都的公安保卫者，在"五一"节前，挖出了暗藏在首都的几十名行动特务，这就是我们向五一节献出的最好的礼物！

京津联网　智擒飞贼

5 月，公安部罗瑞卿部长亲自审阅了我们的破案报告，指示北京、天津市公安局：段云鹏对首都和中央领导人的安全，威胁极大，要想尽一切办法抓住他。

罗部长的指示，激励着我们的斗志，坚定了信心，道出了我们的心愿。于是，由我提出了捕段的方案：

一、利用香港张某捕段。这是我开始侦破时便构成的设想。张在北京有两个老婆四个孩子，历史上没有在国民党方面任过职，只是个毒品犯，曾与中共察北地区禁烟局有往来联系，政治上对共产党没有多大的不满。并且我已与他的小老婆有了接触。我对张又作了认真分析：张是段的多年至友，有人说两人是盟兄弟，段在香港可能与张有往来，甚至张在港住处是段利用的落脚点。只要我们工作得法，掌握了解段在港情况，进而创造条件捕住段是有可能的。

二、继续逆用魏金山，加强教育和联系，在适当时机令魏给段写信，保持联系；发现段去找魏时立即逮捕。

三、对段在京关系继续搜索，并逐个控制。这项工作仍由有关分局侦察科负责，建立得力关系，切实掌握情况，及时发现段的行踪。

这个方案，经向邢处长请示汇报，邢对此十分重视，在高度评价破获段云鹏的潜伏组织的成绩同时，强调了要设法捉住段。邢对三条工作意见表示同意，但是，对第一条争取张某问题上，邢指出：捕段是京津两地的共同任务，天津是首都的大门，用张捉段由天津去搞较妥，远离北京一步，对中央的危害就减少一点，要从保卫中央这个大局出发，因此，要把香港张某的线索和捕段的设想交给津局去搞，我们甘愿当配角。

随后，我毫无保留地把张某线索和设想向津局一一作了介绍，并表明了我们是大力协助。津局对此十分重视，并立即行动，不久，通过香港一人与张拉上了关系，又经我给津局来人安排了据点，同张的小老婆见面接上关系，指挥她给张写信，对张做工作。

自此段云鹏在台的信息不断传来。1950年，张在香港确与段有往来，他乡遇故知，两人倍加亲切。张还资助过段，段把张上报为保密局上尉情报员。

1952年5月，为了配合津局工作，经请示批准，布置魏金山寄香港段云鹏一信，表示思念之情，谈了在京的近况。但迄未获得段的复信，是时段仍在台湾未动。

1954 年 6 月，段由台湾偷渡进入香港，直奔张的住处，掉入了我们预设的网内。

段此次要潜入北京到中南海内刺杀中央首长，所用爆破器材由台湾保密局另派人运送。毛人凤亲自接见了段，并布置了任务。段向毛发誓要"杀身成仁"，以报答"知遇之恩"。规定了密写通信和联络办法。保密局下令香港特别站协助段偷渡潜入大陆。这是段向张透露出的情况。张还从段的一个日记本中发现有北京魏金山的住址和名字。

对此公安部罗瑞卿部长迅即发出指示："立即严密布置，防止走漏消息，对段务在必获。"并且下令，部署了公安部队调用两个团的兵力在边界截堵，发现段潜入后立即抓捕。

7 月初，公安部一局凌云局长亲自召集京津两市公安局和山东省公安厅开会。北京派我参加，津局由吴火科长出席。我们各自汇报了工作情况后，凌局长下达了严密防范，发现和捕捉段的紧急任务，要求各地密切合作，立即行动。

津局派江枫处长前往广州，指导张某捕段工作。

北京进一步加强了对魏金山的联系，并在其住地增加了外线力量，实行昼夜监视，发现段后立即逮捕。

8 月 19 日，段在港由一名"黄牛"领路，夜间到九龙粉岭边界，企图乘机偷渡。但当该"黄牛"一人先行探路时，被港警发现抓走，致使段这次偷渡未成。

此后，段云鹏又化名张仁，以九龙大轮行副经理身份，到广州与和昌行洽谈投资为由，于 9 月 14 日从深圳入境。段进入深圳后，即被我方监控，直至广州。

当我们的干警开始出现在他的面前时，段迅速站起摆出"骑马蹲裆"式的架势，妄想拒捕，未容其站稳，已有十几支黑色枪口对准了他，段见已被包围，无法反抗，束手就擒。

当晚，在开始审讯时，段又施展出他多年惯用的"气功休克"办法，以装死拒审。当审讯者拿出证据后，段被迫供认。

罗瑞卿部长指示："必须十分注意，不能出乱子，绝不能让他跑掉。"并决定把段押解北京审讯。

遵照罗部长的指示，我和汲潮同志研究了如何严加关押问题。我俩在草岚子看守所内，寻到了一个单独牢房，安装上铁栅栏，四壁加固，门口外面安装上一盏照明灯，灯光耀眼，直射入牢内，门口有专人昼夜看守。并给段准备了一副加重的脚镣，再加上手铐，绝不能让这个有越狱逃跑经验的飞贼跑掉。吕岱科长完全支持这样的安排。

我们选派了十名身强体壮和有经验的干警，用一架空军专机把段犯从广州押送北京。为了安全和保密，从机场用公安医院的急救汽车密押进入看守所内。

公安部预审局姚轮局长亲自审讯了段云鹏，段犯供出了这次潜入大陆的活动任务是暗杀毛主席、刘少奇和周总理等中央领导人；恢复原有组织活动，并继续发展组织，从中网罗精干人员去香港受训，然后潜返大陆；建立大陆秘密交通和接收、存放爆破器材以及电台的安全据点。

段犯供出，中南海内有一名多年花匠，是其旧友，拟通过此人设法潜入中南海内，执行暗杀任务。经查确有该人，未发现问题。

段犯还交代，1950 年 6 月他正在北京时，朝外大街辅华火药厂发生了大爆炸事件，段返香港后向毛人凤谎报是他指挥潜伏人员搞的。为此，保密局奖给段港币 3 万元。段犯先后两次潜京，均住于朝内南小街一个小客店内，是用李馨斋化名的商人身份。

当毛人凤得悉段云鹏已平安潜入大陆后，喜出望外，令香港特别站站长赵斌成在港亲自出面，在一个饭店内设宴款待协助段潜入有功的张某，表示答谢和庆功。

而在此时，罗瑞卿部长亲自向毛主席汇报了破获段犯情况，受到毛主席的赞赏，毛主席风趣地说："他不是'飞贼'吗？让他飞个样子看看嘛！"

抓住段犯后，中共北京市委第二书记刘仁同志和冯基平局长，分别到预审科内听取了汇报，当刘仁同志见到我时，竟然还想起了1947年曾布置我了解段犯工作的事。刘仁同志听汇报后特意到牢房门外观看了一下段犯的模样。

1969年10月11日，把段云鹏押解至天津予以处决。这个作恶了几个不同时期的有名"飞贼"、罪大恶极的军统特务、职业杀手，结束了罪恶的一生。

侦破保密局天津特别组特务案

———

凌　辉

敌台在发报

1950 年 5 月的一天深夜，京津地区，我有关部门的监测台突然发现一种异常的电波讯号。经过技术人员的测定，得知有一署名彭振北的潜伏台与台湾保密局通报联系，并破译出该潜台发出"宋时轮部携苏式八十重型坦克喀秋莎火炮入朝"的密码电报。

公安部副部长杨奇清获悉后立即布置公安部一局迅速侦破。他指示侦察科长曹纯之对敌实行"全方位控制"，深入侦查，做到准、狠、稳地打击敌特。

曹纯之机智干练，他根据杨奇清的指示，经过侦测，确定潜台不在天津。但刚在丰台测得的异常声音，却又忽然默无声息了。

潜台在哪里？杨奇清和大家一道分析。他对侦察员说："心急吃不下热汤圆。敌特在和我们斗法，他们发发停停，移动地方，我们要坚持监测，跟踪追击!"

果不出所料，10 多天后，电讯组在另一地方又捕捉到了异常的声音。经过破译，是彭振北潜伏台向台湾保密局报告汇兑特别经费的办法。

杨奇清抓住这一新的线索，组织北京、天津两市公安局通力协作，加快侦破进程。

寻找"金太太"

公安部门分析已掌握到的情报，认为彭振北潜伏台可能与国民党原"保密局津源组"有关。于是立即在北京、天津、河北三地布置了对该组组长秦应麟的侦查工作。

侦查中，发现一个名叫"金太太"的女人，与秦应麟曾有过交往。这个女人是谁? 住在哪里? 与秦应麟到底是什么关系?

在侦查中了解到，华北军区管训人员、原保密局津源组分台台长罗世运、报务员项艺，在 1949 年 9 月谈过秦应麟解放前夕的一些情况。秦应麟原是保密局津源组组长。1948 年 10 月平保线战事吃紧时，全组逃到北平，12 月该组撤销；并了解到该组成员胡振远、李庆生在北平有家室。

河北省公安厅初步查到秦妻卞××住在北京，秦的内弟卞树棠住北京东城洒兹府郭宅，与其婶母住在一起，跑上海贩卖西药。

根据河北省公安厅的调查材料，从北京市的户口方面着手调查，首先查找到了卞树棠，并对他进行了监视、控制，希望从他那里找到秦妻卞××，以便进一步发现秦应麟及保密局派遣的潜伏台的特务人员。

与此同时，河北省公安厅遵照杨奇清的电示，很快组织专人查清了秦应麟的情况：秦现年 30 余岁，1946 年任保密局津源组组长时，活动于津源、易县、定兴一带。1949 年 1 月，秦应麟接受保密局北平站副站长吴宗汉的布置，组建宛平潜伏组，但领取了电台经费后即不知下落。同时查明秦妻名叫卞树兰，定兴县人，约 30 岁。在津源辗转逃亡期间帮助转运过电台，住北京酒兹府 10 号南屋，"金太太"就是卞树兰的化名。并查到秦的妻弟卞树棠曾在天津德康药房及锅店街老太和药铺当过跑街的伙计。公安部一局又从户口上查到津源组随组通信员胡振远的一些情况：胡振远，男，25 岁，河北雄县人，原住北平市西单保安寺 18号。北平解放后逃往何处不详。

杨奇清听了侦查到的有关情况的汇报，非常高兴。他与大家一同研究、分析，认为这些情况对发现和识别秦应麟有很大的参考价值。他指示要重点盯住"金太太"，顺藤摸瓜，一抓到底。

8 月中旬，有人发现一封从天津寄给"金太太"的信。那信封上的字迹与秦应麟的手迹相似。杨奇清根据这些情况，判断出：秦应麟已潜回京津地区，命令加速侦破。

"毒蛇吐信"

发现"金太太"后，有人提出立即密捕"金太太"，以便从她那里打开缺口。杨奇清不同意这样做，他要大家沉住气，不要打草惊蛇。然而，毒蛇隐蔽得很深，自从发现那封没有具体通讯地址的信后，一时间没再露头。

人们异常焦急。杨奇清也眉头紧蹙，他思索再三，指示加强电讯侦查，实行"立体控制"。不久，果真截获到台湾保密局同潜伏台联系送特别经费的电报：保密局通知潜伏台，由香港派商人王永祥送来 1000美元，到天津老太和药铺交卞树棠收转。这份电报，给侦查破案提供了重要线索。侦察员的眉头又舒展开了。他们进一步调查分析，认为从已经掌握的材料，基本可以肯定彭振北潜伏台就是秦应麟新组建的特务机构（即天津特别组）。秦的妻弟卞树棠是潜伏台同保密局商定的转款人。这 1000 美元就是侦破的路标。杨奇清指示：控制卞树棠，跟踪追寻秦应麟。

然而，在这个关键的时候，卞树棠却失踪了。

卞树棠去哪儿了

卞树棠突然失踪，给侦查破案设置了又一道难关。杨奇清和侦查组的同志们商议攻破难关的补救办法。他查看了破译出的保密局通知领取特别经费的电报，从接转款项的地点，估计卞树棠去了天津，立即派出得力的侦察员去天津，与天津市公安局一道寻找卞树棠的下落。狡猾的卞树棠也许估计到了这一着，几天了，他一直没在天津锅店街老太和药铺露面。他到哪里去了呢？曹纯之和天津市公安局的侦察人员分头行动，在各个角落撒下了天罗地网。

这天，在天津德华医院的门诊室内，走进一个二十七八岁的男子，他身材修长，满脸络腮胡子，双手抱着肚子，哭丧着脸，勾着腰，"哎哟"连声，请求门诊医师让他住院治疗。医师见他"疼痛难忍"，检查了一下，就让他填写了一张住院单。只见他在住院单上的姓名栏里写下了"卞玉棠"，看了看，又在卞字上面加了一笔改为"卡玉棠"。住进内科302病室后，一名女护士叫"卞玉棠"打针，他"嗯"了一声，随后改口道："我不姓卞，姓卡。"

深夜，在调查卞树棠的情况分析会上，那个护士谈的这一情况，引起了侦察员的注意。通过对照相片，护士认定那就是侦察员搜寻的目标。

第二天，又一名"病人"住进了这个医院的302室，不用说，那病人就是我们的侦察员。

不久，侦察员发现"卡玉棠"同一个"药商"有往来。这个人30多岁，国字脸，长着一对牛眼，厚嘴唇。面貌特征同秦应麟很相似。侦察组认为，此人就是秦应麟，于是决定跟踪他。

"药商"异常狡猾。8月16日晚卞树棠到中原公寓去找他，第二天一早，"药商"就悄悄换了地方。经查，得悉他住进了福源旅馆。22日，"药商"从天津乘慢车去丰台，在丰台买了一张去保定的车票。车到高碑店，他突然下了车。跟踪的侦察员因人多拥挤，失去目标，一下不知他的去向，立即会同河北省公安厅、保定公安处查找。

香港来客

在寻找秦应麟的同时，我侦察组密切监视卞树棠的动向。这天傍晚，在一家大饭店里，卞树棠与香港的一名客商频频举杯，很快谈成一笔生意。那客商名片上写的姓名是"王永祥"，他随即打开皮包，交给卞树棠一张中南银行的汇票，计港币6000元（折当时的人民币3955万元）。三天后，我侦察人员又发现德康药房的李××给卞树棠送来了一大包人民币。

这天卞树棠办好了出院手续，同房"病友"也同时出院，并热情邀卞同去他家做客，卞树棠推说家中有事，那"病友"并不强请，告别而去。卞树棠提着行李，离开医院正要去乘公共汽车时，被"病友"请进了停在门口的一辆小轿车。

卞树棠被密捕后，开始时气焰很嚣张："你们凭什么抓我？我是一个守法公民，我要到中央告你们！"

侦察科长曹纯之平心静气，轻声细语地开导他："我们党的一贯政策是坦白从宽，抗拒从严，立功赎罪，立大功受奖。现在正是你幡然悔悟立功受奖的关键时刻！只有与我们紧密配合，才是你的明智选择。"

卞树棠听不进去。

这时，杨奇清亲自赶来，听取了曹纯之等人的汇报后，说打蛇打七寸。卞树棠的要害是为敌特接转特务活动经费，充当特务的帮凶。要使他认罪伏法，就得突审那个从香港来的以做生意为名实则给他们送特务经费的王永祥。

公安人员火速行动，当晚将王永祥捉拿归案。随即从卞树棠住房隔壁的审讯室，传来审讯对话声：

"王永祥，你从香港来这里干什么？"

"做生意。"

"什么生意？"

"买药材。"

"成交了吗？"

"没，没有。"

"那你给卞树棠的汇票是干什么的？"

"买，买药材的。"

"你刚才说不是没有成交吗？"

"是预付的定金。"

"既然没有成交，何用预付定金？"

"是，是别人托我带给他的。"被审者支吾着。

"谁？"审讯者厉声问。

"一位姓潘的老板。"

"是潘其武吗？"

"嗯，不是。"被审者一怔，声音有点颤抖了。

"不用兜圈子了。"审讯者声色俱厉，"明明是台湾保密局派你来送特务活动经费的。"

"有何证据？"

"看，这就是台湾保密局与派遣的秦应麟潜伏台联系的铁证！你还有什么话说？"审讯者把一张电报甩给被审者。

"我，我承认，是他们派来送活动经费的，只求长官开恩，放我回香港。"被审者哀求着。

"我们的政策是坦白从宽，抗拒从严，立功受奖，只要你如实交代，我们是会从宽发落的。"审讯者严肃地说。

"我交代，我坦白交代……"

卞树棠贴着墙壁一听，送款人已交代了，精神防线顿时被冲垮。当晚，他躺在床上，辗转反侧，一夜没有入睡。第二天，再次审讯他的时候，他供认出到医院看他的那个"药商"就是秦应麟。

问到秦应麟的去向，卞树棠说他确实不知道。只知他有一个表叔在定兴县城东韩家庄。并说秦应麟最近捎信来，要他速告同伙胡振远在兰州的地址。估计秦若不在定兴县，便可能逃往兰州了。

捕审秦应麟

经过几天的长途侦查，终于抓获了秦应麟。但在他的住处什么也没有搜到。侦察员们欣喜之余不免感到惆怅。杨奇清指示，对秦应麟审讯时要揭露他的老底，明确交代我党的一贯政策，指明出路。

侦察科长曹纯之对秦应麟进行了讯问。一开始便单刀直入："秦应麟，解放前你是对我晋察冀革命根据地进行罪恶破坏的老牌特务；解放后你又逃到台湾，受保密局派遣潜回大陆，干着反党反人民的勾当，你知罪吗？你愿意坦白交代，争取宽大处理吗？"

秦应麟一听老底被揭穿，顿时满头冒汗，扑通跪倒在地，连连磕头："愿老实交代，彻底悔过，认罪伏法，请求宽大。"

接着，秦应麟交代了被派遣的经过及电台的下落："自人民政府侦破保密局万能台之后，毛人凤暴跳如雷，美国顾问十分颓丧。有一天，毛人凤突然把我叫去说，你是老手，有经验，潘秘书（指保密局秘书潘其武）早就推荐你，说你 1939 年参加本局工作后成绩突出，家在北平，天津还有两个至亲开设药店可以掩护，你马上潜回北平组建天津特别组。毛人凤任命我为组长。毛人凤还补充说，用万能台对付共产党失败了，还得用你的老经验组台分开，分散隐蔽，比较稳妥。我说我的报务员已经被捕，我不懂报务，是个困难。毛人凤说，你在北平的关系多，走时你带个报务员，隐蔽起来，不做其他任何活动就万无一失了。美国顾问又指示，解放前美国战略情报局（简称 OSS）在北平有五架电台，战略情报局撤出北平时，把这五架电台交给张××掩护起来了，你到北平后可找张××要一台。我用来发报的潜伏台就是从张××家起用的一架美制电台。"

曹纯之追问："那四架美制电台呢?"

秦应麟惶恐地回答："那四架电台只要没有转移，就还在张××家。"

一网打尽

据秦应麟交代，他的母亲年轻时在张××家当过奶妈，他跟着母亲在张家长大，以后两家关系很好。他母亲回到农村后，每年还要带些土特产来张家住些日子。

为挖出藏在张家的美制电台，曹纯之经请示杨奇清同意，与河北省公安厅商定，做好秦应麟母亲的工作，让她照例带些土特产到张家住些日子，与我侦察员相配合，秘密地监视张××的行踪。秦应麟的母亲为了帮助儿子立功赎罪，欣然答应。在她的配合下，终于从张的地下密室内发现了隐藏的四架美制电台，并很快收缴回来。

这时，特务报务员见势不妙，趁机开溜。侦察科长曹纯之立即派出两个精干的侦捕小组，在北京和天津设下流动哨。那报务员是台北人，说话像鸟儿叫，因此他不敢找人问路，白天在庄稼地里藏了一天，饥肠辘辘，晚上钻出来找吃的。夜深时，他到一个夜宵摊上买吃的，就被我侦察员跟踪抓获了。

据卞树棠招供，天津特别组组员刘景惠、纽益培均住在通县垛子村内。经过侦查，公安人员很快将刘景惠、纽益培逮捕归案。在纽益培家搜出保密局天津特别组的美式十五瓦收发报机一部，密码两本，电台零配件一批。从卞树兰（"金太太"）处搜出收发报底稿 11 份。

我公安人员在杨奇清副部长的亲自指挥下，在台湾保密局天津特别组特务立脚未稳，尚未觅得重要情报的时候，便及时将它破获，对保卫首都的安全，夺取抗美援朝战争的胜利作出了特殊贡献。台湾保密局苦心经营寄予极大希望的这一次派遣，不到半年就被一网打尽了。

戴维斯手枪失踪之谜

————
朱振才

1950 年，在血与火殊死搏斗的朝鲜战场上，我年轻的空军驾驶员张积慧，一举击落了美国"王牌"飞机驾驶员戴维斯的飞机。这一爆炸性的新闻，震动了美国朝野，并为世界所瞩目。当报捷的电波从朝鲜战场传到志愿军的故土时，全国上下一片欢腾，消息不胫而走，很快成了"家喻户晓、妇孺皆知"的美谈佳话。

然而，人们不会想到，几个峥嵘岁月之后，缴获的戴维斯的手枪竟在一次展览会上不翼而飞。为了解开这个谜底，公安人员曾度过多少个不眠之夜，又付出了多少辛勤的劳动与汗水……

手枪被窃

1958 年 12 月 13 日（农历"腊八"）是一个雪后晴朗的日子。北京周围的群山，银装素裹，天气依然很冷，朔风肆虐，残雪飞舞，隆冬的严寒紧锁着这座古老的城市。

在北京市东城区建国门地区的贡院大街，北京市团校的大门内外（现中国社会科学院地址的一部分）却热闹非凡，人员川流不息，人们脸上挂着微笑，犹如一股热流，和当时清冷的天气形成极大的反差。这些人是来参观团中央举办的"全国第二次社会主义建设积极分子成就展览"的。

在展览会的各个展室里，人们秩序井然地观看着展品，全神贯注地倾听着讲解员富有感情的解说。有些青年人，一面看着展品，一面不时发出啧啧的赞美声。

然而，在该院南楼的抗美援朝馆的第六展室里，讲解员讲完墙上挂的图片后，指着台子上放着的一支左轮手枪说："这是我空军英雄张积慧，击落美国飞行员戴维斯的飞机后缴获的。"话音刚落，人们一下子拥到台子前面，争先恐后地观看着。这时，站在人群后边的一个年轻人，中等个子，戴着一副近视眼镜，身穿一件蓝棉大衣，头戴一顶蓝单帽，帽檐向下拉到眼眉处，紧缩着脖子，仿佛外面的严寒仍统治着室内似的。当他听到讲解员说这是戴维斯的手枪时，浑浊的眼睛为之一亮，急忙也挤上前去。不久，手枪便不翼而飞。

北京市公安局接到展览会办公室的报案，深知事态的严重，立即派十三处副处长朱培鑫、侦查科科长王少华及侦查员徐宗正、张敬文赶赴现场。这时，东城公安分局的徐建新副分局长、刑警科王仑副科长及团中央的徐延年同志、解放军总政治部的王瑞堂少校和青年部的秦金锋上校也到了现场。他们见面没有寒暄、没有推诿，高度的责任感把他们的心紧紧地联系在一起，很快组成了由上述单位共有20多人参加的侦破组。

侦破组听取了展览会办公室负责同志介绍的发案经过：13日这一天，展览会是8时开门的。7时30分，讲解员李荣昌用玻璃纸将枪包好，放在陈列台上；讲解员沈贤琪于10时零5分左右接李荣昌的班，第一次讲解她还拿起这支枪让参观者看。她在第六室讲了6分左右就到了第七展室，在第七展室也只讲了6分多便返回第六展室。这时，沈贤琪想看一下展品放置是否整齐，却发现手枪不见了！此时约在10时40分。沈一方面找李荣昌照看展品，另一方面向展览会办公室汇报。办公室负责同志立即关闭大门，禁止人员出入，约在10时50分向公安机关报案。

据讲解员介绍说，戴维斯的手枪是第六展室的主要展品，最引人注目；尤其是青年学生，有的学生不但好奇地观看，而且拿起来评论一番，有的甚至还当场绘画枪的样式。

这个展览会共分农业、工业、解放军、志愿军四个馆。志愿军馆分10个展室。室与室有墙隔断，仅有小门通行。每个讲解员讲解时负责两个展室。这就形成了一个展室责任区间的漏洞：讲解员在这个展室讲解，另一个展室就没有讲解员。

军事博物馆的岳飞璜，讲述了手枪的基本特征：枪的长度从枪尾至枪口约18公分；颜色为烤蓝色；已无木柄；为六轮手枪。

经现场勘察，侦破组认为该枪被窃无疑。经研究分析，戴维斯的手枪被窃，可能是学生或者顽童出于好奇拿走；也可能是铤而走险的人或有政治目的人窃走。因为此枪经修理还能用。侦破组还认为，此枪虽不美观，但政治意义是很大的，它是帝国主义发动侵略战争的罪证之一。

侦破组据以上的分析，决定以12月13日来展览会参观的人为主线展开侦查工作。

紧急张网

侦破组查清12月13日来展览会参观的共有2015人，其中关门前走的有 569 人，未走登记的 1446 人。

侦破组立即以北京市公安局的名义向全市发出"通报"，要求各单位对 12 月 13 日来展览会参观中的可疑人员进行调查，尤其对脱离了集体而单独活动的人员要进行审查。要求派出所对本管界的中小学生进行深入细致的了解，对本管界的旅店要布置工作，发现枪支或可疑的人要及时报告；对本管界的管制分子、政治可疑分子必须严格审查。

侦破组还决定，以本市东城、西城、宣武、崇文、朝阳五个区为重点地区进行调查工作。本市的中央单位及部队由团中央和解放军总政治部布置工作。

侦破组还认为，不排除外地流窜犯来京作案的可能性，同样，遂以北京市公安局的名义向全国公安机关发出"通报"，希望兄弟省市的公安机关如发现可疑线索，及时取得联系。

侦破组很快汇集了群众提供的大量情况和线索。讲解员李荣昌谈到，丢枪的前几天，我正讲解戴维斯的手枪时，有一个人插嘴反问："这枪有什么特别吗？"我听到此话，觉得与当时气氛很不协调，有两个观众这样回答他："枪不特别，使枪的人（指戴维斯）特别。"我也讲了缴获这支手枪的意义，他没有说什么就到别的展室去了。此人 30 多岁，穿粗布衣服，样子像个工人。

市房管局的一个同志向侦破组反映说，丢枪那天，她看见两个儿童在那儿玩弄那支手枪……侦查员对这些情况和线索，都进行了认真的追查和核实，直到否定为止。

"通告"发出不久，侦破组接待了东城区黄城根小学的负责同志，该同志反映说，他们学校有一学生叫常某某，有同学看见他拿一支手枪玩要，据说还是左轮手枪。侦查员非常高兴，并且很快找到了这个学生，经谈话得知，这学生确实有一支手枪，但该手枪却是其舅父在北京刚刚解放时送他玩的（此枪已收回）。

在重点地区的调查工作中，宣武分局发现该地区有一流氓集团，即"南城八虎"。有人反映说，"八虎"成员之一徐某某曾偷过枪，宣武分局领导听到此线索后，立即组织侦查员尽快追查，结果，经核实情况，最后予以否定。

侦破组在一个多月的时间里，在市内 35 个派出所开展工作，侦查员们曾去 600 多个单位调查摸底，调查了大量的可疑线索，有的人眼睛熬红了，脸消瘦了，有的人放弃了个人的问题，全力投入这个案件的侦破工作。遗憾的是，还是没有找到作案人。

1959 年 1 月 25 日，侦破组召开会议总结前一段的工作。会议最后决定，调查工作暂告一段落，戴维斯手枪被窃案由公安机关和各单位的保卫组织，结合日常工作发现线索。

一个经常报案的"积极分子"

斗转星移，光阴荏苒。转眼到了 1961 年。

北京市公安局刑侦处的档案室中，存放着"戴维斯手枪被窃案"的卷宗，而在归类的统计表上却写有"未破"二字。但是，原来参与破获此案的侦查员们，心里仍沉甸甸地装着这个案件，他们没有忘记自己的责任。

1961 年 4 月 21 日，北京东城区建国门地区发生一起案件，在该地区的赵家楼胡同的墙上、大羊宜宾胡同 3 号门上、大土地庙胡同电线杆子上、宝珠胡同地上及厕所里，发现了署名"反共同盟会"的反动传单多张。传单内容恶毒攻击共产党、诋毁社会主义制度。东城公安分局在市局侦查处协助下，组织得力的侦查人员侦破此案。

东城分局的领导和侦查员们一起分析案情，鉴于作案分子几次都在上述几个胡同里作案，分析作案分子很可能居住在这一地区。在该地区居民委员会的协助下，东城分局组织侦查员日夜蹲守。有的侦查员为了便于观察情况，隐蔽在宝珠胡同公共厕所的天窗上。当时，天气已渐暖，侦查员忍着刺鼻的气味，坚守在自己的岗位上。

通过几天的观察，发现有一年轻人，每次发案都主动地向居委会治保主任报案。开始，侦查员们对他的举动表示欢迎和赞赏；在居委会主任心目中，他是一个协助破案的"积极分子"。每次报案后，治保主任总是投以赞许的目光或说几句表扬的话语。后来，引起了侦查员们的怀疑和思考："为什么一发案他就知道？"

有一件事使侦查员的谜底揭开了：4月26日晚11时许，喧嚣一天的城市静寂下来，工作了一天的市民大都进入了梦乡。发案现场的几个胡同里更是万籁俱寂、阒无一人，只有侦查员的几双眼睛仍在警惕地注视着。这时，发现经常报案的这个年轻人从家中鬼鬼祟祟地出来，在胡同里走了一遭，胡同里立刻发现了反动传单。他又向治保主任报案称："我见到了一个留'大背头'的人，骑自行车过去了。"但侦查员根本没有发现这个留"大背头"的骑车人。

侦破组决定调查一下这个年轻人。经查，他叫金宪英，男，30岁，北京人，旧职员出身，学生成分，家住建国门内大羊宜宾胡同1号；铁道部专业设计院办事员。金自1957年4月以来，泡病号在家闲住。据街道居委会反映，金有盗窃职工手表、钢笔和其他衣物的嫌疑。

东城分局决定，以盗窃重大嫌疑传讯金宪英。后根据传讯结果，对其住宅进行搜查，结果，搜出金盗窃他人的苏式手表两块、"派克"牌钢笔等物品和署名"反共同盟会"反动传单底稿；并且还发现了一支生了锈的手枪零件。

在金宪英家中发现了手枪的零件，引起了曾在三年前参加侦破戴维斯手枪案的一位老侦查员的沉思：是否是戴维斯手枪？从作案地区来看，两起案件同在一个地区，不过一起是刑事案件，另一起是政治案件而已。

在审讯室里，金宪英对书写反动传单及盗窃行为供认不讳，唯对手枪问题避重就轻，不老实交代。一会儿说这手枪是解放前一个美国人给他二伯父金月波（已死亡）的，后金月波给了他；一会儿说金月波在1958 年展览会上偷的，以后又送给了他。后来又全部推翻。金宪英在监狱里大嚷大闹，说话语无伦次，似有精神病患者之态，但经精神病医院的医生多次检查诊断，没有认定金是精神病患者。

预审员决定试一试金宪英。在一次审讯结束后，金宪英刚刚走出大门，预审员大喊一声："金宪英！"金宪英反应灵敏地回过头，又走了回来。预审员这一料想不到的举动，使金宪英终于露出了马脚。预审员心里有了底：金宪英没有病，是装病。

经预审员反复地进行政策"攻心"，金宪英思想上的"马其诺防线"彻底崩溃了，如实交代了他偷枪的情节：

"那天，当我看到朝思暮想的手枪横躺在展柜里，我的手心沁出了汗水，一种强烈的占有欲控制了我。当讲解员讲完之后，大部分人都随她到了第七展室。这时，我便靠近这支手枪的台子前，正要准备下手，又一伙青年学生进来了。他们好像非常熟悉地指着这支手枪说：'这是戴维斯的！'他们议论着，迟迟不肯离开这里。出于无奈，我只好跑到院子里溜达着，装成若无其事的样子，但我的心却怦怦地跳得厉害。当我第二次进入第六展室时，看见许多人仍在这支手枪的台子前观看着、议论着。我看不好下手，只好到别的展室去，心不在焉地观看着展品，在寻找着机会……当我第三次进入第六展室时，室内仅有三四个人，而且都背着手枪的方向在看别的展品。我见时机已到，便迅速走到放手枪的台子前，将罪恶的手伸了过去……"

经专家检验认定，金宪英家中的手枪正是展览会上被窃的戴维斯手枪。

这样，使历经三年之久的戴维斯手枪被窃案终于真相大白。

"洋奴"心态的轨迹

古人云："近朱者赤，近墨者黑。"金宪英走上犯罪的道路与其二伯父金月波反动思想的影响、灌输是分不开的。

金月波出身于满族豪门，曾任清王朝的吏部主事。国民党统治时期，在美国驻华使馆武官处任华语教员。太平洋战争爆发后，金月波离职在家。1947 年又回到美国驻北平总领事馆的华语学校任华语教员。北平解放后的一段时间里，金月波还领取美国人给的"遣散费"。因此，他对美国人"感激涕零"。

金月波和金宪英生活在一起，常年耳濡目染、潜移默化，对金宪英的思想、行为影响很深。他经常对金宪英讲："如世道不变，你生下来就是四品官衔，享受国家的俸禄，一辈子不去做事，吃美味佳肴，穿绫罗绸缎，享受不完的荣华富贵。"金宪英从小就养成了好逸恶劳的坏习惯。他向往西方的生活方式，仇视社会主义制度。在我国三年困难时期，他组织反革命小集团，散发反动传单，反对共产党的领导。在他的想象中，共产党的天下长不了，国民党会卷土重来，美国人会来统治中国。金宪英在交代中露骨地谈道："将来美国人来了，我像二伯父那样去那里教华语，我甘愿当'洋奴'，那时，我就能飞黄腾达。"

金宪英经常听金月波讲，美国空军中有一个"王牌"驾驶员叫戴维斯，是一个从没有打过败仗的驾驶员，在第二次世界大战中立过战功，这使金宪英在思想上对戴维斯产生了盲目而带有狂热性的崇拜，当在展览会见到了戴维斯手枪时，欣喜若狂的心理使他难以控制。他想把枪窃走，送给美国人。怀着为美国人"献功求赏"的卑鄙心理，金宪英犯下了为世人唾骂的罪行。

金宪英偷了手枪以后，对其爱不释手，他把它放在自己箱子里。唯恐它生锈，金曾几次用"敌敌畏"水擦拭。有一次，他想把零件卸下来擦拭，因不了解手枪的原理和性能，卸下来装不上了。为不让妻子和其他人看见，金又慌慌张张地把枪放进箱子里，直到被搜出来为止。

金宪英被公安机关逮捕后，经北京市人民法院审理，依法给予判处死刑，缓期两年执行的刑罚。

奇案背后：妙笔绘出的摹拟画像

张欣口述　于洋采访整理

公安部门所说的摹拟画像，通常是指根据目击者的口述回忆，将犯罪嫌疑人的相貌特征描绘出来的面部肖像。其原理就像是做笔录，只不过是将目击者的记忆转化为图像而不是文字。

追溯起来，我国历史上很早就开始利用摹拟画像来破案，但新中国成立后很长一段时间，公安部门中几乎都没有从事这方面工作的专门性人才。我进入这个行当也是因为一个偶然的机会。

冒领彩电案——摹拟画像初体验

小时候，我很喜爱绘画，尤其喜欢临摹连环画上那些栩栩如生的人物。1977年春天，我入伍当了一名海军，在军人俱乐部里跟李可染弟子李宝林、范曾等大师学过一些绘画知识。绘画原本只是我的一个小小爱好，没想到却为我后来画摹拟画像奠定了基础。

1982年秋天，我复员进入上海铁路公安处松江站派出所。在公安部

1983 年，复员到上海铁路公安处松江站派出所时的张欣

门，协查属于日常工作的一部分。当时正值严打，协查尤其多，好多通报都要先发到我所工作的车站来，让我们这些民警协助拦截嫌疑人。协查工作中，我和我的同事逐渐产生了一个普遍的感受：民警们常常看谁都很像嫌疑人。这是因为通报是以文字的形式呈现出来的，表达能力毕竟有限，更何况人的理解力本就千差万别，所以通报上有些表述怎么理解的都有；再加上当时有一定的特殊性——老百姓穿的服装都一样，不是蓝的就是灰的，发型也雷同，所以甄别嫌疑人的难度很大。那时我常想，要是能根据目击者对嫌疑人的口头描述画成具体的人像，让刑侦人员凭画像去查找嫌疑人该多好。

几年后，这个机会来了。1986 年夏，上海老北站行李房发生一起冒领彩电的案子。当时公安部门的刑事立案标准是 38.5 元，那时候彩

工作中的张欣

电本来就是紧俏货，被冒领的那台 20 英寸"三洋"彩电更是价值 1000 多元，这可谓是一起大案了。行李房的工作人员向我讲述嫌疑人的相貌特征，我拿了支钢笔边听边记，但记着记着便发现有个问题：人的眼睛、鼻子什么样，用语言很难形容，写起来既麻烦又不准确，于是干脆根据他的描述画了起来。北站派出所周副所长在旁边看了看，突然笑了起来。我问他笑什么，他说："张技术，你画的跟我们刚开除的一个工人徐某很像。"我们立刻到徐某家里查看，发现他自行车上绑的那台冒领的彩电还没有卸下来。这个案子就这么破了。

因为当时很少有用这种方式破案的，这个案子便在上海产生了很大影响。有的老警察说解放前有过案例，但会画这种像的那几位老先生早都去世了。他们也曾请过美院的老师协助画像，但一般的绘画创作跟摹拟画像完全不是一码事，所以画出来的都不像，不是太帅就是太美。我

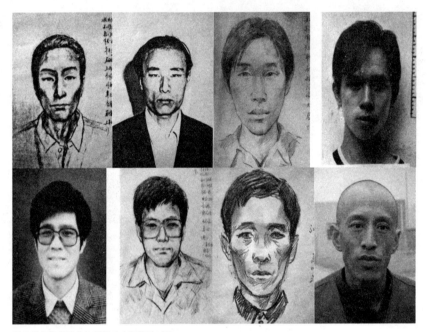

张欣画的摹拟画像与嫌疑人实际照片对比

画的画像抓到了嫌疑人，老侦察员们都特别感兴趣，好几个人都跟我讲："你也帮忙弄弄我们的几个案子吧。"此后，我便被调到刑侦技术科当刑事技术员，专门从事摹拟画像工作。

盘锦杀人案——摹拟画像不是画画那么简单

摹拟画像是项科学性很强的技术，由于当时公安部门没有专门搞这方面工作的人才，所以我都是自己在案子当中摸索学会的。冒领彩电案破获之后，有段时间我的摹拟画像并不算成功，画一张不像，再画一张还不像，或者这个案子跟上个案子画得非常类似。于是我狠下苦功，坚持每天画50张左右的素描，并利用各种机会，广泛收集资料，仔细研究、分析、辨别我国各民族各地域人群的特有体貌特征，特别是脸型特

公安部首批特聘刑侦专家合影，后排左一为张欣

征，并研究他们之间的差异。我家没搬到市区之前，每次坐火车到上海，我都要仔细打量每个旅客的长相，就连上街走路的时候也不放过。我还让同事描述他们的熟人，画后让其辨认是否相像。经过长期的积累，我对口述的人物形象的理解力逐渐变强，画过一次就能在脑海中留下极深的印象，一旦出现相似的人像便很快就能想起。在画了 10000 多张人像以后，我发现了一个规律：脸型、结构相似的人，五官也都差不多。比如眼眶很窄的人，眼睛不是三角眼就是圆眼睛，不可能是长眼睛，不然眼睛就长到眼眶外面来了；眼眶小的人，鼻梁、颧骨都是窄的，那么这人多半有个尖鼻子、高鼻子，嘴会往前拱。

画摹拟画像时，我通常比较注重让目击者提供可供辨认的细节，比如嫌疑人脸部有没有特别的痣、纹、痕、疤等，嫌疑人面部会出现什么特别的表情、动作等。除此之外，还要向目击者询问嫌疑人的身高、胖瘦，这与脸型密切相关，200斤1.72米的人跟100斤1.72米的人，即便同样是圆脸，长得也是不一样的。同时，我在询问的时候还有一定的技巧。比如不能直接问目击者嫌疑人多高，因为好多人对数字没有概念，而是问嫌疑人比他高还是比他矮，这样好比较，可以让他们脱口而出。同样地，胖瘦和年龄也都是以目击者为参考的。脸是方的圆的还是尖的，则要画出来或者拿个照片给他们看。身高、年龄、胖瘦有了，再加上脸型，五官也就出来了。

公安机关有时会利用电脑拼人像，但实际上这样做并不科学。当有一把刀逼着你的时候，你多半已经吓得要死，哪还能看清对方是双眼皮还是单眼皮，顶多记得对方大致是什么"形状"，可能长得像只猴子或者像个冬瓜，但电脑必须要有嫌疑人精确的五官形象才能拼出来。而且电脑拼图是不讲规律的，很可能会把一双只会长在宽脸上的眼睛给配到窄脸上去，这样拼出来的头像肯定不像。再者，电脑拼图受到的限制很多。有一次刑警学院的一个学员非说电脑的速度比我快，我说："既然这样，我就跟你比一下。你就找一个男孩子坐在那儿，你用电脑拼，我用手工画，看谁快。"结果我5分钟就画完了，他3个小时都没拼出来，就是因为素材库里的素材不全。

为了让技术更精进，我考入华东师范大学攻读美术专业课程，并且学习犯罪心理学、刑事侦查学、生理学、解剖学、人种学、预审学、痕迹检验等多门学科的知识，并把分析推理综合运用到摹拟画像中。比如学了心理学，我便能更好地判断目击者的回忆准不准确、有没有价值。在经历一定数量的案子之后我发现，很多人对形象的描述是不准确甚至是夸张的，特别是女孩子。记得有一次目击者跟我说："张老师，他（嫌疑人）的眼睛很圆很凶。"她这么说是很难画的，我就按照自己所理解的最圆的眼睛来画。画了几张她都觉得不够圆，我只好拿出一块钱的硬币来，问她："比这个圆吗？"她竟很认真地回答说比硬币还要圆。像这样的情况有很多，所以在摹拟画像的时候要格外谨慎，注意甄别，反复核实。如果有多人目击，我就把人分开，让他们分别口述，然后把画好的画像放在一起，让目击者从中指认，以此来检验他们的记忆。

在画像后，为了缩小嫌疑人的范围，我往往同样要参与到具体的刑侦工作中去，因此这也需要大量相关知识的积累。为此我曾拜几位巡捕房出身、解放以后警察局留用的老民警为师，他们有的搞法医、有的搞侦查等，每一位都非常厉害。比如教我侦查的师父告诉我说，做我们这个行当，必须要有经历。以凶杀案为例，你要是没有看过 500 个凶杀现场，是根本不行的。用现代一点的话解释就是脑子里必须有个大数据，搞了成千上万个案子以后，你自己就是个电脑，看到现场之后马上就开始运行，这个现场跟其他有什么不一样的地方，重点要观察哪些地方等，没有这些大数据，你的反应就没有这么快。

搞刑侦听着很英雄很威风，实际上面临的都是非常血腥残酷的场面。几乎每一个警察第一次出现场都会害怕，闻到尸体的味道整个人就不对了。如果没有大量的出现场经历，连这第一关都过不去，就更谈不上破案了。我第一次见到尸体是在铁路上。那时铁路周边都是开放的，我们铁路民警主要负责处理火车轧死人的情况。我当兵回来才二十一二岁，哪见过死人，一闻到尸体的味道就吐。但没有办法，我是警察呀。我记得那是位老大爷，肠子都出来了。我将尸体送到火车站，还用肥皂擦洗干净。工作结束后去吃饭，食堂里的阿姨特意给我留了饭，我打开一看是红烧大肠，立刻就吐了。后来出的现场多了，尸体也见多了，慢慢也就适应了。到现在为止，我已经参与侦破了 11000 多个案子，什么样的命案几乎都碰到过。

一桩案件的侦破需要借助多种刑侦手段，摹拟画像是一种，现场的推理与判断也是一种。有一次我去盘锦上课，晚上12点当地公安局局长打电话给我说："张欣，你白天讲课讲得很好，大家开了窍，反响非常好。"我说："你深更半夜给我打电话，肯定不是专门为了表扬我。有什么事？"他说："我在现场，刚有一个凶杀（案），你能不能帮我看看？"我马上就去了现场，连着看了两个多小时。快3点了，我说要回去想想，局长问："你不说说？"我见刑警们都累得不行，就说："大家都很疲劳了，这会儿说效果也不大。我想好了明天一早再告诉你。"回去我睡不着，就把之前看到的情况整个回顾了一遍。案发现场是个套间，包括朝南的卧室、中间的客厅以及朝北的厨房。厨房的煤气罐阀门是打开的，管子被割断了。管子里有金属线，不是那么容易就被割断的，而现场的切口断面很整齐，明显是一次成功，但被害人是个女人，不太可能有这么大力气，所以我推测现场还应该有个男人，管子是他割断的，并且很可能就是凶手。但把管子割断是什么意思呢，是为了让被害人煤气中毒吗？带着这个疑问我继续查看，发现边上有个垃圾筒，最上面是刚用过的一个塑料袋。我联想到客厅餐桌上有一盘花生米，因此推测塑料袋应该是装花生米的（事后检验的确如此）。餐桌上还有一个啤酒瓶，我看了看，是被人特意擦过的。就着花生喝啤酒，也像是一个男人干的事。我又想，一般来说东北人做事风格比较粗犷，常常直接就着塑料袋吃花生米。被害人却很讲究，特意将花生米装到盘子里，所以我推测被害人跟这个男人的关系比较微妙。灶台上有一个电饭煲煮了米饭，打开一看，量刚刚够女人自己吃的，但外面放了两个碗，他们之间的关系就更明确了，应该就是男女关系。这样一来，女人将装着花生米的盘子递给男人，男人说不定要下意识地接一把，盘子底下很可能留有指纹。我让当地警方看看盘子，果然找到了两枚对称的新鲜指纹。此外女人死在卫生间的浴盆里，尸斑在尸体的上表面，这很不正常。通常人死后 2—3 个小时，血下沉到尸体最下面形成血斑，并且凝固不会消退。现在尸斑的状态说明人死后被搬了过去，而且还搬反了。如果不是熟人的话，杀了人肯定马上跑了，为什么还要等两三个小时？凶手肯定在作思想斗争，想怎么处理才好，最后决定伪造自杀现场，这样割断的煤气管子也有合理解释了。我跟局长说："现在指纹有了，还是熟人干的，你找找看吧。"结果用了两个小时案子就破了。

飞贼案、强奸幼女案——摹拟画像大展"神威"

在电脑与网络还不普及的情况下，摹拟画像的确很灵。尤其是当时人员流动很少，而且群众基础非常好，老百姓发现了线索，都积极向公安举报。只要能画得比较像，再加上群众举报，就能够大大缩小嫌疑人的范围。

1994 年，北京发生了一系列离奇的"飞贼"案：嫌疑人偷了 29 户人家，其中有 9 户是部委领导及知名人士。社会上流传嫌疑人会"飞檐走壁"，影响较为恶劣，公安部将之列为一号大案。上海市公安局副局长将我推荐给北京市局，协助办理此案。北京市公安局刑侦处处长老傅向我介绍了该系列共 20 起案子，经过确认作案地点，我发现一个规律：这些点连起来呈扇面，从天安门广场开始往西北方向辐射；嫌疑人基本每次都偷两户人家，我推测他的心理应该是先偷相对远的一户，把警察引向远处，再跑到近的那户去偷。将最靠近天安门广场的两个作案地点连起来向东延伸，嫌疑人的藏身处便指向北京火车站这一带。然而车站周边范围也很广，为了再圈小点，我就骑着东交民巷派出所民警的一辆自行车跑了 20 个现场。这下巧了，我从这里出发，骑到每个现场的时间都刚刚好。当时我预感到，这小子很可能就住在东交民巷，便将这个想法告知了老傅。

与此同时，北京公安也在紧锣密鼓地调查此案。有两位民警着便衣在一位部长家蹲守到了嫌疑人。那人从房顶上跳下来的时候，被家里的老保姆发现了。民警听到响声追出去，但已来不及，嫌疑人只用了两秒钟的时间便纵身跃过 2.5 米高的墙跳了出去。为了还原现场，北京公安请来北京武术队队员、李连杰的师兄弟，防暴队员及消防队员做试验，除了一位消防队员用 3 秒钟跳出去之外，其他人都跳不出去。消防队平时主要训练内容就包括攀爬，那位队员又是个业务骨干、更为专业，这才能做到。这说明嫌疑人的确是有点本事的。

为了给我提供摹拟画像的素材，北京公安找来该现场的五位目击者，包括那两位民警、老保姆和路上的一对父女。我问民警距离嫌疑人多远，他们说至少 20 米，所以没有追上，让他跑掉了，因此两人只看到嫌疑人的后脑勺。老保姆则说："他有点像我家二小子。"我问她："你家二小子多高?"她说一米七四，我问什么脸型，她说是长脸。那对父女中的 8 岁小女孩先发现了嫌疑人，当时对她父亲说："爸，（有人）打架!"小孩子说的没错，前面一个人在跑，后面两个人拿着棍子在追（当时没有配枪），那不是打架吗? 小女孩的话引起了父亲的注意，但由于嫌疑人跑得太快，所以他只看到对方的脑门。小女孩一抬头的时候看到了嫌疑人的脸，小孩子通常对细节很感兴趣，大而全的东西反而看不出来，于是她清楚地描述说："那个叔叔眉毛细细的，眼睛也是细细的，鼻子尖尖的，然后两个腮是凹进去的，嘴是扁扁的。"她父亲则补充了一点信息说："他像是一个半秃子。"我听后特别高兴，身高、脸型、五官等特征都有了，这不就齐了吗? 我很有把握，很快就画完了。老傅开玩笑说："我可要把画像发出去啦，你要是画错了，这辈子就都翻不了身了。"我开玩笑地反将他一军说："我不怕的，我在上海画了这么多像，一天（案子）就破了。这次就看你北京的了。"因为还有其他任务，画完像我就回了上海。

画像发出去后第二天，西华门公交分局反扒队在公交车上发现有个人跟画像上长得很像。两个反扒队员拿不准，用对讲机问他们队长："抓还是不抓？"队长和一名实习民警立刻开摩托车过去，见到那人真的特别像，于是上去抓住衣领子制住了对方。后来一审，他果然就是那个大名鼎鼎的"飞贼"。

过了两天，老傅打电话来，很激动地说："张欣，做得太漂亮了！那个'飞贼'祖上是大内侍卫，自己9岁就开始练武，的确是有两下子。跟你请教个问题：当时你说他住在东交民巷，没想到还真是。你是怎么知道的，难道是算出来的？"我说不是算的，是靠双腿骑自行车跑出来的。他听后恍然大悟。他接着说："我还有个要求，有一起强奸幼女的案子，你能不能帮我们一块儿破了？"我说没有问题。

接下来我便到羊坊店派出所去为强奸幼女案画像。受害者由母亲陪着过来，小女孩八九岁，出事的时候也就七岁多一点。为了拉近距离，我就问她说："能不能让我抱抱？"她说行，我又问："能不能亲你一下？"她说："叔叔你可以亲的，那个叔叔（嫌疑人）不能亲。"小孩子无意中脱口而出的话是很准的，这句话便引起了我的注意。我问她："为什么不能让那个叔叔亲？"她说："叔叔你的嘴很漂亮，那个叔叔的嘴很难看。"我一听，这就更有价值了："怎么个难看法？"最后得知，嫌疑人是个兔唇，再细的东西她就讲不清楚了，只记得对方长了一张胖胖的圆脸。我对老傅说："这个好办。"我画了一个圆脸、一个兔唇，接着说："这种画像人家看了很奇怪，容易引起注意。再加上全北京长兔唇的人寥寥无几，特征这么明显，就更好找了。"因为上一个案子的合作很顺利，老傅便很信任我，于是说："你讲得有道理，那我就按这个发了。"画像发下去以后，案件又是两天就告破了。

怎么破的呢？石景山区有个商场，为了防止有人偷自行车，请一位老民警来看管。拿到通报的时候，老民警还有三天就要退休了。他跟人讲："我干了一辈子警察，从没有见过这样的协查（通报），但是又很有价值。兔唇满大街都没有几个。"巧合的是，正说着，他一抬头刚好有一个长着兔唇的圆脸骑着辆自行车从面前过去。老民警马上就60岁了，追不上，于是对旁边的两位联防队员说："我怀疑这小子就是强奸犯。这样，我做一个追的动作，看他有什么反应。他要是跑，你们赶紧追；他要是不跑，你们就别追了。"结果那人扔了自行车就跑，两个联防立刻就把他给摁倒了。老民警便在退休前立了个一等功。这两个案子一破，老傅就让我在北京待了三个月，将所有没破的案子都重新处理了一遍。

1995年，随着摹拟画像在案件侦破中的广泛运用，我与刑侦战线上作出卓越功勋的其他七位同志成为公安部首批特聘刑侦专家，从此肩上的担子就更加沉甸甸的了。

白银案——摹拟画像并不是万能的

如果一件案子线索很少，没有方向，民警就得先在大量有前科的嫌疑人中进行人工排查——事实上的确有很多人从监狱里释放出来之后仍会继续干"老本行"。如果没有画像，可能要找上千上万个人；有了画像，再去发协查通报就方便多了，可能只需要找十几、几十个。民警根据画像上描绘的特征，结合身高、年龄等，先将比较符合条件的嫌疑人底卡找来，进一步筛选并锁定几个人，再与居委会工作人员一起将本人找来，由目击者再次进行辨认，运气好的话可能一下子就认出来了。在没有录像、视频的情况下，摹拟画像是唯一一个能够精确记录嫌疑人体貌特征的方法。

作为刑侦手段，摹拟画像也有其局限性。侦破案件时，同样需要结合其他刑侦手段。白银案便是一个案例。

我为白银案画像是很偶然的一个机会。2002 年三四月，西宁发生连环强奸杀人案件，共四个女孩被害。按照当时的标准，四起以上的连环杀人案要由公安部督办，于是我作为公安部特聘专家去了西宁。

西宁杀人案中被害者都是在店里负责出租录像带的女孩，有两个到店里租录像带的男孩是目击者，据他们所说，现场有个很可疑的对象。我根据他们的描述画像后对当地警方说："还有三四个店没有发案，但不代表嫌疑人没去过。说不定他去了，但出于种种原因犯罪未遂。他有可能借过录像带，那就有身份证登记的记录，你们就可以按照记录走访了。"当地警方迅速按照这个方法进行排查，果真问了出来，四天之内案子就破了。

白银警方得知消息后非常感兴趣，把我请了过去。按照程序，我让白银警方将原来八起案子的材料提供给我，目的是看目击者到底讲了什么。经过一天的收集整理，白银警方拿三轮车运了整整三麻袋的材料过来。开始我还比较兴奋，因为其中调查访问的材料还是比较多的，但全部翻下来并没有发现什么有效信息，心一下子就凉了。我想想也对，嫌疑人在室内作案，而且杀人后还有充足的时间将不同的器官割走，这说明附近环境相对安全封闭，目击者肯定非常少，能留下的有效信息自然也就更少。

在与仅有的三位目击者反复沟通之后，我画出了三张画像，可惜的是此时距案发已过去一年，画像的难度太大了。曾与嫌疑人打过照面、因处事机警而幸存下来的女工说："张老师，我也想把他画出来，我也很痛苦。我们夫妻俩跟着警察足足走了一年，他们天天拿一堆照片让我们认，看了一年，印象早就糊掉了。"因此尽管三位目击者看了我画的三张画像后都反映说有六七分像，但是如果就这样向社会公布的话，可能会对办案人带来干扰。所以我认为那三张画像只能在具体办案中作为参考，只要符合任意一个特征的，都要重点进行取证、采集。这个案子的工作量太大了，公安机关面临的侦察对象是白银市 25 万名男性，当时的技术条件又很落后，因此一时之间并未取得突破性的进展。我当时便说，案子肯定能破，但不是现在。十多年后，白银案告破，我才最终得以释怀。

白银案的告破得益于现代技术的应用。回顾过去，80 年代到 90 年代初，刑侦工作是一个阶段，完全依靠人工；90 年代开始有 DNA 技术；接下来有了电脑、网络、大数据。基础的刑侦技术，比如看现场的判断等，依旧依靠经验，但排查的手段不一样了，原来靠人工查，现在在网上就能查，效率变得非常高。并且，像上海、北京这样的发达城市，摄像头几乎覆盖了全部街道社区，有了视频，就直接可以找到嫌疑人的家里。只要想查，谁也跑不了。就连抓小偷也跟原来不一样，过去靠老民警用眼睛盯，一般是三个步骤：一是看眼神，小偷的眼神总是看人家装钱的地方；二是看脚步，小偷一旦锁定了下手的对象，脚步也就不由自主地与对象一致起来；三是小偷往往会比普通人多带件东西，比如报纸等，这是工具，目的是遮挡别人的视线。这样破案的效率很低。现在则根本不用去现场，只要有人报案说是在这辆公交车上被偷了东西，搜一下相关几个车站，看有没有同一张公交卡出没，找到后用特殊手段锁定它，等小偷再次上公交车一刷这张卡，刷卡器就会报警。这就是大数据应用的典型案例。再比如前一阵子我破的一起纵火案。我看现场有一个超市的装面包的袋子，就问小镇上有几家超市，有人告诉我说就一个。我说店里应该有摄像头，深更半夜买面包的没有几个人。一看录像果然拍到了，那小子还是刷卡买的，一查卡号，名字等信息就都出来了。

随着社会的进步，这些技术无疑使刑侦工作如虎添翼，同时也扩展了新的画像领域，如颅骨复原、视频复原等。我们的科技手段在进步，犯罪分子的作案手段也在进步，大量的伪装、蒙面作案等犯罪的手段的出现，给摹拟画像也带来新的课题。为了让摹拟画像技术能够更广泛地应用到刑侦工作中，我到各地讲授摹拟画像课程，并先后为全国多个省市公安厅局带出了 21 个徒弟，培养了一批摹拟画像人才。打击犯罪，维护社会正义，构建平安、和谐社会，我们任重道远，也义不容辞。

（本文在整理过程中参考了上海铁路公安局提供的材料）

新中国成立 35 周年大庆前的特大盗枪案

阎学英　李连池

　　1984 年 10 月 1 日，是新中国成立 35 周年大庆。这一天，在天安门广场要举行隆重的庆祝活动。因此，保卫 35 周年大庆的安全成了公安局各级领导和全体干警的首要任务。春节还没有过，北京市公安局关于大庆保卫工作的计划、措施、方案就开始下达部署。各处、分、县局在年计划工作安排上，也都把 35 周年大庆保卫方案放在首位，要求绝对保证安全，做到万无一失。

　　就在这紧张繁忙的日子里，传来了一个令人震惊的消息：东城区体委军事学校的枪库被盗。这个消息就像一颗重型炮弹，落在北京市公安局上上下下几万名干警的心上。这就是轰动京城的"206"特大盗枪案。

大案突发

　　东城区体委军事学校位于东城区地坛体育场的东南角。1984 年 2 月 6 日，也就是过完春节上班的第一天，上午 8 点 40 分，该校临时工满恒利和学员赵健到更衣室换衣服，无意中看到墙上有一个大洞，引起他们的警惕，满恒利立即找领导报告。于是有线电话、无线电台，一道道电波把这个消息迅速报到了北京市公安局总值班室。市局的命令又一道道闪电般下达到有关的方方面面。只听到警笛阵阵、警车疾驰，从四面八方一起奔向地坛体育场。最先到达的是地坛派出所的同志，他们维护秩序，保护现场；紧接着，东城公安分局领导带领刑警队的侦查员赶到了；北京市公安局有关领导、市局治安处领导和侦查员赶来了；东城区的区委书记、副书记、区政法委员会副书记都先后到达了现场。当晚 11 时半，公安部一位副部长、公安部五局局长也亲临现场进行指导。在治安处处长王少华的统一指挥下，治安处和东城分局的侦查技术员们对现场进行了认真细致的勘察。

被盗枪库是一间南平房，位于地坛军事体校院内。库房西面是办公室，东面与更衣室隔墙相连，南面有一后窗，门、窗均装有报警器。经勘察，门、窗完好，与更衣室相连的墙上，在距地面 197 厘米处，被挖了一个宽 50 厘米、高 30 厘米的半圆形洞口。洞口四周墙壁上留有案犯擦蹭和戴手套攀扶留下的痕迹。洞口下面是两个叠放的方凳，上面有手套痕迹和缝绱底的鞋边痕迹。地面上有散落的砖渣、碎纸。库房内的一个枪柜被用力拉开，被盗走"东风三型"小口径手枪 4 支，"双菱"牌气手枪 3 支，子弹 2600 发和 1 个射击观测镜。

洞口外侧更衣室西墙边放一张两屉桌，桌上有灰渣、足印，上面还放一个木凳。库房南面的院墙上有蹬蹭痕迹，墙砖松动脱落。

作案现场遗留一个火钩子，一个两用炉炉门，一个开自来水龙头的起子，上面均沾有石灰，显然是犯罪分子挖墙所用的工具。

经现场调查访问得知，1 月 30 日下午曾进行一次训练，31 日封库。春节放假期间有人在办公室值班，还配有流动值班员。2 月 3 日，曾有人进过更衣室，未发现异常。5 日夜间三四点钟，值班员曾听到咕咚的响声，因声音不大没有引起注意。2 月 6 日上午 8 点 40 分发现被盗。

经分析，作案时间当在 2 月 5 日夜至 6 日晨之间。作案者是 15 岁至 25 岁的年轻人。至少三人共同作案，并且其中一人体型较瘦。

天罗地网

"206" 枪案无疑对首都的安全是个极大的威胁，给首都的公安机关带来了巨大的压力。2 月 6 日，距 35 周年大庆只有近八个月的时间了，如果破不了案，万一在国庆节期间 "打响"（泛指敌人的各种破坏活动），后果不堪设想。能不能在大庆之前破案，成了整个公安系统的当务之急。很快，一个由北京市公安局副局长刘汉杰、治安处处长王少华、副处长朱峰，东城分局局长苏仲祥、副局长魏炳焜等组成的 "206" 专案领导小组成立了。朱峰和魏炳焜同志亲自坐镇指挥。从治安处和东城分局抽调了五名刑警队长，选拔了业务精通、身体素质好的侦查员 110 名，组成了一支精悍的破案队伍。

在交通发达的现代，要在有上千万常住人口、上百万临时人口中查出罪犯，真比大海捞针还要难。为了不排除外省市人员流窜作案的可能性，公安部向全国的公安系统发出了 "206" 盗枪案的通报，要求全国各地公安系统不分分内分外协同作战，注意发现线索，提供可疑情况。市局作了部署，发动全北京市的干警，展开一场围剿 "206" 盗枪案犯罪分子的大会战。各业务处和分、县局也都迅速成立了 "206" 专案小组，均由一名领导亲自挂帅。与东城区邻近的朝阳区、西城区、崇文区是重点区域。一个严密的大网在全市的各个角落向犯罪分子张开了。

发案在东城军事体校，侦查工作首先从学校内部和周围 9 个派出所两个渠道开展。从内部看，体校自 1980 年建立以来，共有工作人员 15

名，先后有 800 余名学员参加训练，经过专案组调查均被排除了。体校周围有和平里、和平街等 9 个派出所，中央、市属单位 288 个，专案组在各级党组织的支持下，分别召开各种宣传会 394 个，到会 1 万余人，使这一工作在这一地区家喻户晓。"206"案件成了人们街头巷尾议论的话题。成千上万双锐利的目光在搜寻着犯罪分子的踪迹。

群众发动起来了。一条条线索接踵而至。专案组在这一地区排出几千名符合作案年龄的男性青年。其中，对有违法行为、有家不归、有学不上、有工作不做，以及进过地坛军体学校好玩枪的 144 人，作为审查重点。专案组的干警们战严寒斗酷暑，只要听到一点线索就闻风而动，全力以赴，马不停蹄，哪怕是不吃饭不睡觉，眼睛熬红了，人累瘦了，也毫无怨言，他们恨不得一下子把犯罪分子抓出来。既不能冤枉一个好人，也不能放过一个罪犯；既要破案，又要讲策略，依法办案。话讲起来容易，但做起来就不那么简单了。随着时间的推移，随着侦查员们夜以继日的工作，200 多个线索、144 个重点对象都被一一排除了。不知不觉中，日历已无情地翻到了 8 月份，离 35 周年大庆只有近两个月的时间了，案情仍无头绪，专案组的同志们寝食不安，焦虑万分。但是他们并不气馁，只有一个坚定的信念：一定要在大庆之前抓住罪犯，这将是对 35 周年大庆、对党中央和全国人民献上的最好的厚礼。

一网打尽

日历从 2 月 6 日翻到了 8 月 8 日，案情终于有了转机。8 日早晨 6 点钟，朝阳分局治安科接到报案：在亮马河上漂着一具小女孩的尸体。经现场勘察：女尸 11 岁左右，身穿白背心，右背带从肩部撕至前胸，左背带从肩处撕断，颈部左下侧锁骨上侧有一处 0.4 厘米 ×0.6 厘米的挫伤。现场分析：小女孩系被害而死。经尸检进一步证实小女孩被害在前，溺水在后。这不是一起简单的治安事故，而是一起严重的凶杀案。经调查，死者名叫董楠，11岁。她的哥哥董新颜（17岁，高中学生）有重大嫌疑。

治安科和刑警队围绕着董新颜开展了周密细致的工作，并派侦查员将董新颜严密监视起来。同时，对与董来往密切形迹可疑的文泽（男，17岁）、包宇清（男，18岁）、李彤（男，18岁）、祝军（男，17岁）四个人开展了调查工作。8月10日朝阳分局治安科副科长沈刚带领卜军、王俊生等同志到×中学找祝军谈话。祝军神情十分紧张，表情异常，说话吞吞吐吐，侦查员们意识到他在试探摸底，肯定还有什么严重的问题未交代。于是机警的侦查员们避实就虚与祝军展开了一场攻心战。在沈刚等人的追问下，他终于露了马脚。当问到"你究竟和董新颜在一起干了些什么？"祝含糊其词地回答："就在一起打过鸟。"又问："用什么打鸟？"祝答："用枪。"侦查员们立刻警惕起来，一直找不到线索的"206"案件会不会与他们有关？问话继续进行，祝军交代：和董新颜、包宇清、文泽、李彤五个人一起玩过枪。5月2日，他们还带着六支手枪到西山打过鸟。沈刚等人感到问题严重，于是顺藤摸瓜追问枪的来历，并向他反复交代政策，解除顾虑，指明出路。祝军又供出：枪是董新颜、文泽、包宇清三个人从地坛军事体校偷的。沈刚立刻派王俊生回分局向治安科副科长刘士杰汇报，刘士杰果断决定，为了防止发生意外，必须采取紧急措施，立即将董新颜抓获。

在审查祝军的过程中，祝又供出了枪藏在文泽的住处。沈刚当机立断带着卜军、王俊生等人直奔文泽的住处将文泽抓获。并派人上报专案组。

下午3点市公安局治安处副处长朱峰带领侦查员赶来，会同朝阳分局局长彭飞、副局长张越鹏以及沈刚、诸美坚等依法对文泽家进行了搜查、录像。东城公安分局刑警队副队长侯宝喜带着技术员希景荣也来配合作战。从文泽的床下搜出一支"东风三型"小口径手枪。从他家院里防空洞内，挖出了藏匿手枪的坛子，内有三支"双菱"气手枪，三支"东风三型"小口径手枪以及子弹。枪的型号与地坛军事体校被窃的枪号完全一致。射击观测镜也从祝军家起获。至此，"206"案被窃的枪支弹药全部追回。

不出专案组侦查员们所料，此案系文泽、董新颜、包宇清三人，于2月5日夜间3点多钟所为，而文泽身体较瘦。经技术鉴定：从枪库提取的缝缲鞋底边足迹与文泽的鞋大小、花纹、缝缲线的间距、走向和排列完全相同。从而断定枪库内的足迹是文泽所留。很快，此案所涉及的五名案犯全部被擒。经讯问，他们偷枪目的是为效仿"二王"（指80年代初东北两个姓王的持枪歹徒）制造事端，抢劫钱财。案犯虽被抓获，工作并没有结束。公安人员乘胜追击，从董新颜家单元门的下水洞中起获了董在杀害其妹时穿的游泳裤衩。董对杀害自己的胞妹供认不讳。继而查出：4月5日，王府井亨得利表店被盗货款4100元的大案是文泽和包宇清所为。董新颜、李彤知情窝藏部分赃款。文泽、董新颜、包宇清分别结伙或单独先后在本市动物园、副食店、冷饮店、粮店、学校、民宅等处盗窃11起。

8月14日，董新颜、文泽、包宇清等五名犯罪分子全部被依法逮捕，董新颜被判处死刑缓期两年执行，剥夺政治权利终身；文泽被判处有期徒刑16年，剥夺政治权利两年；包宇清被判处有期徒刑13年，剥夺政治权利两年；祝军和李彤因认罪态度好主动退赔，分别被免予起诉和判缓刑。

寻枪：预谋劫机大案侦破记

刘　文[①]

在我几十年的办案生涯中，"王林生案"是一起典型的大案要案，也是当年公安部督办的一起特别重大案件。通过对此案的侦破和经验教训的总结，全国上下各级公安系统从思想上进一步加强了同严重暴力犯罪斗争的意识，从行动上把预防和侦破此类犯罪放在特别重要的位置，从而切实提高了我国刑事侦查工作的战斗力，在今后与暴力犯罪的斗争中发挥了重要的作用。

春节前夕，铁路警察携枪神秘失踪

1984 年 1 月 27 日，公安部刑侦局接铁道部驻成都第二工程局公安处报告：1 月 21 日，该处主任干事王林生以湖南原籍母亲病重为由留下假条不辞而别。王林生所在单位属于铁路公安系统，他的出走比较反

----

① 作者系公安部刑侦局原局长，国际刑警组织中国国家中心原局长。

常，看上去似乎是由于母亲的病来得很急，但实际上他完全可以当面跟领导提出请假要求。最令人担心和起疑的是，他走时随身带枪，离开数日后又无任何音信。

鉴于当时的情况，刑侦局还不便马上采取措施，于是请工程局公安处的同志们继续关注事态发展。或许，王林生真是因为母亲生病而匆忙离去，只是一场虚惊而已。

但是随后，令人担心的情况不断从四川方面报来。1月29日，该公安处查明，王林生家中无人生病，他也没有回老家。如果把王林生走时身带手枪与捏造家人重病的谎言等情节联系起来，其动机和可能的后果不禁让人毛骨悚然。1月30日，经进一步清查，该公安处发现王林生负责保管的枪库中少了手枪16支、子弹1100多发。其后，又陆续发现与王林生关系密切的成都飞机修理厂（5701厂）工人刘勇、罗正方同时失踪。调查中发现，这些人平时聚在一起，有预谋劫持飞机的议论，据此初步确定这伙人有盗枪预谋劫持飞机的重大嫌疑。

2月1日就是大年三十。为保证春节安全，公安部刑侦局立即将该案列为特别重大案件督促四川省侦破，并与四川省公安厅24小时保持联系，掌握进展情况。1月30日，为防止王林生等人到外地作案或外逃，由我批准发出了部署全国公安机关缉捕的紧急通缉令。尽管通缉令发出，但我和高旭局长都认为，此时盗枪犯罪主要嫌疑人去向不明，大量枪支弹药在危险分子手中，既不知道他们究竟要搞什么行动，也不知道他们准备在何时何地行动，如果他们在春节期间铤而走险，作下什么大案，影响可就太坏了。

嫌疑人踪迹在上海出现

情况十分紧急。1月31日，大年三十前一天，刑侦局决定召开全国紧急电话会议，通报案情，部署各地严密查缉和加强防范，防止这伙犯罪分子制造大事端，进行捣乱破坏。电话会议之后，各地行动迅速，连夜部署，在全国展开了紧张的查缉战和防御战。1月31日晚，我局接四川省公安厅报告：已查到刘勇并将其拘留，但其态度顽固，不交代问题，同时接受审查的还有与刘勇关系密切的陈其昌、陈冬生等，讯问目前尚无进展。

时任公安部部长刘复之听取案件汇报后，立即指示派人去成都督战和指导侦破。2月1日中午，案子有了突破性进展。犯罪嫌疑人罗正方刚到上海就被上海市公安局发现，罗正方被抓时身着军装，佩戴帽徽、领章，冒充现役军人，身上无枪。我们指示上海立即对罗进行突审，同时我和高旭同志商量后，马上赶赴上海。2月2日大年初一早6时30分，我和乌国庆同志从首都机场出发，11时50分飞抵上海。上海市公安局刑侦处郭万兴处长到机场接的我们，车子直接开到大沪饭店（上海市局招待所），上海市公安局赵文卿副局长正在那里等候。见面后，我们简短地交换了意见，决定下午先检查从罗正方身上查获的物品，看看审讯记录，再确定下一步工作。

罗正方从成都出发，并非直达上海，一路上的车票、住宿单据都在，据此可以排出他的行程。于是，我起草了传真稿发到公安部刑侦局，请局里转有关地区进行核查，看看能否从中发现什么新的线索。

突击审讯，案件线索浮出水面

当晚在对罗正方审讯时，我在监听室进行了监听，然而审讯进展不怎么理想。3日上午，我与赵文卿、郭万兴和主审人张振魁同志共同研究加强对罗的审讯问题。根据监听审讯的情况，我提出了三点建议：一、罗昨晚提出要见局长，可否由我和赵文卿出面，当面向其交代政策，促其彻底坦白交代？二、开展监内侦查；三、监号内加装监控器，观察其动态，掌握其心理活动。对于第一点，赵文卿建议先由市局治安处副处长端木宏峪以局长身份来与犯人谈，根据进展情况，再决定我们是否出面；对于另两点，立即组织落实。

当天下午开始审讯，我和赵文卿监听，仍无进展。晚饭前，案件出现了一线转机。乌国庆告诉我，他在此前的审讯记录中看到了这样的内容：罗交代说，刘勇将枪交给了住在他二儿子家的姐姐。回到招待所后我们顾不上吃饭，立即翻查审讯记录后发现，罗的交代中涉及两个重要问题：一是他听刘勇说，在 1 月 26 日或 27 日，王林生已把枪送到刘勇那里，刘则把枪拿到了儿子家，交给了他的姐姐；二是罗的任务是先到上海观察飞机场的情况，等其他同伙来后再行动。我们立即回到上海市局对这些情况进行了核实，并通报给四川省厅。四川方面行动迅速，立即派人去刘勇儿子家搜查，同时报告，根据同案犯交代，王林生已被打死在凉山州冕宁县。我立即将上述情况电话报告了高旭同志。

陈丕显指示办案

我们在上海办案期间，时任中共中央政法委书记陈丕显同志正在上海进行工作考察，他指示要听取此案的汇报。2 月 5 日上午，我应约到陈丕显同志住处汇报王林生案件进展情况。

丕显同志对案子问得很细，听了汇报后作出四条指示：第一，王林生已被打死，枪也已经缴获，公安部可以发通报说明劫机的危险已解除，可撤销查缉工作；第二，将案件彻底查清，总结经验教训；第三，对于个别人的思想动态和行为处于危险状态时，党委和公安部门要了解在前，预防在前；第四，对公安、保卫部门的枪支、弹药要加强管理。从丕显同志处回来后，我将这次谈话的记录进行了整理发回北京，并通过电话向上海市公安局局长王鉴作了传达。

2月5日下午，王林生尸体在距冕宁县城二三华里解放桥水电站的一个涵洞内找到。当天晚上，我接北京方面电话报告，王林生尸体已验明正身。随后，我将情况报告丕显同志，他听后只说了一句话："办得好！"

真相大白

2月4日，四川方面在审讯同案犯袁孝齐时取得重大展。据袁交代：王林生、刘勇和他三人于1月20日合伙盗走枪弹。按照事先谋划，王林生留下一张回乡探母的请假条，三人于1月21日携枪同乘火车在西昌附近的冕宁县泸沽车站下车。22日凌晨，刘、袁诡称到西昌机场劫机，将王诱骗到冕宁境内一个山沟里枪杀，弃尸水底。杀死王是二人计划的一部分，其目的是防止公安民警顺着王林生这条线找到他们。随后，他们返回成都，将所盗枪支、弹药分别藏到袁孝齐家中和埋在5701厂后围墙外等地方，并派罗正方到上海去踩点，伺机劫机外逃。四川方面根据袁所供述的地点，将16支手枪、1510发子弹、13份机密文件、106枚银元及王林生的工作证等全部缴获。随后上海方面通过审讯，罗正方供认：刘勇等预谋劫机外逃，叫上王林生的目的是利用他搞枪。

至此案情眉目已清，这伙罪犯持枪作案的威胁被彻底消除。

我和赵文卿研究，为便于集中审讯核查案情，将罗正方交由四川省公安厅派来的吴妙华等同志带回成都。为以防万一，我明确提出对嫌疑人的安全要分别负责：上飞机前由上海方面负责，上飞机后由四川方面负责。

抓住典型，同严重暴力犯罪作不懈斗争

2月6日11时30分，我和乌国庆返京，下午2时抵京。3时，我们赶到刘复之部长家汇报，同时转达了陈丕显同志对此案的指示，还有王鉴同志提出的抓住这个典型进行整顿的建议。刘部长指示，由我尽快组织工作组去四川检查铁道部第二工程局公安处和5701厂的问题，以加强枪支管理，并要开现场会促进一下四川方面的工作。回后我与高旭等同志商定：一、由刑侦局立即起草案件通报撤案；二、请治安局按刘部长指示落实枪支管理工作；三、召开铁道部公安局、空军保卫部和公安部经济保卫局会议，公安部方面派我去四川。

2月16日上午，我乘飞机去四川，同行的还有铁道部公安局邹副局长和空军工程部政治部李主任。我们于中午抵达成都，下午2时即赶赴省公安厅与白尚武厅长和三位副厅长听取成都市公安局局长和侦查、审讯人员的汇报。通过汇报，大家的一致意见是，案件情况基本查清，有些细节需进一步审查。

17日上午，我们到成都市公安局检查缴获的原始证据，下午到铁道部工程局检查清查情况，总的看法是，对此案的根源深挖得还不够，例如：王林生这样的人为什么被重用，为什么对王的预谋一直没有发现？枪支管理制度上的漏洞为何如此之大，一个人就可以将那么多枪支、弹药盗窃出去？我们要求责任部门过细审查和调查，将结果向四川省厅和铁道部报告。

18日上午，我们到5701厂检查清查情况，重点提出两个问题：一、该犯罪集团的成员挖净了没有？二、该厂是否还存在类似的犯罪团伙？最后大家一致同意，通过内部清理整顿和认真总结教训，加强军工厂职工队伍的管理，并将情况向空军政治部报告。

当晚，我们与四川省公安厅领导交换意见。19 日上午乘机返京，我与高旭同志交换意见后，决定召开一次暴力性案件侦破经验交流会，中心议题是对近期侦破的有经验、有教训的典型案件进行总结，并提出相应措施。19 日下午，我们向公安部副部长李广祥汇报了此事，他指示这个会要在北京开。

1984 年 3 月 9 日，侦破暴力性案件经验交流会在北京军区招待所召开。会议总结了四点意见：一、提高同严重暴力性犯罪斗争的思想认识，必须牢固树立对其在战略上长期斗争，在战术上先发制敌、速战速决的指导思想，一定要把预防和侦破严重暴力性犯罪摆到突出的地位，从思想、组织、行动、物质上做好充分准备。二、要建立指挥中心。各省、直辖市、自治区公安厅、局和市县刑侦部门都要建立，中心要逐步装备现代化的通信、电传打字、计算机设备，调配熟悉业务、精明强干的专职人员，协助领导进行统一指挥。三、建立刑侦机动队，装备快速交通工具、先进武器、防护器具等。四、构建追捕堵截网络，建设装备有线、无线通信设备的堵卡点与治安、交通的卡点密切配合，形成网络。

香港回归前两地警方联手破获大案要案纪事

刘　文

两地联手，"三打"车船走私风

自 1989 年起，香港连续发生大批豪华汽车被盗并走私到东南亚国家和中国内地等案件。一时间，疯狂的盗车和海上走私汽车之风严重侵扰香港社会治安，市民反映强烈，香港警务处压力极大。

据香港警方 1990 年提供的资料显示，当时被盗汽车已达 6000 辆。为此，香港警方将被盗车的资料通报公安部，要求内地协助查缉。公安部立即指令广东联络处大力支持，广东警方采取了"海上封、岸上堵、路上查"等多项措施，但全省有 3700 多公里海岸线，堵截海上走私赃车谈何容易，一时间，反盗车、反走私成了中港警方每次会晤时必商之难题、重题。

1989 年 12 月，中港国际刑警第十次会晤在香港举行。会上我提出，要想改变香港水警快艇在海上追不上、堵不住装运走私汽车的"大飞"

广东警方向香港移交重大抢劫杀人犯罪嫌疑人仪式现场

（一种经过动力改装的大型摩托艇，是当时颇受走私分子"青睐"的海上运输工具）的被动状况，必须从运输工具上找原因、想办法。我们与香港警方共同实地考察了几家生产"大飞"的造船厂后发现，船厂为走私分子生产的"大飞"，都是超标准的大马力发动机组合引擎快艇。正常的快艇只装一台发动机，而"大飞"却能装四—五台，因此马力超常、速度奇快。其航速不仅令追堵的水警快艇望而兴叹，还经常将水警快艇撞翻。我当场向香港警方建议，贵方应立即呼吁政府立法，严禁生产超标准的"大飞"。这一建议迅即引起香港上层重视，不久香港政府颁布了严禁生产"大飞"的法令，一下子打掉了海上走私汽车的运输工具。

为协助香港警方打击被盗汽车走私，内地也先后采取了多项措施。例如，鉴于香港使用的汽车方向盘在右侧的特点，公安部向全国发出《严禁为右舵轮机动车上牌照的通知》，并要求各地严查右侧方向盘的汽车，发现为走私车的立即没收，同时追究其来源，挖出走私、贩私者，以堵住香港被盗汽车在内地销赃的渠道。

与此同时，广东省为协助香港警方追查、收缴赃车，在人力、财力上的投入也很巨大，加之由于被盗汽车走私入境后多次转手，有的买主并不知是赃车，一旦被查获没收，钱车两空，意见也闹得沸沸扬扬。1991 年 4 月 17 日，时任香港警务处处长李君夏亲自到广州与我方会谈查缉赃车事宜。在得知广东为协助追缴赃车所付出的巨大代价时，当场表态将就每台收缴车辆补偿我方港币 15 万元。尽管后来此事遭港督等干预并未兑现，但我方还是履行承诺，将查获的走私汽车分期分批无偿交还香港警方，到 1993 年年底共交还被盗高级轿车 12 批 82 辆，香港盗车走私的疯狂势头被压了下来。这一联手行动震动全港，深得人心，曾在香港市民中流传的所谓"被盗汽车屡禁不止是因为内地人为发财向盗贼提供销赃渠道所致"的谣言也不攻自破。

一波未平一波又起。1993 年以后，香港的犯罪分子又把黑手伸向豪华游艇。一时间，价值高达成百上千万港币的游艇连续被盗。港地风波再起，香港警务处再度遭遇巨大压力，为此李君夏警务处长再度请求内地协助查缉被盗游艇。

通报传来，公安部立即指令广东联络处协助香港警方大力加强查缉工作。广东刑警总队迅速组成专案组开展全面侦查，查明共有六艘香港被盗游艇卖到广东台山、新会，并抓获犯罪分子三名，其中两名为香港警方的通缉犯。1994 年 5 月 25 日，我方在深圳蛇口港将查获的五艘豪华游艇和两名案犯交还香港警方，随后又将一艘价值 1600 万港元的"泽布里滋"豪华游艇交还香港。嚣张一时的盗窃走私豪华游艇这股恶风，终于在两地警方的联手打击下被刹住了。

可大家还没有来得及庆祝，不久香港又掀起一股盗窃货柜拖头车之风，仅 1995 年一年就发生类似案件 400 多起，严重影响香港运输业的

在双方交流活动中，香港警官为内地警员作射击示范

发展，社会反响强烈，香港警方再次陷入重重压力之中。接到香港警方的求助后，两地警方召开多次专题会晤，共商打击良策。时任广东省公安厅厅长陈绍基亲自研究行动方案，抽调精干警力，很快查扣了一批来历可疑的货柜拖头车，经查证有 14 辆是被盗赃车。1995 年 10 月 31 日，广东警方将查获的这批车在深圳黄岗口岸，移交香港警方。为此，港澳运输业联合会、货柜运输业职工总会、汽车交通运输业总工会等组织的主要负责人专程到广州向广东省公安厅赠送锦旗并致谢。货柜运输业职工总会主席谢浪致辞说："广东警方移交被盗拖头车，在香港引起了很大反响，市民拍手称快，加强了对回归祖国的信心。"

协同作战，破获涉枪三大案

自 20 世纪 80 年代开始，香港涉枪犯罪和军火走私案连年增多。犯罪分子不仅使用手枪、手榴弹作案，甚至还出现了使用步枪和 AK47 冲锋枪作案的恶性案件，其中既有抢劫、杀人，也有黑社会火并。

面对连续发生的持枪严重暴力犯罪案件，香港市民反映强烈，香港

香港警方与广东、澳门警方在代号"雷霆一三"的大型联合行动中检获大批证物

警方压力陡增。为此，公安部相继采取加强边境查控、堵截和不间断组织边境地带打击枪支走私的专项行动，从源头上堵截枪械走私，为香港警方提供了有力支援。与此同时，内地还与香港警方联合作战，加速侦破了一批轰动两地的涉枪大案。

之一：协助破获"抢劫启德机场押款车"大案。1991 年 7 月 12 日，一辆装有总值达一亿六千多万港币的现钞押款车，正准备乘飞机运往台湾。当押款车开到货站闸口时，被四名持枪劫匪劫持至九龙湾丽晶花园，随后匪徒换乘接应的客货两用车逃得无影无踪。接香港警方紧急通报后，公安部立即撒网，布置广东联络处和深圳市公安局全力配合堵截缉捕。最终，深圳警方在航空大酒店将其中一名劫匪胡某抓获，同时搜出一批涉案现钞，并迅将案犯和赃款移交给香港警方，此案由此很快告破。

之二：抓获"持枪抢劫周生生金铺"的通缉惯匪。1992 年 4 月 23 日晚，香港油麻地周生生金银珠宝行突遭五名持冲锋枪、手枪的蒙面歹徒抢劫，歹徒抢走价值 1000 多万港币的珠宝首饰后逃遁。次日中午，当香港警队九龙东总区重案组 20 多名探员搜捕至大角咀德利街 26 号家庆楼时，突然与劫匪遭遇，双方展开猛烈枪战。在整个追捕过程，五名匪徒先后劫持汽车三辆，撞坏汽车五辆，击伤、炸伤警察五人，市民 12 人，一时间此案震惊全港。当晚，被抓获的两名劫犯供称：同伙中的两人冯伟汉和"老鼠安"可能已潜往深圳。冯匪曾在香港六次组织抢劫珠宝金行，为港警悬赏百万元缉捕却屡屡漏网。接香港警方通报后，深圳警方立即组成专案组。经过缜密调查，证实两匪确实藏匿在宝安县。5 月 8 日，冯伟汉和"老鼠安"被抓获；5 月 20 日，深圳警方通过中港国际刑警联络渠道，在罗湖口岸将案犯移交香港警方。

之三：查破"香港最大赌馆"被劫案。1992 年 5 月 5 日，香港最大的赌馆瑞兴麻雀馆被劫，三名匪徒持枪入馆，打死香港市民三人，劫走约值百万港元的财物。歹徒在逃跑途中与追堵警察展开激烈枪战，包括一名警察在内的 20 人被炸或枪击受伤。经香港警方查证，此案由一名香港人与三名广东人勾结作案，为首者是香港人黄建伟，与其伙同作案的三名广东歹徒可能已逃回内地。5 月 10 日，接香港警方通报后，广东警方立即组织侦查，并迅速在广州将其中一名绰号"唐老鸭"的案犯唐宇章抓获。唐犯不仅供认了香港麻雀馆抢劫作案，还交代 1990 年 11 月 5 日在广东省韶关市发生的刑警大队副中队长何勇被杀案也是他们所为。广东警方随即顺藤摸瓜，将参与作案的另两名嫌犯李甘辉、岑伟雄及另一名同案犯陈某抓获，搜获手枪四支、手榴弹两枚、海洛因 500 克，以及若干子弹和现金。从我方 5 月 10 日接香港警方通报到 12 日，在不到 48 小时内，干净利落地将参与作案的三名歹徒全部抓获，香港同行和媒体对内地警方的这般"好身手"好评如潮，香港警务处李君夏处长为此还特地将一枚金质港警警徽赠给侦破此案的主要组织和指挥侦破者——广东省公安厅刑侦处处长朱明健警官，以示敬意。

两地联手，遏制毒品走私潮

毒品走私是两地警方合作的重头项目。国际贩毒集团借我改革开放之机把内地作为贩毒通道，境外毒品源源不断从云南、广西走私入境，尔后经香港再转口欧美国家，于是香港成了国际贩毒的"接交点"和"转运站"，毒品犯罪多与内地相连接。内地、香港警方结成联手打击国际贩毒的战略伙伴后，成效卓著，为国际反毒斗争作出了重大贡献。

"红星行动"——"三国四方"联手侦破折叠伞夹运毒品国际贩毒案。1989 年 3 月 21 日，广州黄埔港海关人员从一批经香港运往加拿大多伦多再转美国纽约的女装折叠伞中，发现并查获 4 号海洛因 39500克，并立即将其移交广东省公安厅。广东警方认定这是一宗特大国际贩毒案，经请示公安部批准后，即于 3 月 23 日约请香港警方官员到深圳进行紧急工作会晤，通报案件情况并协商深入侦查的意见。因该案毒品最终运往地点为美国，而据加拿大警方掌握的情报，该案主犯为加拿大人，于是中国、美国、加拿大三国和香港共四方于 3 月 28 日举行第二次会晤，美、加驻香港领事馆缉毒专员主动请缨参加查案，我方表示同意。会谈中，研究确定了具体侦破方案，并采纳香港警方的提议，将此次行动代号定为"红星行动"。

我方提出：为确保行动万无一失，应先对查获的毒品用外观、重量相似的压缩饼干"调包"，再按照毒犯运行的线路，将"调包"后的货物放行，经香港转船运往加拿大温哥华港口，再转火车经多伦多直达纽约，我"三国四方"行动人员则顺藤摸瓜，转战香港、多伦多、纽约，追踪而往。

自始至终，"三国四方"缉毒警务人员在行动中精诚合作，行动迅捷，与毒贩进行了一番智力与毅力的较量，终于在 5 月 7 日一举破获这宗跨国贩毒案，将该毒品犯罪团伙一网打尽，共抓获毒贩数十人，加拿大籍主犯"阿枞"也在纽约落网。

中美港三方联合破获"锦鲤鱼"藏运海洛因大案。1988 年 3 月 9 日上午，一辆看上去装载观赏用锦鲤鱼鱼箱的双排座小货车，急驶入上海虹桥机场。与此同时，上海市公安局接线报，广州人王宗晓受香港毒贩梁德伦委派，将毒品海洛因用乳胶套包装后藏于锦鲤鱼肚内运到上海，并准备运往美国。于是，一场由中国警方牵头，中美港两国三方合作，擒获毒枭的战斗拉开序幕。

当晚，我方与美缉毒部门联系，并紧急约见美驻华使馆二秘艾坚恩，通报毒品运往美国旧金山的接货点及其电话等重要线索，并提出争取实施"控制下交付"方案；不久，美方回复同意中方方案，并邀请中方派人赴旧金山一同实行"控制下交付"。随后，我们与香港警方毒品缉查科负责人直接通电话，通报案情和中美合作方案，并要求香港警方协同对主犯梁德伦采取行动。

3 月 12 日，按照此前达成的行动共识，三方同时收网：上海在行动——至 3 月 12 日 15 时，上海警方将在沪涉案疑犯王宗晓、梁俊华等拘捕，共缴获海洛因总量 4.5 公斤；旧金山在行动——旧金山时间 3 月 11 日深夜（北京时间 12 日下午），中美警方在接毒据点捕获三名美籍案犯，并从据点和接货车内搜出一批自动武器和毒品；香港在行动——3 月 12 日晚，香港警方将提供毒品并策划王宗晓运毒的主犯梁德伦夫妇拘捕；广州在行动——3 月 13 日凌晨 5 时，根据新增线索，广州警方将最后一名同案犯搜捕归案。一个由香港供货、经中国大陆转口、再运往美国销售的国际贩毒案终告破获。此役，从 3 月 9 日 12 时发现锦鲤鱼肚内海洛因运毒，到 3 月 13 日 5 时三方四地成功破案，前后仅用 89 个小时，国际刑警总部对中国牵头此项缉毒合作，成功破获重大国际贩毒案表示高度赞扬。

联合侦破"冰毒皇后"李秋萍制毒集团案。1989 年，来自香港的加拿大籍华人、号称"冰毒皇后"的李秋萍与广东省江门市一贸易行老板黎某勾结，由李出资港币 500 万，从境外购买加工冰毒的设备和配制原料后，以生产半成品洗发精为掩护，在江门郊区建立冰毒秘密加工点，并先后从台湾、泰国请来数名制"冰"技师，大量加工成品，尔后从深圳、上海偷运出境。1991 年 9 月，李秋萍又出资 54 万港币，通过香港人陈伟堂、黄培等人准备在东莞石龙镇再建一个加工点。后因与陈、黄发生矛盾，李将设备运往江门郊区秘密加工点；陈、黄则另起炉灶，在清远市石坎镇一个陶瓷加工厂内开辟了一个新的加工冰毒基地。

广东省公安厅获得线索后，经过五个月的侦查，一举捣毁了李秋萍一伙设在江门、清远的"冰毒"加工点。广东警方在采取破案行动时，及时将涉及香港的犯罪分子情况通报香港警方，由其拘捕涉案港人，两地警方联合行动，摧毁了这个以香港人为首的大型制贩"冰毒"集团。此案中，共缴获冰毒 112.9 公斤，半成品 54 公斤，原料麻黄毒 3000 公斤，制造"冰毒"设备等物资一批，并抓获境内外参与制造冰毒的犯罪嫌疑人数十人 37 名。

内地与香港警方携手合作，不仅给国际贩毒以沉重的打击，对遏制香港、内地的毒品犯罪发挥了重要的作用，更可贵的是，两地警方通过无数次的联手合作的实战，积累了丰富的同毒品犯罪斗争的经验。

图书在版编目（CIP）数据

奇案秘宗／刘未鸣主编 . — 北京：中国文史出版

社，2018.9

（纵横精华 . 第二辑：历史的侧影）

ISBN 978 - 7 - 5205 - 0785 - 1

Ⅰ . ①奇… Ⅱ . ①刘… Ⅲ . ①中国历史—史料—民国

Ⅳ . ①K258.06

中国版本图书馆 CIP 数据核字（2018）第 259500 号

责任编辑：金硕　胡福星

出版发行：**中国文史出版社**

社　　址：北京市海淀区西八里庄 69 号院　　邮编：100142

电　　话：010 - 81136606　81136602　81136603（发行部）

传　　真：010 - 81136655

印　　装：廊坊市海涛印刷有限公司

经　　销：全国新华书店

开　　本：787×1092　1/16

印　　张：23.25

字　　数：288 千字

版　　次：2019 年 2 月北京第 1 版

印　　次：2019 年 2 月第 2 次印刷

定　　价：68.00 元